KB097424

우리가
신뢰하는 **학교,**
어떻게 만들 것인가?

서열화 교육을 넘어 배움의 공동체로

우리가
신뢰하는 학교,
어떻게 만들 것인가?

서열화 교육을 넘어 배움의 공동체로

데보라 마이어 지음 | 서용선 옮김

맘에드림

시험과 학교 개혁의 논쟁 수준을
한 단계 끌어올린
지혜와 아름다움을
겸비한 책

— 조너선 코졸 —

우리가
신뢰하는 학교,
어떻게 만들 것인가?

발행일   2014년 12월 30일 초판 1쇄 발행
지은이   데보라 마이어
옮긴이   서용선
발행인   방득일
편 집   신윤철, 신중식
디자인   강수경
마케팅   김지훈

발행처   맘에드림
주 소   서울시 중구 묵정동 31-2 2층
전 화   02-2269-0425
팩 스   02-2269-0426
e-mail   nurio1@naver.com

ISBN 978-89-97206-25-4 03370

나의 친구이자 동료인 우리들의 리더
비토 페론에게

나는 여러분을 약속의 땅으로 인도하려 들지 않을 겁니다.
왜냐하면 내가 그렇게 한들
다른 누군가가 여러분을 다시 끌고 나오기 때문입니다.

— 유진 뎁스(Eugene V. Debs), 1921 —

차 례

학교교육의 위기는 전 세계적인 현상이다. 공교육의 위기를 말하는 것은 우리나라도 예외가 아니다. 학교가 학교답지 않고, 교사가 교사답지 않고, 학생이 학생답지 않다는 지적을 매일같이 언론에서 접하면서 살고 있다. 그렇다면 학교를 어떻게 바꾸어 나가야 하는가?

우리는 제도교육이 심각한 문제를 안고 있다고 생각하면서도 정작 어떤 방법으로 이 문제를 해결할 것인가에 대해서는 타협할 수 없을 정도로 강한 의견 충돌을 보인다. 극단적으로는 이념적인 대결 양상으로까지 치달을 만큼 교육문제의 해법에 대해서는 서로 다른 선택을 하고 있다. 한편에서는 학교에 대한 통제를 더욱 강화하고, 전국 단위로 표준화된 시험을 실시하고, 학교와 교사를 평가하며, 선발형 학교인 자율형 사립고와 특목고를 늘리는 등의 방법을 추구한다. 반면에 다른 한편에서는 이러한 관료적 통제와 표준화 시험, 입시 제도의 문제를 극복하고자 하는 노력 또한 만만찮게 전개되어 왔다. 그 결과 평준화정책, 대안학교, 학벌없는 사회, 그리고 근래의 혁신학교 등 기존의 교육체제를 넘어서는 새로운 교육패러다임을 지향하는 일련의 흐름들 역시 도도히 형성되어 왔다.

'우리가 신뢰하는 학교, 어떻게 만들 것인가? : 서열화 교육을 넘어 배움의 공동체로'라는 책을 읽으면서 이것이 마치 외국의 사례가 아니라 우리나라 학교교육에 관한 이야기인 듯 착각을 할 정도였다. 표준화된 시험으로 인해 학교와 학생, 교사가 힘들어 하는 상황과 관료적이고 무능한 학교정책의 문제점은 미국과 우리가 큰 차이가 없는 듯하다. 이 책은 이러한 여건에서 학교를 살리기 위해서는 무엇을 해야 하는 지 구체적인 사례와 경험을 중심으로 서술하고 있다. 작은 학교의 강점에 주목하고, 열악한 학교를 되살리며, 교육공동체를 회복하는 활동들을 보면서 또한 우리나라의 혁신학교를 연상하게 되었다.

진정으로 의미 있는 학습이 일어나는 학교를 건설하기 위해서는 무엇을 해야 하는가? 이 책은 이에 대한 분명한 답을 제시하고 있다. 그것은 바로 '신뢰'이다. 저자는 이 책에서 인간과 인간의 만남이 교육의 핵심이라고 보고, 그 사이에 신뢰가 전제되어야만 진정한 교육이 가능하다는 점을 강조하고 있다. '정성을 다해 한 사람 한 사람이 가진 신뢰의 다양한 의미를 검토해 신뢰할 만한 학교를 다시 세워야 한다!' 이러한 표현은 익히 사회적 자본의 중요성을 지적한 여러 연구들과도 일치한다. 사회적 자본이 풍부한 학교는 학업성취가 우수하고, 학교 탈락률도 낮고, 학생들도 정서적으로 안정되어 있다. 학교가 기계적으로 돌아가는 곳이 아니라 기본적으로 사람들 사이의 교류와 배려, 존중, 공동체 의식에 의해 운영되어야 하며, 그럴 때 학교교육의 본질을 회복할 수 있다. 교사와 학생들 사이의 교류가 활발해 지는 학교, 인간적인 공감과 소통이 일어나는 학교에서 진정한 배움이 싹틀 수 있다. 그러기 위해서는 당연히 학교의 규모가 작아야 하며 학급의 학생 수도 적어야 한다. 이 책의 저자 역시 소규모 학교야말로 인간성 넘치고 신뢰할 수 있는 공동체를 만들고, 아이들이 자연스럽게 학습할 수 있도록 도와 줄 수 있다고 주장하고 있다.

대규모의 비인간화되어 있는 학교, 경쟁이 지배하는 학교, 통제와 규율 속에 창의성이 억눌려 있는 학교, 오늘날 우리 학교의 모습은 참으로 암울하기 이를 데 없다. 신자유주의 교육정책의 광풍이 우리 교육을 왜곡시키고 있는 지금의 상황에서 우리는 공교육이 어디로 가야 하는지 이 책의 사례들을 통해서 분명히 알 수 있을 것이다. 교사와 학생들이 다양한 소규모 학습공동체를 만들고, 여유로운 점심시간과 쉬는 시간을 누리는 학교, 아이들과 어른이 함께 공부하고 토론하고 체험하며, 교사들도 더 나은 교육을 위해 끊임없이 함께 논의하는 학교, 이는 다름 아닌 우리의 혁신학교의 원리와 같다고 볼 수 있다. 무엇보다 이 책에서 가장 인상적인 구절은 이 부분이었다.

'공교육을 왜 구해야 하는가?' 라는 질문에 가장 중요한 대답은 이것이다. 우리는 시민으로서 함께 살아가는 법을 학교에서 배운다. 그러기 때문에 공립학교는 사적인 이익뿐만 아니라 공적인 이익도 지켜야 한다.

공교육의 공공성을 확보하는 일이야말로 우리가 추구해야 할 가장 중요한 과제임에 틀림없다. 그러기 위해서는 신뢰를 기초로 하는 학교를 만들어야 한다. 학업성취도를 중심으로 학교를 평가하고 줄 세우는 관점에서 벗어나 얼마나 학생들의 지적, 도덕적, 신체적 성장을 총체적으로 가능하게 하는 학교인가를 기준으로 학교를 바라보고 지원해야만 한다.

아울러 우리는 학교가 학교답지 않게 변질된 현실을 냉정하게 비판해야 하고 그에 대한 대안적 질서를 찾는 노력 또한 게을리 해서는 안 된다. 이 책은 그런 점에서 매우 유의미한 가이드라인을 제시하고 있다. 학교에서 신뢰를 학습하지 못한 학생들이 과연 사회에 나와서 신뢰를 보여줄 수 있는가? 이러한 중요한 질문을 제기하는 값진 책을 우리에게 소개해 주신 서용선 박사의 노고에 다시 한 번 찬사를 보내드리고 싶다.

가톨릭대 성심교정에서

성기선 씀

5년 전, 뉴욕 이스트 할렘 소규모 학교에 대해 글 한 편을 쓴 적이 있다. 국가라는 울타리 안에서 학교가 아이들에게 무엇을 가르쳐야 할지를 말하는 글이었다. 당시만 해도 나는 오늘날 우리가 찾아낸 교육 비전의 전경을 상상조차 못 하고 있었다.

이 무렵 표준화된 시험 제도가 화려하게 부활했다. 가망 없어 보이는 이 제도는 말 그대로 끔찍했다. 이 시험 제도로 아이들을 진급시킬지 졸업시킬지 결정하는가 하면 교사와 교장의 월급까지도 시험 점수로 차등해 지급했다. 게다가 보수 세력이 주도하는 연방 정부[1]는 지방의 다른 학교들에까지 이 부담스러운 시험을 시행하라고 요구하고 있었다. 이를 광범위하게 시행한다는 건 국가 차원에서 불가능한 일임이 분명했다. 그럼에도 이 시험 제

---

1. 본 책이 출간된 2002년에는 부시 행정부가 정권을 잡고 있었다.

도는 여전히 계속되고 있으며 심지어 점차 강화되는 추세다.

이런 변화가 학교와 아이들에게 얼마나 광범위하고 빠르게 영향을 미칠지는 아직 확실하지 않다. 다만 아이들이 유치원부터 고등학교까지 이에 적지 않은 영향을 받을 것이며, 학교도 점차 시험을 중심으로 조직될 수밖에 없다는 사실은 자명하다. 아이들은 사방에서 가해지는 압력 속에서 일찍부터 시험 점수를 위한 형식적인 교육 활동에 묻힐 것이다.

아이들의 배움은 앞으로 자신이 살아가게 될 세계를 의미 있게 알아가는 과정이어야 한다. 이때 표준화된 시험은 이를 송두리째 뒤바꿔 놓는데 과장하자면, 아이들이 책상에 머무는 시간이 늘어날수록 교육은 혼돈 상태에 빠지고, 아이들은 아침부터 해질 녘까지 관료적이고 무능한 환경에 구속당하게 된다.

최근 우리의 교육은 다소 진일보하긴 했지만 그럼에도 새로운 수준에서 보면 오히려 근본적인 불신을 낳고 있다. 이런 상황에 대해 사람들은 대부분 다음과 같은 태도를 보인다. 우선, 교사들의 판단을 믿지 못하면서 교사들의 선택을 제약하려 한다. 심지어 교장, 학부모, 지역위원도 믿지 못하는 경우가 왕왕 있는데, 이는 전반적인 공립학교 시스템을 믿지 못한다는 의미이기도 하다. 나아가 이런 불신으로 인해 학교 안에서 벌어지는 의미 있는 상호작용조차 배제시킨 채, 학교의 근본적인 변화를 위한 정책을 학교에서 가장 멀리 떨어져 있는 사람들에게 맡기려 든다.

또한 많은 이들이 배움 자체가 가진 특별한 가치조차 믿지 않는다는 것도 문제다. 신뢰가 땅에 떨어졌으니 학교 교육을 넘어선 어딘가에 진실이 있으리라 확신한다. 이는 학교 교육을 일종의 물건처럼 생각하는 방식으로서, 이런 경향은 학교 교육을 돈 주고 사려는 사람들에게는 그럴듯한 빌미가 될지도 모른다. 기원이야 어떻건, 지금 이런 사회적 불신이 우리 사회의 교육에서도 그 모습을 드러내고 있다. "학교의 교육적 책임을 복원하겠다."는 엄중한 시도 하에 학교교육은 표준화의 수렁에 빠지고, 관료화는 점차 강화되고 있다.

사실 이런 식의 접근은 너무 비극적인 것일지도 모른다. 이런 불신은 학교를 믿고 표준을 넘어 교육의 질을 끌어올릴 만한 더 나은 길이 있다는 생각을 차단하며, 표준화와 관료화라는 쌍두마차는 불신의 불길에 기름을 부어 교육을 치유하려는 흐름을 막는다. 더 비극적인 것은 오히려 사람들로 하여금 지금의 표준화와 관료화조차 부족하다고 여기게 만들어 그나마 남아 있는 교육의 가능성까지 손상시키는 것이다.

5년 전 내가 실천했던 다양한 학교 사업들은 그간 많은 사람들로부터 축하를 받았고, 현재도 순조로이 진행 중이다. 우리가 선택한 작은 학교와 공립학교는 지금까지도 강력한 지지를 받고 있다. 하지만 이 순간, 개혁이라는 이름하에 교육에 대한 더 큰 비전이 위협을 받고 있다는 것도 엄연한 사실이다.

나는 이 책을 통해 학교 교육을 체계화할 수 있는 또 다른 방식의 가능성을 찾고자 한다. 누군가 시험과 표준화를 지지한다면,

반대로 나는 아이들을 위한 '어른들의 책임과 의무'를 지지한다는 점을 밝히고 싶다. 그들이 말하는 것처럼, 나 또한 전통적인 공립 학교가 무의미하게 운영되어온 학교에서 버려진 소수의 아이들을 포함해 수많은 사람들의 요구에 걸맞은 지적인 측면을 채우는 데 실패했다고 본다.

하지만 내 해법은 시험 지지자들의 해법과는 정반대에 놓여 있다. 현재 이 사회의 학교는 특별하고 혁신적인 목표를 요청 받고 있다. 바로 소수 엘리트에게 제공되어 왔던 교육을 모든 아이들에게 되돌려주는 일이다.

여전히 우리 학교들은 공장식 모델을 따르면서 엘리트 교육을 강요한다. 이렇게 진행되는 교육은 '교육은 모든 아이들을 위한 것'이라는 목표에 반할 뿐 아니라 아예 이런 목표를 상정하는 것조차 불가능하게 만든다. 아무리 더 큰 비전을 품고 이 책에서 제시한 '신뢰'를 견인하려 해도, 지금의 상황은 자칫 이런 노력마저도 좌초시킬 수 있다.

이제 우리가 꿈꾸는 더 큰 교육의 비전은 아이들에 대해 가장 잘 아는 사람들의 권위와 판단을 축소시키지 않으면서도 질적으로 높아져야 한다. 정성을 다해 한 사람 한 사람이 가진 신뢰의 다양한 의미를 검토해 신뢰할 만한 학교를 다시 세워야 한다. 아이들을 위해 사려 깊고 책임감 있으며 지적으로 높은 성취를 이룬 어른이 되는 길에 결코 지름길이란 없다. 한 사회의 교육이 제대로 이루어지려면, 아이들이 어른이 되기 전에 질적인 측면을 발휘할 수 있도록 뜻을 가진 어른들이 모여야 한다.

지금부터 나는 학교에서 실천해온 경험을 바탕으로, 학교에 필요한 신뢰가 무엇인지 알리고자 한다. 마이크 로즈(Mike Rose)가 그의 기념비적인 저서 『경계에 놓인 삶』(Lives on the Boundary)에서 쓴 것처럼, "성공할 수 있는 기회를 얻고 싶다는 어떤 소망이 있다면 당신에게 정말 많은 운이 따라야 할 것이다." 무엇보다도 "생각을 바꿔내는 일은… 때로는 엉망진창인 인간 삶의 진실도 드러내 보이는 것이다." 나는 학교에서 내가 겪은 것을 바탕으로, 지금까지 우리 머릿속에 가지고 있는 것과 매우 다른 이미지를 독자에게 제시하고자 한다. 신뢰로 가득 차 있고 다양한 연령으로 구성되도록 설정된 환경은 우리에게 다른 이미지를 보여준다.

그리고 이 책이 던지는 메시지는 "그저 우리를 믿어라"가 아니다. 이 책의 제목(원제)인 "우리가 신뢰하는 학교, 어떻게 만들 것인가?(In schools In Trust)"는 "우리는 하느님을 믿는다(in God we trust)"에서 따왔다. 다소 도발적이긴 하지만 학교 교육은 맹목적으로 믿어야 하는 것이 아니라는 것을 말하고 싶었다. 여기서 말하는 "신뢰"는 하나의 도전이다. 현재 우리들의 학교는 그저 악조건이 발생할 때마다 그저 문제를 제기하고 토론하는 수준에 머물러 있다. 그 이유는 학교 안에 신뢰를 보상할 만한 가치가 부족하고, 현실적인 제도 안에서 신뢰의 가치를 투자하는 일이 건강하게 이루어지지 않고 있기 때문이다.

물론 학교 안에도 민주적인 제도가 존재하기는 한다. 문제는 그

구성원들 간의 신뢰가 확고하지 않다는 점이다. 나는 하나의 도전으로서, 다음의 질문들을 일종의 신앙 비슷한 가치로 되물어야 한다고 호소하고 싶다.

'우리는 학교에서 어떤 종류의 신뢰를 가질 수 있고, 가져야 하는가? 우리는 각자의 처지에서 어떤 종류의 실천을 하고 있는가?'

마음의 신뢰라는 건 그저 맹목적인 신념에 뿌리를 둔 것과는 다르다. 신뢰는 건강하고 실천적인 회의주의와 다양한 요구 속에서 더 강하게 담금질된다. 이 과정을 거치면 더 단단하고 민주적인 신뢰를 품을 수 있다. 신뢰는 학교 안에 있는 사람들이 책임감을 가지고 지속적으로 요구하면 반드시 얻어낼 수 있는 결실이다.

이제 신뢰는 현대 교육의 목적이자 수단이다. 만일 이 신뢰에 신념이 더해진다면, 그 신뢰는 모든 아이들이 배울 수 있는 능력에 대한 신념, 특별하고 힘찬 신념으로 자라나고, 또한 이것이 민주주의 안에서 강력하고도 적극적인 시민이 될 수 있다는 신념으로 변화한다. 나아가 불가피하게 그 신뢰가 우리를 배신할 수밖에 없는 상황에 직면하더라도 신뢰를 통해 또다시 이를 극복해야 한다. 결국 신뢰 있는 학교는 아이들로 하여금 동시대의 생활과 민주적인 생활을 익히고 극복하도록 해주며, 이는 몇몇의 아이들이 아닌 모든 아이들에게 주어져야 할 기회이다.

이 책에 등장하는 학교들은 모두 공립학교이자 위와 같은 신뢰를 갖춘 어른들이 중심 되어 세워낸 학교들이다. 사실 이 학교들은 미국 수천 개 학교들 중에 아주 작은 본보기에 불과하다. 이 때문에 이곳의 이야기들은 때로 무시당하기도 했다. 하지만 이 학교들은 신중하고도, 아이들을 위해서라면 붙들고 말씨름까지 감수하며 하나하나 결정해가는 공동체다. 교사들은 중요한 일들에 대해 서로 말하고 토론하며, 일상 속에서 내린 판단들을 토대로 교육에 활용한다. 이곳에서는 이런 것이 서로를 격려하는 방법이 된다. 심지어 부모들조차 가끔 말썽의 원인이 되기는 하지만 교사들에게 이 학교들은 자신들의 견해를 관철시키기 위해 노력하는 그런 공동체인 것이다.

나아가 아이들도 교사를 통해 민주적인 소통에 관해 배운다. 공동체가 교사를 존중하고, 교사들도 자신의 공동체를 존중하는 모습을 보면 아이들은 반드시 이것을 배우며, 또한 교사들 간의 민주적인 대화와 판단까지도 배운다. 이런 학교들의 교장은 교사들의 파트너로서, 기꺼이 교사 공동체를 존중한다. 즉 이런 학교의 구성원들은 나이와 전문성을 넘어 함께 하는 동료로서 오래 함께 지낼 수 있게 되면서 공식적이든 비공식적이든 수많은 상호작용이 세대를 넘어 이루어진다. 또한 이런 학교들에는 학교에 회의적인 가정과 시민, 세금납부자들을 위한 적절한 견제와 균형 장치가 존재한다. 그러나 이 모두를 떠나 가장 중점적인 것은 아이들에게 집단적인 지식을 실천해 나갈 수 있는 권위를 성취하는 것이다.

만일 학교가 아이들에게 신뢰를 가르치지 못한다면, 앞서 이야기한 모든 것들은 수포로 돌아갈 것이다. 하지만 이 책에서 탐색하는 신뢰는 다양한 차이와 의미를 가지면서도 교육적인 가치 또한 풍부하다. 실제로 내가 함께 했던 학교 아이들은 다른 학교 아이들과 달리 진정한 학습자로 잘 성장하고 있었다. 어쩌면 살펴보지 못한 더 많은 아이들이 그럴지도 모른다. 내가 탐색한 학교들은 적어도 전통적인 공립학교들보다는 여러모로 나았다고 감히 단언할 수 있다.

물론 나는 이런 학교들에서 일하며 이 부분에 능숙하고 훌륭한 어른들조차 때로는 방어적인 태세를 취하며, 성숙한 어른으로서 행동하기를 반쯤은 포기하거나, 내뱉은 대로 행동하거나, 뒤로 물러선 다음 그냥 멈춰버린다는 점을 안다. 이것은 단순히 학교에 대한 우리 사회의 태도가 그렇기 때문이 아니다. 더 큰 사회의 삶이 투영되어 있듯이 수많은 학교공동체들이 걸어온 실제 삶이 어렵고 실망, 그 속에서 갈등, 좌절의 순간이 많기 때문이다. 교사들이 집단적인 의사결정으로 학교를 만들어가는 것, 교사들이 자기 업무에 책임감을 갖는 것, 학부모들을 학교의 삶 안으로 초대하는 것, 전문적 리더십과 평범한 리더십 사이에서 권위의 균형을 잡는 것, 예리한 차이를 다루는 것, 이 모두가 결코 도달할 수 없는 엄청난 도전처럼 느껴지기 때문이다. 하지만 교사들이 이처럼 절망스러운 순간에도 함께 어울리는 친구들, 아이들, 가족 같은 이들이 주는 기쁨을 통해 그 실망을 덜 수 있다는 점은 다행이다. 사랑하고 사랑받는 공동체와 더불어 이들과 함께 뭔가 바라지 않고 하루 종일 아이들과 많은 시간을 보내는 것은 어려운 일임에 틀림없기 때문이다.

이 책은 학교교육이 품고 있는 신뢰에 대한 복잡한 진실을 밝히는 데 그 목표가 있다. 이런 주제는 신뢰라는 말 자체를 다양한 의미로 탐색하기를 요구하며, 그 과정에서 자신의 모순과 한계에 대해서도 돌아보기를 요구한다. 물론 이 모두가 자연스럽게 이루어질 것이라거나, 쉽게 믿을 수 있을 것이라고 말하는 게 아니다. 나아가 이런 부분은 편안하게 호소하기조차 어렵고, 이는 모순적이라고 할 수 있다.

내 경우는 공교육이라는 주제와 우연히 맞닥뜨린 그날, 학부모와 교사가 공존하며 학교를 "믿을만한 곳"으로 만들 수 있는 길을 만들어야 한다는 과제를 알게 된 날부터 이 점을 깨달았다. 또한 신뢰란 회의적인 사고를 포기하는 일과는 다르다는 것도 알았다. 내가 스스로를 믿고 있다는 것은 가장 중요한 출발점인데, 이것은 또한 많은 경우에 불신을 불러오기도 한다. 예전에 어떤 정비공은 내가 그의 판단을 믿지 않았기 때문에 내게 화를 냈다. 그런 그의 반응에 공감할 수는 있었지만 어쨌든 나는 그와는 다른 견해를 가지고 있었다. 친구들이 텔레비전에 나오는 정치인을 보며 그를 믿어야 할지 아닐지 고민하고 있을 때 나는 엄마가 했던 말을 되새겼다. "그들은 지금까지의 실적을 갖고 있어. 정치인들을 신뢰하고 싶다면 그걸 먼저 찾아보렴." 아주 오래 전 분별을 길러 준 이 생각은 첨단과학의 시대인 오늘날에 와서 더욱 유용하다.

이 책의 1부는 다음과 같은 주제를 다룬다. 학교가 자기 결점을 숨기지 않고도 신뢰의 전제를 세운다는 것이 뭔지, 또한 이 신뢰가 사회적인 학습과 학문적인 학습뿐만 아니라 근본적이면서도 일상적인 도전이 이루어지는 믿을 만한 공동체를 세우는 것과 어떻게 관련되는지 등이다.

2부에서는 시험에 의존한 신뢰 쌓기가 대안으로 작동하지 않는다는 점을 증명하고자 한다. 현재 표준화된 시험은 자리를 잘못 잡은 것으로 보인다. 유사과학처럼 숭배되는 이 시험들은 학교 안팎에서 아이들을 들들 볶고 아이들의 삶의 질에 대한 격차를 오히려 확대시킴으로써 우리가 직면한 장애물로 부상하고 있다. 삶의 질 문제를 뛰어넘는 결실도 보여주지 못한데다 생산적이지도 못한 이 시도는 현재 교사들의 에너지를 삼켜버릴 정도로 위협적이다. 시험이 중심이 되는 분위기 탓에 많은 교사들이 모든 아이들을 잘 교육시켜야 한다는 임무에 도전하는 대신 야단스럽게 시험만 치르게 하고 있다.

마지막으로 나는 단순히 규모를 확대하는 데에만 집중하는 낮은 수준의 공공정책의 실체를 보여주고, 이것에 맞서고자 한다. 이런 정책들은 학교가 신뢰를 쌓아가는 과정에서 잘못된 판단과 번잡한 과정을 낳는다. 이런 정책이 요구하는 것은 '딱 중간'만 하는 것이다. 이 책은 이런 견해에 반대하며, 민주주의 관점에서 학교교육을 제대로 일궈가기 위해 생존과 양육을 조화시키고, 교육적 회복이 가능한 해법을 찾는 일에 몰두하고자 한다.

이제 우리는 힘을 합쳐 우리 아이들을 다른 방식으로 키워내야 한다. 이것이 가능하다는 사실을 깨달아야 한다. 또한 이 책에서 제안하는 방식은 비용 면에서도 효율적이며, 달리 생각해봐도 꽤 괜찮은 방식들이다. 여기서 제안하는 접근은 아이들에게 긍정적인 효과를 부여할 것이며, 정치적으로도 좋은 효과를 거둘 것이다. 작지만 강한 풀뿌리 학교공동체는 더 큰 세계와 맞닥뜨려도 꼬리를 내리고 도망가지 않는다. 학교가 성공적으로 장애를 극복할 수 있는 가장 좋은 방법은 이런 큰 세계와 함께 가는 것이다. 학교공동체를 성공적으로 만들어간다면 우리 아이들은 더 유능해질 것이며, 신뢰라는 가치를 서로 나누는 세계가 가능하다는 것을 상상할 수 있게 될 것이다.

1부

학교 안 신뢰의 문화

1. 어른들과 함께하는 배움

어느 날 오후, 복도 하나를 사이에 둔 채 시끄럽게 놀고 있는 아이들을 보았다. 아이들은 누구에게도 방해받지 않고 자유롭게 놀고 있었다. 서로 이름을 부르면 바로 들릴 만큼 가깝지는 않았지만, 그 아이들은 서로 가까운 곳에 있다고 느끼고 있었다. 그곳은 어른들도 가끔 만나거나 중요한 사안들을 토론하면서 어울리는 곳이었다. 나는 그 아이들을 보며 아이들이 자기 세계를 갖고 싶어 할 뿐 아니라 어른들과도 확고하게 연결되기를 바란다는 점을 깨달았다.

지금도 나는 아이들에게 이렇게 말하곤 한다.

"학교는 1시간 전에 끝났잖니. 학교에서 이렇게 놀면 안 돼. 이건 별로 안전한 것 같지 않구나."

사실 여기서의 안전은 내 편안함을 뜻하기도 하고, 행여 생길 책임의 문제를 걱정해서이기도 하다. 몇 년 전, 늘 활달하고 호기심 많던 한 아이가 나에게 이런 말을 건넨 적이 있었다.

"그럼 밖으로 나가 길거리에서 노는 게 더 안전하다는 건가요?"

이때의 기억이 지금의 나를 움직이게 한다. 여기에는 두 가지 의미가 담겨 있다. 첫째는 아이들이 어른들과 함께하면서 가슴 뜨겁게 열정을 쏟아 붓고 싶어 한다는 것이다. 둘째는 그럼에도 불구하고 아이들은 어른들이 만들어 놓은 구조화된 제도와 삶의 방식에 일정한 거리를 두고 싶어 한다는 것이다.

이런 흐름은 우리네 학교들이 30년 넘게 겪고 있는 상황일 것이다. 나는 이 두 흐름 사이에서 발생하는 모순이야말로 우리 교육이 가진 핵심적인 딜레마라고 생각한다. 어른들과 함께 살거나 그 주위에서 머무는 아이들의 열정은 미지의 세계에 가깝다. 학교 변화의 열쇠, 진정한 학습으로 가는 최선의 길은 이들을 뒷받침 해주는 것에서 시작되어야 한다. 몇 년 전, 텔레비전에서 학교를 그만둔 몇몇 아이들의 인터뷰를 본 적이 있다. 진행자는 아이들에게 이런 질문을 던졌다.

"혹시 주변에 대학을 졸업한 어른들과 알고 지내고 있니?"

아이들은 모두 고개를 저었다. 처음에는 의아했다. 저 아이들도 학교에서 최소한 12명 이상의 교사들을 만났을 것이 아닌가. 알다시피 교사들은 모두 대학을 나온 사람들이다. 하지만 곧 내가 틀렸다는 걸 알았다. 그들은 자신들을 가르쳤던 교사가 누구인지조차도 몰랐다. 이 아이들에게 어른들은 보이지 않는 존재와 다름없었다.

한때 나는 한 친구에게 아이들이 지하철이나 버스에서 시끄럽게 음악 소리를 크게 틀고, 자기들끼리의 은어를 쓰거나 엉망인 옷차림을 하고 다니는 것을 볼 때마다, 이들이 교사에게 존경심을 가지기는커녕 내가 하는 일이 그래도 희망적일 거라는 믿음마저 물거품으로 만든다고 고백한 적이 있다. 그들의 이름은 아마도 학교 출석부에 등록되어 있지 않았을 것이다.

요즘 아이들은 학교 안팎에서 다양한 어른들과 어울려 생활하지 않는다. 아이들은 벌써 어른이 된 듯 흉내를 내거나 우리가 이 아이들을 벌써 어른이 된 것처럼 바라보기 때문이다. 자세히 살펴보면 많은 아이들이 가까운 가족 외에는 다른 어른들과 의미 있는 모임을 유지하지 않는다. 좋든 싫든 어른들과 나란히 앉아 일할 수 있는 기회를 잃는 것과 같다.

아이들은 다양한 훈련 속에서 청년이 갖추어야 할 규범을 배우며 어른으로 성장한다. 하지만 현재 우리 아이들은 갭 청바지를 파는 가게나 맥도날드 햄버거 가게에서 일하는 방식을 어른들에게 배우지 않는다. 이는 정말 새로운 현상일까? '그렇다.' 이런 현상이 더 나은 학교교육을 위한 신뢰 문제에 영향을 미칠까? 역시 대답은 '그렇다.'

지금으로부터 한 세기 전, 아이들은 믿을 수 없을 정도로 빨리 어른이 되었다. 15~16살이면 대부분은 아이를 낳고 돈을 벌며 어른처럼 살았다. 오늘날 아이들은 이 시기로부터 6년 정도가 더 지나야 성인의 세계로 들어간다. 이 시기의 아이들이 그럴 수 있는 것은 태어날 때부터 연령통합교육의 시기를 경험했기 때문이다. 그들은 작은 공동체, 농장, 작업장 등에서 어른과 함께 성장하면서 어떻게 일하고 어떻게 살아야 할지를 터득했고, 어린 시절에 이미 고통과 곤경을 이겨내는 교육을 받았다. 좋든 싫든, 공식적이든 비공식적이든 아이들은 어른이 되는 대부분의 과정을 어른들의 모임과 함께하는 가운데 이루어가며, 말하고 걷는 것을 배우듯이 어른들과 함께 공부하며 그 언어와 습관을 배워왔다.

한번 상상해보자. 만일 아이들이 공동체 안에서 성장하면서 미술공예를 배운다면, 다양한 습관과 관습까지도 자연스럽게 흡수할 것이다. 내가 태어날 무렵에는 고등학교에 다니는 아이들이 극히 적었다. 학교에서 배우는 것들은 이 세상에서 얻을 수 있는 것들 중의 아주 작은 일부에 불과했고, 아이들은 오히려 수 년 동안 친숙하게 보아온 것들 속에서 배울 거리를 찾았다.

실제로 전문가가 되는 건 아주 점진적인 일이며, 어쩌면 공식적인 학교교육과는 관계가 적을 수 있다. 심리언어학자 프랭크 스미스(Frank Smith)가 말했듯이, 아이들은 일종의 동호회 같은 어른들과의 관계 속에서 기능, 성향, 태도 등을 서서히 흡수해 간다. 이를 통해 현재와 미래를 예견하고 서로의 신뢰를 확인한다. 보수주의자들은 학습을 세대에서 세대로 이어지는 전통으로 보기도 하는데, 이는 이념에 상관없이 수 세기 동안 이어진 가장 인간적인 학습 방법이다.

과거의 자연스러운 학습공동체를 대체하려면, 어른들이 나서야 한다. 진정으로 교육적이지 못한 관행들을 우리는 체계적으로 줄여가야 한다. 초기의 학교교육은 통합된 공동체에서 교육을 대체할 수 있는 다양한 기능들을 가지고 있었다. 그래서 어떤 어려움도 견뎌낼 수 있었다. 학교를 과거의 학습공동체로 대체하고자 한다면 이제 다양한 변화를 통해 이를 이끌어내야 한다.

그간 우리가 시행한 공식적인 학습 방식들은 어린 시절부터 성인기까지 이어지는 전통적인 경로가 가진 강점을 의도적으로 무시해왔다. 이로 인해, 오늘날 대부분의 어린이들은 기존의 어른들의 공동체와 단절되어 왔다. 심지어 요즘 아이들은 고등학교를 마칠 때까지도 학교 안에서조차 어른들을 알지도, 어른들로부터 주목받지도 못한 채 지내고 만다. 아이들의 열정과 흥미와는 무관한 그저 무미건조한 교과서와 표준화된 교육과정이 있을 뿐이다. 그렇게 성장한 아이들은 학교교육을 지배하는 45분 수업 속에서 그저 다음 학년으로 진급하는 것이 전부다.

아이들을 유능한 시민, 숙련된 팀원, 참을성 있으면서도 독창적인 사고 능력을 가진 사람, 진리를 추구하는 사람으로(truth seekers)로 키워내는 것이야말로 우리 모두의 바람이다. 그런데도, 고작 우리는 풍자만화에나 등장할 법한 학교를 만들어왔다. 아이들은 의자에 틀어 박혀 자신의 삶과는 특별히 관련도 없는 여러 과목을 차례차례 수동적으로 배워왔다. 시간이 지날수록 아이들의 학교 경험은 실생활과 멀어지고, 분리되며, 파편화되었다. 손녀 사라가 새로 받은 여덟 시간짜리 시간표를 보여주며 신이 나서 내게 말한다(사라는 내가 그 시간표에 반대한다는 것을 이미 알고 있다).

"하지만 할머니 이게 더 재밌어요. 지루할 만한 시간이 없으니까요. 할머니는 교실에 빨리 들어왔다가 빨리 나가고, 수업이 끝나고 시작되는 시간 사이에 할머니 친구들이랑 이야기할 수도 있고요."

사람들은 어려운 일을 하면서 일하는 전문가들을 볼 수 없는 곳에서도 아이들이 그것을 배울 것이라고 기대한다. 이는 마치 신발도, 신발을 만드는 모습도 본 적이 없는 상태에서 제화공이 되기를 바라는 것과 같다.

이제 우리는 아이들을 얽매고 있는 밧줄을 끊어줘야 한다. 지금껏 우리는 아이들에게 성장을 위한 지지나 애정 어린 양육을 제공한 적이 없었다. 다양한 역할에 도전하고, 편안함을 느낄 수 있는 안전한 공동체 같은 환경을 마련해주지도 못했다.

아이들은 언젠가는 충분히 인정받으며 어른들과 어깨를 나란히 하며 자신들이 살아가는 세계에 귀를 기울이고 싶어 한다. 하지만 갈수록 이른 시기부터 아이들은 다양하고도 낯선 어른들을 만나고, 교실은 점점 메말라가며, 점차 복잡해져 가는 환경과 맞닥뜨리며 협상을 하고 있다. 이른 경우 서너 살 때부터 이것을 시작하는 아이들도 있다.

뉴욕 시의 규모가 큰 초등학교에 다니는 내 손자는 7년간 학교의 복도, 화장실, 식당, 휴게실을 피해 다니는 방법을 찾는 데 에너지를 썼다. 그 아이에게 이런 공간들은 이상한 사람들이 많은 안전하지 않은 곳이었다. 어떤 공동체에서는 나름의 계획을 세워 이런 아이들을 다른 학교로 전학을 시킨 뒤 남은 3년을 지내도록 하기도 한다.

일반적으로 큰 학교들은 유치원에서 2학년, 3학년에서 5학년, 6학년에서 8학년(중2), 10학년(고1)에서 12학년(고3)까지 분리 설계되어 있다. 내 손자가 다닌 학교의 경우, 학년 집단은 다소 배타적이지만 다른 학교와 비교할 때 크게 부족한 부분은 없었다. 그럼에도 아이들과 가족들이 교사와 알고 지내는 경우가 거의 없었다는 점은 우리가 아이들을 학교공동체의 일원으로 만들어 나가는 방법을 모른다는 것을 여실히 보여준다.

이제 이런 흐름을 끊어야 한다. 학교가 아이들에게 어른들의 세계를 경험할 수 있는 장소로 변화해 아이들의 불신을 매듭지어야 한다. 그리고 아이들을 어른들의 모임으로 다시 데리고 와야 한다. 세대 간의 친밀함이야말로 오늘날 모든 학교가 추구해야 할 개혁 중의 핵심이며, 이것이야말로 공교육의 공적인 신뢰를 회복할 수 있는 길이다. 이를 위해 이전의 도제학습 형태를 학년에 맞게 적용하여, 창조성과 참신성을 향상시켜 나가야 한다.

아이들이 어른들과 함께하기를 원하는 가장 본질적인 이유는 '학습'에 대한 욕구 때문이다. 잘 아다시피, 학생과 교사 사이의 관계를 뒷받침하는 것은 '신뢰'이다. 따라서 학습이 복잡해질수록 아이들은 어른들과 함께 있고 싶어 하며, 더욱더 어른들을 믿게 된다. 우리 학교 수학 컨설턴트인 와그너(Polly Wagner)와 나를 포함한 또 다른 교사 에밀리 장(Emily Chang), 이 세 사람의 이야기를 예로 들어보자. 하루는 와그너가 기하학 숙제로 바쁜 7학년 제리(Jerry)에게 다가가 이렇게 말했다.

"너는 지금 각도가 무엇인지를 잘 모르고 있는 것 같구나."

제리는 각도에 관해 어떤 부분을 어려워하고 있었고, 나와 와그너, 그리고 에밀리는 제리와 함께 이 부분을 탐색해보기로 했다. 문제는 각도가 점점 커져갈 때 제리가 그것을 제대로 측정하지 못한다는 데 있었다. 이유를 물으니 제리는 이렇게 직접 계산해본 것은 처음이라고 했다. 그러자 에밀리는 잠시 머뭇거리더니, 우리에게 이 부분을 어떻게 이해해야 할지 설명했고, 당혹스러워하는 제리에게도 같은 방법으로 설명했다.

"이건 단순한 측정이 아니라 '아하' 하는 일종의 통찰을 이용해서 이해해야 할 내용 같구나."

우리는 '측정'이라는 단어를 다른 의미로 정의 내리기 위해 함께 노력했다. 세 명의 어른과 한 명의 아이가 특정한 문제에 대해 깊고 복잡한 사고를 하기 시작한 것이다. 결국 제리는 우리와 함께하면서 보다 더 또렷하게 문제를 탐색하고, 혼란스러운 상황을 보다 더 진지하게 받아들일 수 있었다.

혼란스러운 상황에 직면하면 대부분의 사람은 하던 작업을 멈춰버린다. 이때 아이들은 어른들에게 무엇을 요구할까? 서로 믿을 만한 접점을 어떻게 찾을 수 있을까? 놀라움과 경이로움 같은 감각처럼 인간적인 학습의 본질을 어떻게 다시 연결할 수 있을까?

문제를 푸는 열쇠는 하나다. 아이들과 함께 위험을 무릅쓰며 우리부터 학습자가 되고, 그 모습을 가감 없이 보여주는 것이다. 그날 우리 세 사람은 제리의 문제를 진심으로 받아들일 수밖에 없었다. 우리 스스로도 어떻게 대답해야 할지 잘 몰랐기 때문이다. 또한, 그 때문에 오히려 제리의 문제에 대해 다시금 묻고 답해볼 수 있었다.

이런 행동은 조금 묵혀뒀다가 다시 할 수 있는 종류의 것이 아니다. 이런 상황에서 교사는 언제나 스스로 위험을 무릅쓰고서라도 아이의 질문에 답해야 한다. 또한 전문가인 교사도 얼마든지 실수할 수 있다고 생각해야 한다. 만일 우리가 제리에게 "우둔한" 질문은 하지 말라고 말했다면 어땠을까?

만약 우리가 모두 같은 혼돈 속에 빠져 있다면, 우리는 모두가 그 혼돈을 함께 공유할 수 있을 것이다. 물론 혼돈은 불편한 것이다. 그럼에도 혼돈은 오히려 모든 것의 본질이다. 이럴 때는 호기심의 날을 더 바짝 세우고, 기대하지 않은 것에 주의를 기울이며, 혼란스러운 상황을 스스로 받아들일 수 있어야 한다. 다음과 같은 질문들은 어떤가?

"내가 말하는 '위'와 '아래'는 무엇을 의미하는 걸까? 동쪽으로 영원히 갈 수 있는데, 서쪽으로는 왜 갈 수 없을까? 해가 저 건물 위로 떴었는데 어째서 지금은 그렇지 않을까? 어떻게 크고 무거운 배는 가라앉지 않을까?"

물론 문제를 해결하기 위해서는 대답이 필요하다. 하지만 불확실한 것에 대해 완벽하게 답하라고 요구하지만 않는다면 아이들도 서서히 지적인 도약을 이뤄낼 수 있다. 무엇을 요구할 때 호의를 함께 보여주는, 전에 없던 이런 태도는 어쩌면 별스러운 것이 아닐 수 있다. 학습이라는 것은 결국 사람, 의견, 사물과 관련해 불확실함을 받아들이는 것, 세계와 맺는 신뢰 관계이기 때문이다.

훌륭하게 성장한 수많은 학생들조차도 어릴 때 만났던 교사와 학교를 믿지 않는다는 점은 안타깝다. 게다가 교사와 학생들 또한 예전에 해왔던 자신의 방식을 아직도 고수한다는 점은 더 안타깝다. 어쩌다가 상황이 이렇게 되었을까?

일부에 그치지만 성공한 아이들은 셈 이상의 수학 공부를 1년 정도 하고, 또 다른 1년을 과학 공부를 하며 보낸다. 역사 공부에도 마찬가지로 1~2년을 투자한다. 우리가 인생에서 배워야 하는 것은 대부분 시간이 상당히 지나서 실제 자연스러운 환경에서 나타났다. 그리고 가장 우수한 학생들은, 유치원 시절부터 열심히 손을 들면서 자기의 영리함을 보여주는데, 이것은 각자 가정에서 습득한 재능과 지식을 드러내는 것이었다. 이런 행동에 대해 칭찬을 받고 인정을 얻으면서 그 아이들은 점점 더 많은 자신감을 갖게 되고 더 위험한 모험도 감당할 수 있었다. 이러한 능력은 학교가 아니라 가정의 신뢰에서 자라난 것이었다. 일반적인 아이들에게는 버겁기만한 이 과정을 버텨낸다. 일단 이 아이들은 학교생활에 성공했다고 볼 수 있다. 문제는 막상 학교와 교사들이 이

처럼 재능 있는 아이들을 위해 해줄 수 있는 것이 별로 없다는 점
이다. 아이들은 가정에서부터 강한 신뢰를 얻지만, 교사들은 아
이들의 이런 모습을 받아들이지 못한다. 이런 상황에서 아이들은
가정에서 얻었던 신뢰를 대체할 만한 것을 찾지 못한 채, 학교에
서는 자신이 보여줄 것이라고는 그저 무지함뿐이라고 생각해 점
차 학교생활에 심드렁해지고 삐뚤어진 태도를 보이며 학업에서
조용히 뒤처지게 된다.

　오늘날 학교는 예전보다 복잡하고 학구적이며 추상적인 지식
을 가르친다. 아이들의 사고방식 또한 그렇게 바뀌기를 기대한
다. 과학이 발달한 오늘날에 사는 우리 아이들은 오히려 "배우지
않는 것"이 필요하다. 과학적 지식을 습득하는 대신 현상에 대해
자연스럽게 우리 마음속에 떠오르는 것을 보아야 한다. 과학 이
전에는 우주가 돌아가는 원리를 추정했던 것은 오늘날 실체확률
론, 현대 물리학, 생물학이라 불리는 것과는 반대되는 것이었다.
이런 요구가 커지면 앞으로는 교육을 잘 받은 사람과 겉으로만 교
육받은 사람 사이의 격차가 벌어질 수밖에 없다. 이 점은 위협적
인 요소가 될 수 있다. 비단 학교가 아닌 다른 곳에서도 학습을 촉
진할 만한 환경을 만들려면, 모든 아이들이 가장 잘 배울 수 있는
방식은 무엇인지, 내가 거기에 매일매일 기여할 수 있는 부분이
있는지를 알아야 한다. 앞으로 어떻게 해야 이것을 이룰 수 있을
지 어른들이 함께 상상해야 한다. 이것이 이루어져야만 모든 아
이들이 자신의 학습 능력과 이를 가르쳐준 교사에 대한 신뢰를 지

속시킬 수 있다.

놀라운 사실을 듣고 싶은가? 부유하거나 가난해도 아이들은 처음 말을 익힐 때부터 성인기 초기까지 하루에 10개씩 새로운 단어를 배운다고 한다. 물론 우리 주변에는 좀 더 뒤떨어지는 아이들이 있는가 하면 똑똑한 아이들도 있다. 중요한 것은 가난한 아이들이나 부유한 아이들 모두 배우는 일에서는 마찬가지라는 점이다. 물론 배워나가는 과정에서 서로 다를 수 있다. 그렇다고 학교와 교사들이 이 과정을 주도할 만큼의 성과를 이룬 것도 아니다. 아이들은 하루에 10개씩 단어를 익히기도 하지만 잊기도 한다. 아이들이 쓰는 언어는 해마다 얼마만큼의 단어를 익힌다. 그것을 1년에 며칠 동안 사용하는지에 따라 단어 활용 역량이 평가된다. 만약 이들이 일주일에 10개씩 단어를 익히고 일주일 후에도 이것을 그대로 유지할 수 있다면, 그때는 학교에 고마워할 것이다.

우리 뇌는 이런 방식으로 작동해 때로는 놀라운 양의 어휘를 익힐 수 있다. 이런 사실을 생각하면 우리가 쓰는 구어식 모국어 (native language)를 익히는 일 또한 아주 특별했다는 것을 알 수 있다. 하지만 나는 그 반대도 생각해본다. 만약 아이들이 구어 (spoken language) 발달에 작용하는 사고의 과정으로 의견, 개념, 얼굴, 이름, 장소를 생각하고 익히게 된다면, 학습도 보다 자연스러워질 것이다. 학교의 공식적인 교육과정 속에 독서, 수학, 과학이 이런 방식으로 포함되어 조직된다면 더욱 그럴 것이다.

아이들이 어른들의 복잡한 기능과 성향을 배워가는 최선의 방법은 아이 스스로가 닮고 싶어 하는 전문가인 어른과 지속적으로 어울리고, 삶 속에서 실제로 함께하는 것이다. 그 세계는 여러 요소로 이루어져 있으므로 유연하고 예견 가능하며 때론 놀랍기도 하다. 그럼에도 우리는 더 이상 이런 학습 방법을 신뢰하지 않는다.

운전기사의 가족을 상상해보자. 그 집 아이들은 앞좌석에도 타봤기에 운전자가 하는 동작을 몸과 머리로 따라 할 수 있다. 차 옆면은 어디에 있고, 바깥으로 통하는 문을 어떻게 닫는지도 안다. 이제부터는 어떻게 이 아이들이 운전을 잘 배울 수 있을지만 생각하면 된다.

내게도 그런 순간이 있었다. 어느 날, 어머니가 내게 운전석으로 가보라고 제안한 것이다. 그때 나는 이미 다른 친구들처럼 운전을 어떻게 하는지 대략 알고 있었다. 자동 운전으로 전환하기 전 우선 수동으로 언덕을 향해 다시 출발하거나 일렬 주차 같은 신기한 상황에서 놀랐던 것을 제외하면 말이다. 운전하는 흉내를 낼 때조차 각각 분리된 운전 기능을 내면화하는 일은 꼭 필요하다. 만일 여기에 서툴면 실제로 운전할 때 차가 비틀거려 무서운 사고로 이어질 수 있다. 이런 면에서 '운전에 대한 기본적인 배움'이란 사실상 몇 시간의 정규 수업 이상이 필요하지 않으며, 중요한 것은 실제로 다양한 환경에 노출되는 것이다.

반대로 다양한 환경에 노출된 경험 없이 운전을 배우러 온 사람들은 상당히 애를 먹는다. 자칫 잘못 배웠다가는 자연스러운 감각이 몸에 익지 않은 채 수년 동안 핸디캡만 가질 수 있다. 그런 면에서 능숙한 운전의 본질이란 길 위의 다른 운전자와 충분하게 교감해나가면서 얻는 타고난 신뢰일 것이다. 이런 신뢰는 때로는 교통사고를 경험한 뒤 수년 후에나 생겨날 수도 있다. 이때 여러분에게 운전을 가르쳐주는 스승이 만일 여러분이 존경하는 사람이라면 그 자체로 도움이 될 것이다. 반면 그렇게 배웠음에도 여러 번 실패했다면 그 신뢰도 사라질 것이다. 가르침도 때로는 비용을 치르는데, 일대일로 정확히 가르쳐주지 않는다면 아예 운전하는 법을 가르쳐주지 않은 것과 다를 바 없다.

우리가 주변 환경에서 배우게 되는 수많은 과제를 보라. 집 청소하기, 옷 개서 정리하기, 접시 닦기, 요리 등등 이 과제들은 아주 사소해 보인다. 하지만 이것들은 우리가 아는 것보다 훨씬 복잡한 과정으로 이루어진다. 아이들이 이를 쉽게 여기는 것은 커가면서 이 문화에 의존하고 살면서 비슷하면서도 다른(different but equally) 복잡한 기능들을 자연스럽게 배워나가기 때문이다. 이것이야말로 사소하지만 가치 있고, 널리 알려지진 않았지만 소중한 것들이다.

실제로 어떤 아이들은 새로운 것을 배울 때 이전에 배웠던 유사한 기술을 활용하기도 하는데, 이는 전통적인 학교에서도 그렇다. 아이들은 친구 것을 베껴 쓰고, 믿을만한 친구에게 질문하기 위해 수업이 끝날 때까지 기다리기도 한다. 하지만 학교에서 이런 방식으로 배우는 것은 적절하지 않다. 내 교실의 경우, 대개 남자 아이들이 문제였다. 그 아이들은 내가 다른 아이들을 봐주는 사이에 뒤에 서서 있거나 정답을 투덜거리듯 말하곤 했다. 그리고는 일대일로 접근하면 조개처럼 입을 다물었다. 만일 아이들이 새로운 학습 주제 안에서 복잡한 기능을 획득하며 함께 도약하고자 한다면 새로운 방식으로 이들을 가르칠 수 있도록 상상력을 발휘해야 한다. 어째서 우리는 어떤 집단에는 참여하고 어떤 집단에는 그렇지 않는가? 사실 이것은 흥미로운 질문이다. 이것은 아마도 우리가 얼마나 거기에 매달려 있으며 노력하느냐에 따라 달려 있을 것이다. 다른 일원들이 우리를 어떻게 보는가? 우리를 환영하면서 자신들의 일원으로서 생각해주는가? 또한 거기에 속하고자 하는 우리의 노력을 보고 비웃는지는 않는가? 다른 무엇보다도 그들이 우리의 그런 노력들을 인정해주는가? 이러한 환경에 따라 우리는 더욱 효율적으로 배울 수 있게 될 것이다.

아이들은 위험한 상황이나 실수, 바보같은 행동을 해도 자신을 믿어주는 누군가가 존재한다는 사실을 인지하면 학습 능력이 더 높아진다는 점도 기억해야 한다. 위험하다는 생각이 들지 않으니 공부도 잘되는 것이다. 실제로 아기들의 경우, 말걸기나 걷기를 배울 때 위험에 맞닥뜨리면 부모에게 보호받으려 한다. 부모들은 아기들이 말실수를 해도 기뻐할 뿐, 아기가 뭔가를 제대로 해낼 수 없는 건 아직 기능적으로 충분치 않아서라고 믿는다. 즉 그 아이가 심술궂거나 천부적인 재능이 부족하거나 그 외의 나쁜 의도가 있어서라고 보지 않는 것이다.

우리가 생각해봐야 할 지점도 이것과 연관이 있다. 누구도 우리를 분류하거나 등급 매길 수 없다. 가족을 예로 들어보자. 우리는 상대를 비판하는 사람보다 우리를 가장 확고하게 지지해줄 사람과 우선 어울리고 싶어한다.

경험과 지식이 부족한 상태에서 어리석은 짓을 하지 않기 위한 방법이란 존재하지 않는다. 다만 다음의 네 가지 예외는 있다. 아무것도 시도하지 않기, 상관 없다고 주장하거나 흥미를 갖지 않기, 본인이 문제가 아니라 주어진 임무 자체가 터무니없는 것이라고 간주하기, 마지막으로 당신이 한 실수를 누구도 눈치채지 못하도록 몰래 하기가 그것이다. 하지만 그때는 당신에게 유용한 조언을 줄 수 있는 사람이 없을 것이다. 만약 아이들이 어른들을 믿지 못하고 실수를 벌인다면, 우리는 아이들에게 앞에서 열거한 실패했을 때의 네 가지 변명을 가르치게 된다. 그리고 분명히 저 방법들은 아이들에게 유용한 지식을 습득할 기회를 완전히 없애버린다. 물론 그중에서도 뛰어난 독학자들은 자신만의 방법으로 배우기도 할 것이다.

뉴턴(Isaac Newton)은 거의 나이 17세 때 어릴 때부터 캠브리지의 존경받는 수학 교사 밑에서 데카르트(Descartes)의 기하학을 한 줄 한 줄 읽어가며 수학과 물리학을 공부했다. 뉴턴의 선생님은 뉴턴이 수학적으로 약하다고 판단했지만, 그럼에도 뉴턴은 친구들 사이에서 이런 모험을 감행했다.

최고의 학습은 학생들의 실수를 전문적인 시선으로 관찰하면서 이루어진다. 이 과정에서 진정한 학습이 이루어진다. 하지만 우리 대부분은 실패를 인정하지 않으며, 그것을 숨기는 것에 급급해 한다. 한 예로, 빛이 생활에 필수적이라는 것을 증명한다고 치자. 이때 교사가 할 일은 교실 창턱에 식물을 심어놓고, 암실에 통제된 식물을 여기저기 배치해두는 것이다. 그런데 내가 이를 시도했을 때, 정작 창턱 식물은 말라버리고 암실의 식물만 무성하게 자랐다. 결국 나는 다음날 이 식물들을 쓰레기통에 몰래 버리면서 그 결과를 고쳐 썼다. 내 대학교 친구인 물리 교사도 같은 일을 했다. 중력 시험을 하다가 물건을 떨어뜨리는 장면을 시범삼아 보여주었는데 제대로 성공하지 못했다. 그는 몇 번 시도하다가 안 되자 수업을 정리하면서 아이들에게 다음과 같이 약속했다. "그냥 다음 주에 보여줄게."

당시 나와 그는 같은 생각을 했다. 우리가 실수를 하면 아이들이 우리를 믿지 않을 것이며, 그로 인해 학생들이 잘못된 지식을 갖게 될거라 과도하게 염려했다. 신뢰의 중요성을 인식하면서도, 교사들은 자신들의 실수를 학생들이 용납하지 않을 거라고 믿었다. 이는 아이들이 교사도 화장실에 간다는 사실 조차 믿기 힘들어한다는 문제와는 조금 다르다. 교사들도 배워가는 존재이며, 실수야말로 교사의 권위를 더욱 더 가치 있게 만드는 것이라는 점을 이제는 인정해야 한다.

지금까지 나는 평등한 공동체를 상상한 결과들을 설명했다. 여기서의 평등은 지식의 평등이 아닌 보다 더 깊은 의미의 평등, 공동의 것을 지닌 공동체 일원으로서 다른 사람의 입장에서 우리 자신을 찾을 수 있다는 것을 보여주는 평등이다.

다음과 같은 말을 들으면 아이들은 더 의미있게 생각하게 된다. "그렇게 생각하는 거 보니 수업을 잘 안 들었구나."가 아닌 "이 과제에서 뭐가 가장 흥미로운 방법 같니?"라는 말이다. 학생들이 잘못 대답할 때에도 관심을 보여야 한다. 그래야 학생들이 함께 힘을 얻을 수 있을 것이다. 또한 교사로서 우리가 실수를 저질렀을 때에 학생들도 우리를 이해하고 용서해준다. 최적의 환경에서도 실수는 자주 일어나는 법이다.

이제 우리는 아이들이 배움의 욕구를 갖고 있다는 점을 믿어야 한다. 이것이야말로 아이들을 위한 실천에서 가장 중요한 부분이다.

지금까지 내가 해온 말들이 옳은 것이라면, 교육과정은 물론 교육학 실천 전반을 포함한 학교 교육에 극적인 변화가 필요하다는 점을 생각할 수 있을 것이다. 특히 학생과 교사, 교사와 학부모, 교사와 교사 사이의 관계가 그렇다. 이 관계들이 어떤 의미를 가지고 어떻게 정립되어야 하는지를 살펴야 한다.

특별한 방식으로 극적인 변화를 이끌어 낸 학교들을 보면 우리가 봐왔던 '진짜' 학교들과는 근본적으로 차이가 있다. 아이들은 가끔 우리 학교는 진짜 학교가 아니라고 말한다. 교사에게 소리치고 힐난하는 소위 '학교 놀이'를 하는 아이들이 있는데, 이것을 보면 아이들이 생각하는 진짜 학교가 무엇인지 알 수 있다. 그러나 큰 차이에도 불구하고 모든 학교는 교사와 학생 사이의 관계에서 공통적인 것이 있다. 그것은 모든 아이들에게 다음과 같은 지적인 훈련을 한다는 것이다.

첫째, 학교는 교육을 제공하는 동시에 안전한 곳이어야 한다. 아기들을 잘 키우려면 안전한 환경을 제공해야 하는 것처럼 학교에 다니는 아이들도 마찬가지다. 아이들은 친구나 권위 있는 누군가에게서 오는 신체적·정신적 손상을 방어하는 데 에너지를 소비할수록 다른 일에 힘을 쏟을 수 없다. 즉 일차적으로 아이들을 안전하게 만든다는 건, 먼저 물리적인 안전이다. 여기에는 아이들이 비웃음과 곤혹스러움으로부터 안전하다고 느끼도록 돕는 것도 포함된다.

둘째, 학교는 아이들이 성공적인 배움을 일궈낼 수 있도록 전문가의 비율을 늘리는 데 최선을 다해야 한다. 다시 말해 학생들에게 전문적인 교육을 제공하려면 학생 대비 교사 비율이 높아야 할 뿐만 아니라 효율적인 교육을 실시할 수 있는 전문가들도 많아야 한다. 여기서의 전문가들이란 교사 외의 다른 어른들이나 연상의 다른 학생들일 수도 있다. 또한, 컴퓨터, 책, 실생활 학습경험 같은 다양한 학습 교재나 다재다능한 학생들도 전문가에 포함된다. 그 형태 또한 다양해서 작은 교실, 연령통합 교실, 어린 학생과 나이 많은 학생이 함께 공부하기, 학부모 봉사대, 나이와 기술 단계를 넘나드는 활동 등도 해볼 수 있다. 성공적인 학교는 아이들이 장애물을 극복할 수 있는 힘을 길러주는 매력적인 관계 찾기를 위해 늘 노력한다.

셋째, 학교는 수준 높은 전문가들이 따뜻한 태도와 높은 전문성으로 그들이 만들어 온 구체적인 결실을 내보이고, 열정과 기술을 선보일 수 있는 장을 마련해줘야 한다. 설사 그들이 고도의 전문성을 보여주지 못한다고 해도 처음 배우는 아이들은 그 곁에서 구체적인 결실을 활용해 배워갈 수 있다. 실로 아이들은 다른 이들과 어우러질 때 가장 잘 배운다. 언젠가 학교 운동장에 수백 마리의 달팽이를 푼 적이 있었는데 처음 우려와는 달리, 아이들 사이에 엄청난 달팽이 생태 공부가 이루어졌다. 그 수업에는 달팽이의 전 생애를 연구해 온 저명한 과학자들이 참여했고, 이들과 함께 한 시간은 아이들에게 놀라운 배움의 시간이 되었다.

넷째, 지식은 계속 새로워지고 업데이트 되는 만큼, 학교는 아이들이 스스로 자기 방식을 찾을 수 있도록 다양한 형태의 학습을 제공할 필요가 있다. 예를 들어 더 좋은 과학, 더 좋은 역사 공부를 할 기회를 주어야 한다. 성공적으로 운영되는 학교는 실수를 바라보는 관점도 다르다. 실수도 명료하게 밝혀볼 필요가 있다는 사실을 당연하게 받아들인다. 한 예로 손톱, 무거운 상자, 물가에 서 있는 은나무 같은 신기한 대상을 적절히 배치하는 일, "이런 일을 이렇게 해보면 어떤 일이 일어날까?"라는 질문을 하면서 향후 결과를 탐험하고 조사하는 식의 수업들은 아이들을 황홀한 발견으로 이끈다.

여기에 더해 번득이는 통찰을 얻으려면 전문가를 받아들이고,

더해서 과학적이고 열린 마음을 유도해야 한다. 아무리 특별한 실험도 혼자 실행하면 그 통찰을 모두가 함께 얻을 수 없다. 어느 날 열세 살 아이 하나가 점심시간에 나를 찾아와 이렇게 물었다. "선생님, 만일 제가 숫자를 10억 번 세면 인생 전체를 손안에 넣을 수 있을까요?"

어른이 되어간다는 게 뭔지를 이해한 듯한 그 아이는 그 질문을 던지고 나서 몇 해 동안 아주 기뻐했다. 그 아이의 질문은 옳았다. 아기처럼 손과 입으로 사물의 본질을 탐색하든지, 물건을 저울에 놓고 계속 측정하든지, 10억 번을 세려면 몇 초가 걸리나 계산하든지, 우리는 같은 일을 한 것이며, 소중한 아이디어를 내 것으로 만든 셈이다. 결코 무의미한 일을 한 것이 아니라 더 많은 의미를 만들어가는 토대를 만든 것이다.

다섯째, 학교는 학생들이 새로운 아이디어를 신장할 수 있도록 충분한 시간을 제공해야 한다. 즉, 아이들을 엄격한 시간표에 묶어두어서는 안 된다는 의미이다. 어떤 아이들은 즉각적으로 통찰하는 것을 즐기고, 어떤 아이들은 끝없는 반복을 좋아한다. 같은 일도 다시 할때는 다른 결과가 나타날 수 있다. 이때 소중히 다뤄져야 하는 건 아이들이 견뎌내는 인내의 질적인 측면이며, 이것이 결국 과학적인 유산의 일부가 될 수 있다. 사실 둥근 형태의 지구를 평면 지도로 만드는 과정에서는 어쩔 수 없는 왜곡이 수반되지만, 지도를 보는 편이 안 보는 것보다 좋다. 즉 무엇을 하건 이를 연습으로 보지 않고 완벽한 이해 여부만 생각하려고 든다면, 많은 아이들의 소중한 시간을 허비하는 꼴이 될 것이다.

여섯째, 학교는 최선을 다해 학생의 참여를 유도하고, 즐거움이 넘치는 학습 모델을 구축해야 한다. 참여와 즐거움은 아이들이 마음의 중심을 잡도록 도울 뿐 아니라 지속적인 관찰과 반복적인 연습을 유도한다. 고통은 종종 우리에게 교훈을 주지만 늘 그렇지는 않다. 너무 고통스러운 교훈은 종종 가르침을 회피하도록 만들기도 한다. 대신 흥미 넘치는 재료들로 교실을 가득 채우면 아이들은 황홀함 속에서 과제, 아이디어, 실험 속으로 전진한다. 이 재료에는 일상적인 것도 좋고, 새롭고 이국적인 것들도 포함되어야 한다. 전자는 모래, 먼지, 물 등이고, 후자는 지네, 모나크나비 같은 것들이다. 이것들을 아이들이 실제로 보거나 만질 수는 없지만 멀리 보이는 달처럼 황홀하고 특별할 수 있다. 이렇게 사물과 아이디어를 수집했다면 이와 관련된 책들을 추가하는 것도 좋다. 여기에는 아이들이 던지는 질문을 조명해볼 수 있는 훌륭한 내용들이 많다. 책은 공부한 내용이 반영된 아이 스스로의 모습과 그들의 공동체와 이야기를 살펴볼 수 있도록 돕는다. 우리는 그리스 신화를 통해 율리시스가 외눈박이 거인족(Cyclops)의 마지막 말 한마디로 자신과 자신을 따르는 사람들을 위험을 빠뜨리지만, 결국에는 모두가 율리시스의 허풍에 모두 익숙해지는 모습을 확인할 수 있다. 훌륭한 학교들은 아이들이 자신만의 특별한 열정을 발휘할 때 이를 재빨리 파악할 수 있는 방법을 알고 있다. 그게 공식적인 수업이건, 방과 후나 토요일이건, 심지어 여름방학이라도 말이다. 이때 아이들이 발휘하는 열정의 대상이 자동차건, 레슬링 선수건 어떤 종류라도 상관없다.

일곱째, 학교는 아이들이 학습을 통해 배운 것들을 삶의 평범한 과정 속에 녹여내는 일에 도움을 주어야 한다. 새로운 주제를 공부하는 일은 우리가 실제로 살아가는 세계와 대화를 나누는 일이다. 한 예로 선거가 있는 해에 미국 정치를 공부하거나 대법관 자리를 두고 큰 논쟁이 벌어질 때, 대법원을 공부하면 더 쉽게 배울 수 있다.

1990년대, 나와 내 동료는 고등학교에서 교편을 잡고 있었다. 이 무렵 우리는 큰 기회를 하나 놓쳤다. 소비에트 연방이 무너지고 있었는데, 교육과정을 우리 식대로만 꾸리려 했다. 2001년 9월 11일 벌어진 테러로 세계가 놀랐을 때, 사실 우리는 할 일이 많아졌다. 고학년 학생들과 깊고 풍부하게 사고하며 사건에 대한 탐험의 시간을 보냈다. 요즘 10학년(고등학교 1학년) 교사들을 보면 아이들이 겪게 될 교육의 미래뿐 아니라 교사들 자신에게도 위협적인 상황이 펼쳐질 것임을 짐작할 수 있다. 대부분의 교사들은 주정부가 주도하는 시험의 관점에서만 학습에 접근하고 있기 때문이다. 하지만 작년에 유치원부터 8학년까지 모든 학생을 대상으로 했던 고대 그리스에 관한 수업은 그것과 무관해 보이지 않는다. 학생들은 그리스에서 주제를 얻어온 정말 많은 것들을 일간지와 잡지, 건물, 이야기 그리고 자신들이 사용하는 일상 언어에서 발견해냈다. 나는 초등학교와 고등학교 학생들이 엄청난 열정으로 고대 이집트 시대를 배워가는 것을 목격한 바 있다. 이 아이들은 나이와 상관없이 이 주제를 아주 좋아했고, 특히 공룡은 그다음으로 좋아했다. 이는 우리가 평상시 인지하지 못했지만, 분명히 주목할 만한 사실이었다.

나아가, 앞선 일곱 가지에 더해 하나 더 말하고 싶은 게 있다. 우리가 결코 포기할 수 없는 학교에 대한 사랑, 즉 학교와 학교를 둘러싼 변화된 아이디어들을 어떻게 만들어갈 것인지와 관련된 것이다. 물론 쉽지 않은 일이다. 왜냐하면 지금껏 우리는 정확히 이 정반대의 아이디어, 비현실적인 재료로 덧씌워진 교육과정 디자인이 만들어낸 수동적인 학습으로 학교를 이끌어왔기 때문이다. 이로 인해 아이들은 학습에 동반되는 탐험과 이해 면에서 적잖은 실망을 겪었다. 이런 학습 형태는 사실을 왜곡하는 결과를 낳는다. 특히 가난한 아이들이 다양한 인종으로 구성되어 있을수록, 이런 학습 형태는 더 혼란스러워지고 학교 스스로 앞의 일곱 개 아이디어 모두를 무시할 수 있다.

실로 표준화된 시험과 이와 연관되어 있는 정부가 미치는 해악은 그 영향이 매우 크다. 예를 들어 신뢰로 구축한 학교의 교육환경을 정부가 체계적으로 훼방하는 일 등이 그렇다. 다음 장에서 살펴보겠지만, 이는 신뢰 측면에서 매우 잘못된 일이다. 무엇보다 중요한 것은 학생들이 좋은 학교교육을 필요로 하고, 여기에 의존한다는 것이다.

다만 다행인 것은 오늘날 학교들이 새로운 창조성을 비교적 쉽게 받아들인다는 점이다. 여기서 내가 제안한 방식들은 오랜 전통으로부터 나온 것들이며, 나는 학교가 이 전통적인 교수학습을 보다 적합하게 재창조할 수 있는 공간이 되리라 믿는다. 물론 반대하는 교사도 있을 것이다. 아이들을 안전하게 보호하는 공동체 속에서도 이러한 전통의 재창조가 실현되기 어려운만큼, 이런 재창조는 많은 인내심을 요구한다. 또한, 이런 이들이 의식적이든 무의식적이든 부분적으로 교수학습 이론 그 자체에 신세를 지고 모종의 전환을 하더라도 이런 재창조 작업은 역시 어렵기 그지없다. "가장 잘 가르치는 방법은 듣는 것이다. 그리고 가장 잘 배우는 방법은 말하는 것이다." 내가 이렇게 말할 때마다 나는 스스로에게 놀라고 주변 사람들도 놀란다. 나는 이것이 맞다는 것을 알고 있다. 하지만 이것을 이해하고 현실에서 실현하는 것은 정말로 어렵다. 이 생각은 내가 이전에 학교에서 배웠던 전술들과는 반대되는 것이다. 특히 어려운 부분은 재창조 작업이 어른들에게도 창조적인 문화를 요구한다는 점이다. 학교 안의 아이들과 학교 밖의 세상은 서로 겹치거나 섞여 있는 만큼 어른들도 유능해져야 한다. 물론 아이들과 어른들은 서로 다른 수준의 책임과 역할, 서로 다른 종류의 권위를 갖는다. 그럼에도 공동체 속에서 아이들과 어른들은 각각 하나의 구성원으로서의 역할을 맡는다. 이 구성원들이 서로를 신뢰할 때, 서로를 이해하고 숙달하고자 하는 선천적인 욕구와 상승작용을 일으켜 광범위한 지적인 가능성을 가능케 한다.

단언컨대 나는 그 동안 이러한 현상을 눈으로 보아왔고, 따라서 우리가 결국에는 해낼 수 있을 것이라고 믿는다.

2. 신뢰 받는 학교 만들기 : 미션 힐 스쿨 등

전국의 학교를 둘러보면, 규모도 적절하고 인간적인 만남이 가능하다는 점에서 다른 곳과 차이를 갖는 학교들이 몇몇 있다. 그 중엔 몇몇의 훌륭한 학교가 있고, 또한 형편없는 학교도 더러 있다. 나머지는 그냥 좋은 학교들도 있는데 이것은 아이들이 그냥 그곳에서 학창시절을 보내도 나쁘지 않을 만큼 괜찮다는 의미다. 지방에도 많은 학교가 있다. 2차세계대전이 휩쓸고 난 후 지역 합병에 저항한 곳에 설립되어 있다. 이 학교들은 60년대와 70년대에 큰 유행을 얻었고 많이 생겨났다. 사립학교와 자립형학교 혹은 종교를 바탕으로 한 학교들이다. 내가 잘 아는 소규모 학교들은 대규모 학교가 보편적이던 1960년대 후반부터 1970년대 초반에 걸쳐 전국적으로 세워진 도시나 도시 주변에 세워진 공립학교들이 대부분이었다. 이 학교들은 학교 규모 면에서 매력적이었지만 부분적으로만 완성된 것이 사실이다. 소규모 학교들은 모든 학생을 위해 잘 교육한다는 것이 무엇인지를 서로 다른 비전으로 제시할 수 있어야 한다. 내가 만난 이 학교들은 그 중심에 배움의 정의를 명확하게 세우고, 가정이나 학교에서 어른들의 역할을 늘 존중하는 마음을 가지고 있었다. 동시에 아이들의 천부적인 재능을 보존하고 이를 널리 펼칠 수 있도록 하는 일이 얼마나 중요한지에 대한 아이디어들이 잇달아 쏟아져 나왔다.

물론 규모가 크고 인간미 없는 학교에서도 불리한 환경을 이겨내고 우수성을 증명한 학생들이 있다. 하지만, 이런 학교들은 의도적으로 아이들에게 자기 가정의 문화를 포기하도록 만드는 경우가 많다. 이 때문에 아이들은 학교와 가정을 서로 분리시킬 때 이득을 본다고 생각하게 된다. 하지만 대다수 아이들은 가정과 학교가 공동체로서 협력 관계에 있을 때 학업에 도움을 받는다. 물론 처음부터 이런 환경을 만드는 것은 불가능하다. 오랫동안 규모가 큰 일부 학교에서도 많은 어른들이 아이들을 제대로 이해하려고 노력해왔던 것도 사실이다.

나 역시 같은 면에서, 교실을 넘어서기 위해 노력했다. 규모는 크지만 잘 알려지지 않은 시립대학 안에 어른들의 작은 공동체를 만들었다. 또한, 교사들이 흥미를 가지고 배울 수 있는 자리도 만들었다.

1966년 가을 무렵 내가 뉴욕에 도착했을 때, 릴리안 웨버(Lillian Weber)라는 비범한 여성학자를 만났다. 그녀는 시립대학에서 유아교육을 가르치고 있었다. 그녀가 말하기를 교사와 아이들이 좋은 관계를 형성하는 데 중대한 장애물 중의 하나가 교사들의 외로움이라고 지적했다. 교사들이 25명에서 30명이나 되는 아이들을 사랑해 주어야 하는데, 외로운 교사들로서는 이것이 쉽지 않다는 것이었다. 따라서 웨버는 아이들뿐만 아니라 어른들 모두가 배움의 공동체에 일조해야 한다고 주장했다. 그렇게 해서 태어난 것이 대규모 학교에 파고 들어간 "열린 교육(open corridor)"[1] 공동체다. 이 공동체는 학년은 달라도 같은 관심을 가진 3~5명의 교사들이 복도에 모여 논의를 하는 것이 주요 방향이었다. 그녀는 옆에 앉아서 편하게 이야기를 나눌 수 있는 교장을 찾아내고, 시립대학 교생들을 불러 모았다. 복도에 편안히 앉아 교생들을 지도하듯 행동하면서도 이들과 함께 이야기를 나누고 표현하고 놀면서 점차 토론을 이끌어가기 시작했다. 그 결과 어른들과 아이들 모두가 가족, 직장동료, 또래에게 공개적으로 보여줄 수 있을 만한 공동체를 만들어내는 성과를 거두었다. 복도 여러 군데에서 학교 안의 작은 학교를 만들어낸 것이다. 비록 큰 힘을 발휘하지 못했고, 몇 년밖에 지속되지 못하긴 했지만, 이 공동체는 그 자체로 함께 하고 싶다는 욕구를 불러 일으켰다.

나아가 웨버는 우리로 하여금 예상치 못한 곳에서 효과적으로 일어나는 모든 학습에 귀를 기울이도록 만들어주었다. 수업 시간이 아닌 시간에도 유익한 상호작용이 일어날 수 있도록 유도했다. 학습에서 놀이의 중요성도 강조했다. 놀이가 너무 자주 빨리

---

1. 열린 복도(open corridor) 활동은 열린 교육(open education) 운동의 일환으로 창과 복도를 트거나 복도에서 학생들의 다양한 교육활동이 펼쳐진다. 여기서는 흐름상 이 말의 번역을 '열린 교육'으로 하고자 한다.

중지될 때 아이가 지적 · 정서적으로 지불해야 할 대가가 얼마나 끔찍한지 보여주면서 지금의 교육 상황을 되돌아보게 했다. 또한, 아이들이 학교로 오기 전에 이미 알고 있었던 건 무엇이고, 등교 전이나 하교 뒤에 가정이나 지역사회에서 계속해서 배우는 것들이 무엇인지를 깨닫게 해준 것도 그녀였다. 덕분에 우리는 그간 해온 공부 방식에 대해 가졌던 고집이나 의심에 대해 새로운 시각을 가지기 위해 노력할 수 있었다. 어떻게 하면 아이들이 어른들로부터 배운 것을 적용할 수 있을지, 학교가 아이들의 학습에 어떻게 도움되는 도구가 될 수 있을지 생각하기 시작한 것이다.

센트럴파크이스트 학교(Central Park East)의 경우, 교장이 변덕스러운 성격은 아니었지만 "열린 교육" 학교를 다소 경직된 형태로 운영했다. 시간이 흐르자 웨버 교수는 이 학교에서 손을 떼버리고는 나에게 이렇게 제안했다.

"뉴욕에서 가장 성공하기 어려운 이스트할렘 제4구역에서 '우리들의 공립학교'를 시작하고 싶지 않나요?"

거절하기에는 너무 매력적인 제안이었다. 이때는 1970년대 '기초로 돌아가자(back to basics)'는 기능적인 교육 체계가 강조되던 시절이었다. 부가적인 시험들이 먹구름처럼 밀려왔다. 하지만 나는 시립대학에 있던 웨버의 워크샵 센터로 친구들을 불러 모았고, 그저 아이들 가까이 머물면서 색다른 방법으로 가르쳐 더 좋은 결과를 유도할 수 있도록 아이들에게 충분한 자율성을 부여하는 새로운 체계를 도입하기로 결정했다. 또한, 학부모들에게는 우리가 만든 공동체에 동참할지를 선택해 달라고 요구했다. 5년도 되지 않아 이스트할렘에 3개의 센트럴파크이스트 초등학교가 들어섰고, 그로부터 얼마 안 가 우리는 센트럴파크이스트 중학교를 설립했으며, 그 시점부터 10년 전 후로 뉴욕 시에 센트럴파크이스트 학교를 딴 모델이 수십 개나 만들어졌다. 우리가 시작한 아래로부터의 교육개혁의 발상이 유행으로 번진 것이다. 하지만 얼마 안 가 '표준화'라는 방식이 이 유행을 거둬가 버렸다.

항간에 들리는 소문에 의하면, 당시 대학 교육학과들도 그들만의 소규모 학교를 만드는 일을 진행 중이었다고 한다. 이는 소규모 학교 운영이라는 것이 일종의 직업처럼 흔해져 버렸음을 뜻했다. 만일 교육 기관들이 주기적으로 표준화 정책에 에너지와 자원을 쏟아 부었던 것처럼, 그 에너지와 자원을 조금이라도 소규모 학교에 쏟아 부었더라면 전체적으로 그 숫자도 기하급수적으로 늘어났을 것이다.

그럼에도 이 소규모 학교들은 1장에서 지적한 것처럼 아이들이 어른들과 함께 배울 수 있어야 한다는 문제를 해결하고, 아이들과 교사들이 모임의 본질을 바꿔 인간성 넘치고 신뢰할 수 있는 공동체를 만들어냈으며, 동시에 아이들이 더 효과적이고 자연스럽게 학습할 수 있도록 도와주었다. 2000년에는 그간 해온 노력의 성과로 뉴욕 시에 거의 40개 가까이 되는 공립 고등학교가 생겨났다. 이들의 역할은 매우 컸다. 소규모 학교들에게 적대적인 교육국장에게 진정 중요한 것이 무엇인지를 말하고, 시험전문가들에게는 설득력 있는 자료를 종합적으로 제시했다. 또한, "위기에 처한" 학생들의 졸업률과 대학 진학률과 관련해, 사회적인 통념과는 완전히 다른 결과를 보여주었다. 예를 들어, 평균 자퇴율이 50%였던 이 도시에서 센트럴파크이스트 고등학교 학생들은 90%가 졸업하고, 그 가운데 90%가 대학에 진학했다. 그러자 교육국장이 소집한 시험전문가들도 그간 암묵적으로 설립을 허가한 이 개성 강한 학교들을 인정할 수밖에 없었다.

1994년, 나는 뉴욕 공립학교에서 교편을 놓고 사이저(Ted Sizer)[2] 교수의 활동에 참여했다. 그와 함께 새로 투자한 에넨버그 학교개혁연구소(Annenberg Institute for School Reform)에서 학교교육을 체계적으로 실현해나가는 일에 협력하기 시작한 것이다. 그러던 1996년 봄, 고장 난 라디오를 들으며 보스턴을 향해 긴 여행을 하던 도중 새로운 생각을 떠올리는 새로운 나 자신을 발견했다. 바로 초등학교에서 학교 개혁 운동을 하고 싶어진 것이다.

보스턴에 도착할 즈음에는 무엇을 해야 할지 아이디어가 샘솟았다. 보스턴은 교사, 학부모, 지역단체가 공적 자금을 지원받아

---

2. 사이저(1932~2009)는 미국 교육개혁 지도자로 '본질 학교 운동(Essential School Movement)'의 창립자이면서 중등교육 실천가이다. 이후 하버드대학교 교육대학원장도 역임했다. '본질 학교 운동'은 본질적인 교육의 본령을 찾기 위한 학교 단위 혁신 운동으로 '사고를 위한 학습', '진도보다는 깊은 공부', '모든 학생을 위한 교육', '개별화 교육', '노동자로서 학생과 코치로서 교사상 정립', '정통한 설명', '품위와 신뢰의 태도', '학교의 책임', '교수학습에 기여하는 학교 자원', '민주주의와 평등'을 공통 원칙으로 내세우고 있다.

차터 스쿨[3]을 운영하고 있는 지역이었다. 이 학교들은 공교육 체계에 깊게 뿌리내린 소규모 학교들로서 보스턴 지역 교원노조들의 아이디어에서 영감을 받아 학교 재창조 작업을 이제 막 시작하고 있었다. 이 좋은 기회를 놓쳐버릴 수 없었다. 65세 나이에 작고 새로운 도시를 짊어진다는 생각은 내게 너무나 매력적이었다. 게다가 보스턴은 내 본거지였던 업스테이트 뉴욕에서도 그리 멀지 않았다.

1997년 가을, 나는 보스턴과 케임브리지에 있는 친구들을 모아 보스턴 록스베리 지구에 있는 버려진 낡은 교회를 학교로 탈바꿈해 '미션 힐 스쿨'을 세웠다. 시에도 이 상황을 공식적으로 제의해 수락을 받았다. 우리는 건물 몇 개 층과 몇몇 공용 장소를 활용해 350명 정도의 학생들을 받았는데, 나 역시 이들과 함께 학교를 운영하였다. 센트럴파크이스트 학교 시절에는 주로 나와 내 친구들의 보금자리를 만드는 일과 옳다고 생각했던 일에만 치중한 것과는 달리, 나는 여기서 교장으로서 책임과 신뢰를 중시해야 한다는 점을 더 뚜렷하게 자각하게 되었다. 또한, 이곳은 센트럴파크이스트와 학생 비율도 조금 달랐다. 유색 인종 학생들이 많긴 했지만, 남미 학생 비중이 작았고, 중산층 학생과 백인 학생 비중도 전보다 20%에서 25% 정도로 컸다.

---

3. 공교육 개혁프로그램의 하나로 정부 예산으로 설립·운영되지만 독립적 권한을 부여받아 자율적으로 운영되는 공립학교이다. 여기서는 사립학교처럼 자체적으로 교육과정을 정할 수 있고 학비도 받는다. 일부에서는 공교육 개혁의 대안으로 꼽기도 한다. 하지만 차터 스쿨이 일반 공립학교에 대한 예산 지원을 깎아먹고 재능 있는 학생들을 빼가기 때문에 공부 못하는 아이들을 더욱 뒤처지게 한다는 비판도 있다.

다른 소규모 학교들처럼 우리는 이 학교를 성인문화와 청소년 문화가 가까워지도록 의도해 설계했으며, 초등학교와 고등학교 사이에서도 가치와 생각이 공유될 수 있도록 노력했다. 예를 들어 첫해에는 학교장 비서가 두 학교에서 동시에 일했고, 사회복지사와 간호사도 두 곳을 오갔다. 무엇보다 아이디어와 동료애를 나눌 수 있는 환경을 마련하는 데 집중했다. 그렇게 하기 위해 물리적인 공간을 모든 세대가 나눠쓰기로 했다. 미션 힐 스쿨 초등학교 중앙에 위치한 사무실은 처음엔 전임 직원인 나와 스트로터(Brian Straughter), 학교 매니저 게인스(Marla Gaines)의 업무 공간으로 사용했는데, 나중에 부모들도 왕래하고 교사들도 복사하거나 우편물을 가져가는 장소로도 활용했다. 또한, 그곳에서 상당히 많은 전화 업무가 이뤄졌다. '불량한' 아이들이 머리를 식히거나 모범생 아이들도 휴식을 취하는 장소로도 사용됐다. 더불어 학교의 구성원 모두가 오늘 부재중인 사람은 누구이고, 심부름을 나간 사람은 누구인지 확인할 수 있는 게시판을 두었다. 그 과정에서 뒤에 숨어 있던 어른들은 아이들의 학교생활을 보고 느낄 수 있었고, 학생들도 복사기나 전화기를 쓰기 위해, 아니면 그냥 안부를 전하기 위해 이곳을 들락거렸다. 굳이 이곳이 모두의 공간이라는 설교를 할 필요도 없었다. 누구나 이 공간을 당연히 받아들였다.

이런 공용 공간에 대한 아이디어는 부분적으로 뉴욕 시의 조그마한 고등학교인 어번 아카데미(Urban Academy)에서 따온 것이었다. 이곳은 직원들의 책상이 책장과 서류서랍장에 둘러싸여 있으며, 작고 편안한 공간이 큰 방 한곳에 모여 있었다. 이곳은 아이들과 선생님들이 수시로 들락날락해서 마치 증권거래소 1층 같았다. 조용하면서 빨리 처리해야 하는 일부터 시작해 모든 일이 이곳에서 이뤄졌다. 미션 힐 스쿨 중앙 사무실은 바로 이 학교의 축소판과도 같았다. 우리 사무실은 작은 공동체처럼 아이들과 어른들이 함께 이야기하고, 책을 읽고, 생각을 교환할 수 있는 장소였다. 소문을 주고받고 작품들이 걸리고 생일을 적어두는 사람도 생겨서 마치 시장통처럼 북적댔다. 웨버가 '열린 교육'를 고안한 지 꼭 40년 만의 일이었다. 이제 미션 힐 스쿨의 복도는 가장 어린 사람부터 가장 나이 든 사람까지 나이를 넘나들고, 온갖 물건과 생각의 발상이 어우러지는 곳이 되었다.

더군다나 75년 된 낡은 건물이지만 복도가 14피트나 되도록 설계되어 있는 것도 행운이었다. 우리는 복도의 반을 다시 2개의 공간으로 나누었고, 그 안에서 아이들은 복도를 건너고 학급을 오가며 서로서로 장소를 공유했다. 5살 아이들은 알리샤(Alicia Carroll)선생님과 함께 2년의 시간을 보낸다. 그다음에 반대편으로 옮겨가 에밀리(Emily Gasoi)선생님과 제네라(Jenerra Williams)선생님과 2년을 또다시 함께하며 그 다음은 알폰소(Alphonse Litz)선생님이다. 끝으로 아일라(Ayla Cavins)선생님과 헤이디(Heidi Lyne)선생님과 중등 과정을 거친다. 그러다 보니 4~5명의 교사들도 80명의 학생들을 잘 알 수밖에 없었고, 보고 체게 없이도 그들의 일거수일투족을 알 수 있게 되었다. 매년 다른 선생님과 함께 공부하는 학교에서는 교사들이 두 배나 많은 아이들을 알고 돌봐야 하는 반면, 미션 힐 스쿨 교사들은 자신들이 2년간 데리고 있던 아이들이 정확히 어디를 향해 가는지 알 수 있었다. 바로 복도 건너편이었다. 다른 쪽 끝에는 클러니스(Kathy Clunis), 맥로린(Geralyn McLaughlin), 맥거번(James McGovern, 지금은 노스터Matthew Knoester), 로간(Roberta Logan), 장 (Emily Chang)이 두 번째 작은 모임을 구성하고 있었다. 7, 8학년 교사들은 자연스럽게 흥미를 가지고 유용하다고 생각되는 일에 책임을 맡으면서 학교 리더로 성장하고 있었다. 몇몇 학생들이 자발적으로 방과 후 귀가 버스를 책임지고 싶다고 요청해 그임무를 맡게 되었다. 이것을 수행하기 위해서는 핸드폰이 필요했다. 다른 아이들은 "금요 오전 의회"를 만들었는데 이 모임이 하는 일은 학생들이 하는 모든 일을 공유하는 것이었다. 또한 이 의회에 속한 몇몇 고학년 학생들은 저학년 학생들의 노래 부르기를 앞서서 도와주기도 했다. 학생들은 아이들이 부르는 노래를 들으며 뿌듯해했다.

어른들의 학습 공동체도 치열하게 만들고자 했다. 아이들이 그곳에 속하고 싶다고 생각하도록 흥미를 끄는 것이 목표였다. 이를 위해 우리는 아무런 장소나 흥미로운 꺼리만 있으면 아이들이 참여할 수 있도록 독려했다. 함께 고대 이집트를 공부할 때면, 복도는 주요 지형지물과 함께 나일 강으로 변하고 아마추어 이집트

학자도 등장했다. 웨버 교수와 마찬가지로 교육과정 상담사인 스티븐스(Joyce Stevens)도 복도에 편안하게 자리를 잡아 아이들과 함께 흥미로운 탐구를 진행하곤 했다. 이런 양상은 갈수록 성장을 거듭했다. 아이들은 자연스럽게 옆 반 컴퓨터와 사무실 컴퓨터를 빌려 사용했고, 어른들과 이야기하기 위해 도서관에서 책도 빌렸다. 이들은 아이들 것, 어른들 것 구분 없이 다양한 읽을거리들을 찾아냈다. 이것이 가능했던 것은 5살 아이들부터 70살 어른들까지 복도를 통해 같은 주제를 가지고 공부했기 때문이다. 이렇게 학교 단위의 큰 주제는 구속력이 있으면서도 매력적이었다. 물론 이런 질문도 해볼 수 있다. 이런 주제들은 시간과 노력을 필요로 하는데 교사 개개인의 자율성을 침해하는 것은 아닌가? 학교 전체의 주제는 과연 발전적이고 합리적인가? 아이들이 복사기, 전화기, 메시지에 맘대로 접근하는 것이 오히려 역효과를 낳지는 않을까?

사실 이런 학습의 양상은 계획적이었다기보다 어디까지나 공간 부족 때문에 일어난 것이었다. 하지만 시간이 흐르면서 점차 우리는 이 실천들의 부산물이 만들어내는 이점을 알게 되었다. 물론 가끔은 이런 것들이 오용되기도 했다. 아마 여러분들도 학교 주변이나 교실 안팎이나 복도를 걷다 보면 구성원들 사이에 얼마나 많은 대화가 오가는지, 또 얼마나 많은 구성원들이 세대 경계를 넘나들고 있는지를 보고 놀랄 것이다. 실제로 아이들은 교사들이 사용하는 지적인 용어를 따라 하면서 어른들의 표현을 익히기 시작한다. 반대로 어른들도 청소년들의 용어를 사용하면서 거기에 매력을 느끼는 자신을 발견한다.

　보스턴 지역의 선도학교로서, 우리는 직원도 우리 손으로 직접 뽑았다. 업무 규칙이 교원노조 계약과 충돌할 때는 대안적인 정책도 만들어갔다. 또한, 어느 학교에나 동일하게 주어진 학생 1인당 예산을 보다 유연하게 사용하는 데 노력을 기울였으며, 매사추세츠 주 교육법 범위 안에서 우리만의 교육과정을 만들 수 있는 혜택까지 받았다. 이것은 우리에게 매우 중요했다. 왜냐하면 지역의 다른 공립학교들보다 학생 1인당 예산을 더 많이 받은 건 아니었지만, 교직원들을 효과적으로 고용해 학급 규모를 줄일 수 있도록 예산을 지출하고자 했기 때문이다. 구체적으로 말하면, 당시 도시 전체 평균은 학급당 25명 이상이었던 반면 우리는 처음부터 학급 규모를 20명으로 줄여 개별 학급에 상주할 수 있는 예비교사를 추가로 배치했다. 이들 중 일부는 평범한 교사양성기관에서 온 이들이었고, 일부는 자신에게 교사의 자질이 있을지 그 가능성을 알아보고 싶어서 온 사람들이었다.

　실로 학급 규모와 교사 대 학생 비율은 아주 중요한 문제다. 옷이 꽉 들어찬 옷장처럼 보이지만 현재 교사 비율은 절대로 충분하지 않다. 물론 우리는 건물이 적절히 개조되거나 보수될지, 시간에 맞춰 완공할 수 있을지 정도는 서둘러 확인했지만 학교 건물이 완공되는 것을 조급하게 기다리지는 않았다. 실제로 개교한 첫 가을학기에는 아무런 집기 없이 개학을 했는데, 집기가 없는 것조차 결국은 이득이었다. 지금은 교실마다 다양한 책상과 의자가 들어차 있고 효과적으로 배치되어 있지만, 개학한 첫 가을학기에는 책걸상이 없어서 교사들과 학생들이 각양각색의 벤치를 직접 만들었다. 이 작업은 지금까지도 유지되는 연례행사가 되었다. 또한, 크기만 하고 썩어가는 창틀을 보면서 힘을 모아 화사한 커튼과 화분을 장식했다. 책상과 의자가 줄줄이 있고 앞에는 교탁이 있는 전통적인 교실과는 달리, 교사들은 학교 건립 초반에 만들었던 공간을 활용했다. 교사들은 이 공간을 각자의 취향을 살려 아이들을 위한 다양한 교육과 학습 방법을 구안하는 곳으로 만들었다. 그 와중에 학부모들까지도 나서서 이웃과 유명인사들, 지역도서관을 찾아 아름다운 마호가니 책장을 채울 책들도 구해왔다. 학교 도서관 지원을 위한 시 보조금은 따로 노력해 타낼 필요도 없었다. 컴퓨터는 우리가 요청하기도 전에 시에서 후한 마음으로 제공해주었다.

미션 힐 스쿨이 세워지기 전 이 낡은 가톨릭 고등학교의 도서관에는 책 대신 목공예 작품이 가득했고, 복도 천장에 매달린 구형 램프는 채광 효과가 충분치 못했다. 맨 위층의 두 방을 연결한 유리창은 얼룩 투성이었다. 이후 이 모든 곳에 닿은 아름다운 손길들은 우리 모두에게 영감을 주었다. 건물은 기본적으로 평범한 직사각형 돌 모양으로 낡아 있었지만, 그것이 가진 우아함이 오히려 학교에 대한 큰 자긍심을 더해주는 요소가 되었다. 우리 아이들은 하루 중 많은 시간을 혼자 보내기도 하고, 작은 모임에서 활동했다. 이는 방문객들에게 낯선 모습이었다. 이들은 우리의 훈육에 뭔가 문제가 있거나 아이들이 학습 장애를 가진 것이 아닐까 생각할 수 있었기 때문이다. 또한, 이 학교에서 중요한 사안들은 모두 어른들 사이의 대화를 통해 이루어졌다. 우선 우리는 관리직 채용에 사용될 예산을 보다 다양하게 사용하려고 노력했으며, 동료 평가부터 교육과정 설계까지 책임감을 가지고 진행했다. 이 때문에 교직원 한 사람 한 사람이 핵심 구성인자가 되어 움직일 수 있었다.

사실 미국 학교들은 수업 때 더 많은 설명을 하느라 학습 자료 준비에는 덜 치중하는 편이다. 이것은 교사 입장에서 보면 다른 선진국들의 교육 시스템보다도 편할 수 있다. 이런 상황에서 우리는 뭔가 해야겠다고 결심했고, 교직원들도 뜻을 모았다. 월급에 개의치 않고 주간근무가 끝난 뒤 5시간 동안 합동근무를 하고, 여름방학에도 3주 동안 근무하기로 했다. 또한, 연중 하루 업무상 휴가를 제외한 모든 근무일에 일을 하겠다고 합의했다. 물론 이 정도로도 충분치 않았지만, 이렇게 많은 수의 교직원들이 앞 다투어 일한 사례는 전례가 없었다. 우리는 어른들과 아이들이 같은 주제로 대화할 수 있는 공동체를 만들고, 비교적 큰 자율권 아래 더 큰 책임감을 가지고 일들을 진행할 수 있었다.

신뢰는 늘 책임을 요구한다. 한편 그 책임을 시행하는 데는 시간이 필요하다. 일단 우리 학교는 교직원의 발전을 위해 계획에만 몰두하는 시간을 줄였다. 학급 규모를 줄이고 전담 수업을 담당하는 외국어 교사나 체육 전문가, 특별 활동 관리와 기자재 관리 직원을 따로 두지 않고 음악 교사마저도 파트 타임으로 축소하는 등 다른 투자를 줄였다. 학생들과 교직원들의 개인 책상 구입 수를 줄이고 사실상 개인 교과서에도 예산을 전혀 쓰지 않았다. 교직원들이 함께 일하며 보낸 연장근무시간 동안 8학년 학생들의 졸업 기준을 제시하는 일에 몰두했다. 뉴욕의 소규모 학교에서 대략의 모델을 따와 시스템을 만들었고, 인원이 적은 고학년 학생들에게 우리 졸업 자격 요건을 작은 규모로 시행해 보았다. 그렇게 해서 2001년 6월이 되자 12명의 첫 졸업학생들이 졸업위원회 앞에서 각각 6개의 포트폴리오를 발표할 수 있었다. 이 포트폴리오들은 모두 고된 준비 과정을 거쳐 만들어졌고, 대부분 여러 번 다시 제출하고 나서야 과정을 완료할 수 있었다. 물론 일부는 자신들이 실험용 기니피그처럼 사용되는 것에 대해 불만을 토로했다. 또한, 이것들은 외부 평론가 한 명, 저학년 학생 한 명, 두 명의 교직원, 그리고 학부모 멤버 한 명, 총 5명으로 구성된 심사위원단에게 이 학교의 학습 기준과 사고방식을 역사, 문학, 예술, 과학, 수학, 나아가 우리가 "교실을 넘어선 무엇"이라고 부르는 것 속에서 어떻게 이행해왔는지 증빙하는 데 사용되었다. 이는 졸업하는 아이들이 여러 분야에서 어떤 공부 습관과 지적 기능을 발휘해왔는지, 이런 공공의 노력을 어떻게 확장하고 제시해왔는지 그 능력을 보여주는 자료가 되었다. 이렇게 해서 내린 위원회 판결과 학생들의 자료 기록은 학교의 영구적인 기록보관소에 비치해

두었다. 또한, 우리는 수업 본보기 자료를 학교와 공공의 목적을 위해 촬영해두는 일도 했다. 그렇게 해서 첫해 졸업생인 열두 명의 아이들은 첫 졸업식 무대에 제 시간에 맞춰 나온 뒤 원하는 고등학교로 진학할 수 있었다.

확실하고 유용한 자료 수집 방법을 개발하는 것도 우리의 과제였다. 우리는 1년에 두 번 아이들의 인터뷰를 촬영해 기록했다. 글쓰기 견본을 수집해 점수를 매기고, 수학 면접 기록도 만들어두었다. 또한, 학생들의 자료를 토대로 전시회를 열고, 아이들이 서로의 교실을 방문해 학생의 성실성과 가족의 친밀감과 관련된 질문을 하고 설문지를 만들도록 했다. 이렇게 얻어진 자료들을 우리가 가진 시험 자료나 출석률, 전학, 지각 빈도, 징계와 같은 활용도 높은 기록들과 비교했다.

이 모두는 우선 교육자료 개발에 도움이 되었고, 동시에 어떤 아이들이 일정한 수준에 오르지 못하고 미달될 것이라는 예상이 얼마나 틀린 지를 입증하는 증빙자료이기도 했다. 우리는 아이들의 학업 자료를 학급, 인종, 성별, 그리고 이 학교와 함께한 시간을 근거로 모든 방면에서 검토했는데, 이 방대한 자료는 아이들의 가족과 대중들에게 우리의 신용도를 보여주는 우리만의 방식으로 자리 잡았다. 특히 이 자료들의 가치는 다양한 해석과 판단에 열려 있었다.

나아가 우리는 아이들에게 추천한 다음의 5가지 사고방식을 토대로 평가를 실행했다. 그 5가지 사고방식은 다음과 같다. (1) 다양한 관점에서 데이터를 바라본다. (2) 출처의 타당성과 신뢰도에 의문을 가진다. (3) 주제와 시간 사이에 유형을 찾는다. (4) 다른 방식으로 무엇을 할 수 있는지, 그것이 어떤 결과를 가져왔는지 생각하며 가설을 세운다. (5) 공부는 '시험다운 시험'이어야 한다. 이 중에 다섯 번째 사고방식은 학교들이 충족하기 가장 힘든 사안이자 학생들에게 가장 중요한 사안이었다.

최근 뉴욕타임스에 자신을 가르쳤던 문학과 저널리즘 교사에 대한 이야기를 쓴 프리드먼(Thomas Friedman)의 글이 실렸다. 프리드먼은 자신을 가르쳤던 나이든 노부인 교사가 있었던 교실을 언급하며, 그곳은 수업을 통해 자기 인생을 바꾸고 헌신하는 팬들이 거쳐 가는 집합소였다고 표현했다. 그 여교사는 나이 들고 괴팍하고 엄하며, 시대 감각도 떨어졌지만, 그 수업에서 미래의 지식인들과 저널리스트들을 바꾼 무언가를 제공했다. 물론 대다수 아이들은 프리드먼을 매료시킨 그런 면을 감지하지 못했겠지만, 그녀의 정성은 매년 새 학기마다 학생들에게 퍼져나가지 않을 수 없었다.

실제로 미션 힐 스쿨 같은 작은 학교에서는 아이들이 점진적으로 어른들과 새로운 인간관계를 발전시키는 것이 가능했다. 어떤 아이들은 프리드먼처럼 나이 든 중년 여교사를 좋아하고, 어떤 아이들은 젊고 트렌디한 선생님을 좋아한다. 그러나 이런 취향과 상관없이 미션 힐 스쿨은 어쨌든 아이들이 새로운 경험을 하고 사람들과 사랑에 빠질 수 있도록 설계된 학교였다.

학생들은 대부분 가족이라는 테두리 밖에서 인생을 바꿔줄 어른들을 만난다. 우리 학교에서도 학생들의 졸업 준비 때, 교사 아닌 어른들이 아이들과 상담을 하고 자료를 골라주며 포트폴리오 과정을 지도했다. 이것은 CPESS(Central Park East Secondary School) 사회봉사 성공 사례에서 영감을 받은 것이었다. 충분히 쉬는 시간을 제공하는 것이 다른 어떤 것보다 교직원들의 삶에 큰 영향을 미치기 때문이었다. 또한, 작년에 진행된 면접에 따르면, 지난 4년간 CPESS 하에 시간을 보낸 거의 모든 학생들이 대학에 들어가거나 직업을 찾았다. 더 큰 세상과 연결되어 적어도 한 사람 이상의 어른과 인간관계를 형성한 것이다. 우리는 미션 힐 스쿨에서도 6학년부터 8학년 청소년들을 대상으로 이와 비슷한 상황을 만들어냈다. 여기서는 시간제 학교사회복지사인 코스텔로(Delores Costello)의 역할이 컸다. 그는 풍부한 배경 지식으로 아이와 그 가족들이 풍부한 경험을 누릴 수 있도록 도와주었다.

예를 들어 그는 집에서 떨어진 특별한 숙박지에서 하루를 보낼 수 있도록 해주는 장학제도(알빈 에일리 캠프), 토요일 예술 프로그램, 박물관 개설 등을 도맡았다. 또한, 음악가들을 학교로 불렀고, 아이들은 바닥에 앉아 그들의 음악을 듣고 보면서 자신도 음악가가 되는 모습을 상상할 수 있도록 했다. 이후 순차적으로 현악기에 능숙한 교사를 고용해 아이들에게 바이올린과 첼로를 가르치도록 했다. 센트럴파크이스트 학교의 경우, 졸업생들 스스로 자신들의 성공의 열쇠를 밝히는 자리를 수년 뒤에 진행했다. 센트럴파크이스트는 단지 이들의 성과를 알리는 수준에 그치지 않았고, 그들의 삶에 영감을 일깨워줄 다른 사람들과 연결할 방법을 찾도록 하였다.

19세기 유럽의 위대한 예술품으로 가득 찬 보스턴 이사벨라 스튜어트 가드너 박물관(Boston's Isabella Stewart Gardner Museum)의 경우가 그랬다. 창의력 넘치는 교육프로그램을 만들어낸 이곳의 어른들 덕분에 우리 학교 학생들은 이 박물관을 친숙한 제2의 집처럼 여길 수 있었다. 박물관에 도착하면 존경과 친밀함으로 경비원과 큐레이터에게 인사하고, 각자의 방식으로 이곳저곳에서 최고의 휴식을 취했다. 학부모들도 아이들을 데리고 이곳을 옆집처럼 드나들며 이집트 전시물이나 고대 중국의 방들, 그리스 구역을 친숙하게 살피고, 부모와 아이가 함께 유명한 미술작품을 비교하고 대조해 보았다. 나아가 보스턴을 포함한 우리 지역을 수년간 관찰하고 체험함으로써 이 지역의 역사 전반에 대한 이해를 교육 주제로 삼기도 했다. 실로 이런 문화적인 경험들은 매우 강력한 것이었다. 왜냐하면 아이들은 스스로 알게 되고 친숙해진 사람들과의 관계를 통해 영향을 받았기 때문이다.

10년 전, 우리가 처음으로 브롱스 고등학교에서 일하기 시작했을 때였다. 이 무렵 규모가 제법 큰 제임스 몬로 고등학교는 소규모 학교들을 구축하고 있던 중이었다. 당시 우리는 이 학교 아이들을 보고 충격을 받았다. 아이들은 고작 지하철로 몇 정거장 거리에 떨어져 있는 맨하탄을 자신들이 속하지 않은 멀고 생소한 세상이라고 여겼다. 이 아이들은 가장 국제적인 도시 속에 살면서도 극도로 제한된 영역 안에서만 생활하고 있었다. 우리는 아이들에게 맨하탄과 관련된 박물관, 공원, 건축 유적, 특별 지역, 상가와 같은 연결점을 찾아주기로 했다. 이곳들은 아이들이 한때 적대적이거나 그저 동떨어진 장소라고 생각했던 곳이었다. 하지만 이 새로운 경험을 통해 결국 아이들은 이곳을 편안하게 상상하고 더 큰 세상의 일부로 느끼게 되었다.

이러한 특별한 경험은 가족이나 학교 안에서 신뢰할 수 있는 어른들의 중재가 반드시 필요하다. '다른' 세상으로 나아가는 모험에 누군가 적절히 동행해주어야 한다. 특히 학생의 가족, 인종, 성격, 민족성에 부합되고 말이 잘 통하는 교직원들은 신뢰를 쌓는 데 아주 큰 자산이 되었다. 미션 힐 스쿨은 교직원과 관리자들 대부분이 유색인종이었다. 아이들은 인종을 단지 '백인' 아니면 '흑인'이라는 이분법적인 방식으로만 체험하지 않는다. 체험의 기회는 모두에게 열려 있어야 하며, 이것이 서로를 확신시켜 줄 수 있는 가장 빠르고 효과적인 방법이다. 아주 일부이긴 하지만 만일 어떤 학교에 학생들의 기대를 반영하는 교직원이 있다면, 그것은 아이들이 자신의 가정에서 익힌 익숙한 언어와 대화를 어른들과도 하게 될 가능성이 높다는 뜻이 된다. 학교에서 이루어지는 대화가 스페인어로 바뀌어 나뉘는 모습을 볼 때면 흐뭇해질 수밖에 없는데, 이는 아이들이 자신들의 언어로 서로를 격려하고 있음을 의미하기 때문이다.

최근 캘리포니아 오클랜드 지역 학교 사람들이 우리 학교를 방문했다. 이들은 자기 지역의 학교들이 서로를 인정하는 소규모 학습공동체로 바뀌기를 바라고 있었는데, 그들 중에 한 사람의 말이 내 마음을 깊이 파고들었다.

"우리는 무엇보다도 이 학교에서 풀지 못한 숙제나 잘못된 점들, 실수들을 듣고 싶군요. 이것이야말로 우리가 이번 보스턴 지역의 새로운 선도학교를 방문한 가장 중요한 이유입니다."

이것은 실수나 문제에 대한 고찰을 의미했는데, 실제로 학교 운영 초기에는 반드시 실수가 있게 마련인데, 이는 심각한 문제라기보다는 좀 더 완성된 형태로 가기 위한 실적과 같은 것이다. 모든 것은 한 번에 이룰 수는 없는 법이다. 우리 역시 센트럴파크이스트와 미션 힐 스쿨 초기에 우리가 취한 전문적인 조치를 살펴보면서 한 가지 실수를 했음을 깨달았다. 학부모들에게 학교의 내부 사람이자 주인이라는 느낌을 주지 못했던 것이다. 어떤 일이든지 적절한 균형을 이루어내려면 다소간의 시간이 필요하다. 양자 사이의 균형을 유지하려면 일정한 시간을 만들어야 하며, 이 노력을 많이 할수록 발생할 지 모르는 문제를 미리 막고 시간을 아낄 수 있다. 학부모들에게 학교 체계를 납득시키는 일도 그랬다. 우리는 학교를 제대로 만들어가는 시간을 길게 잡고 싶다는 마음에 학부모를 설득할 시간을 길게 잡았는데 이것이 오히려 오해를 낳기도 했다.

"선생님은 아이들하고 2년간 같이 있을 거라고 하셨잖아요."

이 말은 개교 후 첫 해 한 교사가 교직을 떠나자, 한 부모가 힐난하듯 한 말이다. 이를 통해 우리는 오히려 서로 단점을 많이 이야기해야만 신중해지고, 그 신중함이 여러모로 도움이 된다는 점을 깨달았다. 직접 대면해야만 서로 어떻게 친구이자 비판자가 되어 지지해줄지, 어떻게 책임을 나눌지를 알게 된다. 좋은 사람과 좋은 의도에만 몰두하다 보면 오히려 문제를 피하게 된다. 한 예로 인종과 인종차별에 대해 대화를 시도하는 것은 사안을 진정시키지는 못하지만, 서로를 더 신뢰할 수 있는 길을 열어준다. 이것은 맞는 말이었다. 서로를 신뢰할 수 있을 때까지 기다리겠다는 생각으로 문제에서 뒷걸음질 친 것은 실수였다. 이름만 두 개의 국적을 가진 것이 아니라, 언어까지도 두 가지를 할 줄 아는 교직원이 없었던 것도 손해였다. 결과적으로 리더십이 어떻게 전달되어야 하는지, 초대 교장이 학교를 떠나면 어떻게 되는지 등의 의문을 제시하는 일은 초기에 시작할수록 좋다. 개별 사안마다 어느 정도의 기간이 소요되는 만큼 적절한 시간 분배가 필요하다.

또 하나의 실수는 설립 시점이었다. 미션 힐 스쿨이 설립되던 무렵은 3학년부터 12학년까지 높은 점수를 요구하는 매사추세츠 종합평가시스템(MCAS, Massachusetts Comprehensive Assessment System)이 출현하고, 소위 표준 기반으로 불리는 교육개혁이 이루어졌던 시점이었다. 이로 인해 우리 학교는 점차 악화 일로를 걸었다. 이 시험 제도는 미션 힐 스쿨이 제시한 교육과정과 교육학적 관점과는 정반대의 것이었다. 학교는 이 새로운 제도에 대한 논란이 팽배한 상태에서 교직원은 물론 학부모의 지지를 받기 위해 새로운 방안을 짜내야 했다. 많은 이들이 시험에 반대했고, 몇몇 학부모들은 자녀의 미래가 시험 결과로 판단되는 사회에 대해 우려를 표했으며, 이런 우려들이 학교 운영에도 고려되었다. 교직원들의 걱정도 이만저만이 아니었다. 특히 역사와 과학을 가르치는 교사들은 도시에 있는 다른 학교의 동일 교과 교사들과는 다른 방식으로 가르치고 있었기 때문에 더 그러했다. 이를 해소하기 위한 토론은 많은 시간을 필요로 했고 필수적이었다. 그럼에도 우리는 불신으로 점철된 시험 체계와 강하게 싸워나가기로 했고, 이 싸움은 우리를 더욱 곤두서게 하였을 뿐 아니라 싸움의 목표와 방식 면에서도 갈등을 초래했다. 결국 학교 전략 위원회는 부분적인 해결책을 내놓았다. 가정에서 시험 면제를 원하는 아이들은 시험을 시행하지 않아도 좋다고 공지한 것이다. 그러자 놀라운 일이 벌어졌다. 우리 학교가 지역 시립학교 사이에서 읽기와 수학 분야 최상위권으로 도약한 시점인, 시험을 본 지 4년째 되는 해인 2000년도가 되자 가정의 85%가 시험을 보지 말자는 편지를 보내온 것이다. 이는 당시만 해도 우리 지역에서 누구도 해내지 못했던 성공이었다. 학교와 가정 사이의 가까운 관계가 아이들 가정으로 하여금 반대 운동에 동참하게 했던 것이다.

이처럼 상황이 바뀌자 주 정부가 시험을 보라는 지침을 내렸음에도 각 학교들은 시험을 보지 않는 아이들이나 부모들에게 벌점을 가하지 않기 시작했다. 그런데 문제는 시험을 보지 않은 학생들이 0점으로 처리되어 결과적으로 누계점수와 순위 하락을 불러오고 이것이 우리에게 큰 위협이 되었다는 점이다. 어쩌면 주나시는 그러길 바랐을 것이며, 우리 학교가 고등학교였다면 위험부담도 훨씬 컸을 것이다. 이런 상황에서 대부분의 가정들은 아이들의 학업 상태를 보기 위해 보스턴 주에서 정기적으로 주관하는 다른 방식의 표준화 시험을 선택하고 싶어 했고, 이에 우리는 정기적으로 이들에게 시험 정보에 대한 접근 권한을 주었다. 또한, 아이들의 배움의 호흡을 길게 보면서도 시험에서도 좋은 점수를 낼 수 있다는 증거를 조금씩 제공하기로 했다. 물론 학부모, 학생, 교직원들이 시험으로 인한 다양한 부산물에 대항하며 학교를 운영하는 것은 예나 지금이나 힘들긴 마찬가지이다. 우리는 시시각각 변하는 주의 제도와 시험에 우리를 짜 맞추지 않고도 교육과정과 교육철학을 재편성해갈 수 있었다.

나는 민주적인 통치는 여유로운 계층만이 할 수 있다고 생각한다. 아마 고대 그리스인들은 이를 정확히 알고 있었을 것이다. 왜냐하면 그리스어로 학교(school)와 여유(leisure)는 같은 뜻이기 때문이다. 사려 깊게 행동하려면 시간이 필요하다. 정치적인 판단을 실행할 때 필요한 여유를 학교생활이라고 부른 이유도 여기에 있다. 왜 그랬을까? 이것이야말로 나의 가장 큰 문제 인식이며, 나는 앞서 우리의 실수를 듣고 싶어 했던 오클랜드의 방문객들에게도 이것이 학교교육에서 가장 큰 문제가 될 것이라고 말했다. 우리는 학생들이 여유로운 점심시간과 쉬는 시간을 누리기를 바랐다. 이는 어른들도 마찬가지였다. 학교에서 일하는 어른들에게도 화장실에 가거나 전화를 사용하거나 필요한 물품을 제때 제공받거나 동료와 대화를 나누거나, 그게 아니면 그냥 혼자만의 침묵 속에서 식사를 할 수 있는 여유로운 시간이 필요했다. 우리는 간신히 이런 흐름을 만들어냈지만, 여전히 교직원들은 여가 시간이 더 필요했다. 교원들은 점심시간과 쉬는 시간에도 아이들을 관리하기 위해 손해를 감수하고 있었던 것이다. 물론 이 부분에서 균형을 찾으려다 보면 다른 둑이 터질지도 모른다. 이 때문에 우리는 항상 실패를 놓치지 않고 잘못한 부분에서는 스스로를 용서하려고 노력했다.

다른 학교들도 우리와 서로 다른 방식으로 그들만의 문화를 만들어간다. 더불어 특별한 실수도 한다. 하지만 이는 오히려 희망적이다. 예를 들어 아이들이 성이 아닌 교사의 이름을 직접 부르는 것은 우리 학교 고유의 문화를 보여주는 중요한 상징이다. 교사의 이름을 직접 부르지 않고 교복 입는 것을 고집하는 학교일지라도 우리가 만들어낸 것과 유사한 교육환경을 만들어 낼 수 있다는 것을 안다. 하지만 모두가 반드시 유니폼을 입어야만 한다고 생각하는 방식은 옳지 않다. 그런 학교들은 규칙을 만들 때 서로 이해하면서 함께 일하는 법을 무시하려고 한다. 규칙을 만들 때는 모두의 개별성을 존중하고 이해해야 한다. 그 와중에서도 서로 간에 쉽게 접촉하고 소통할 수 있는 학교는 다른 모든 일도 순탄하게 진행할 가능성이 높다. 물론 어떨 때는 인간미 없고 규모만 큰 학교보다 순탄하지 못할 수도 있다. 유일한 방법은 학부모와 학교 사이, 교직원들 사이, 학생과 교사들 사이의 관계가 잘 조직된 학교 문화일 것이다. 미션 힐 스쿨은 가장 먼저 학교에 대한 신뢰 문제를 제기함으로써 신뢰라는 힘을 통해 학교를 운영해왔고, 이를 교육적으로도 의미 있게 만드는 데 성공할 수 있었다.

그러나 신뢰와 협력 속에는 잠재된 함정이 하나 있는데, 이 함정은 학교를 흥미로운 곳으로 생각하게 하면서도 오히려 일하기 힘든 장소로 만들기도 한다. 다음 장에서는 신뢰의 방식이 저절로 해결될 수 있을지, 그것이 아니면 어떤 방책이 필요한지를 세부적으로 관찰하고자 한다. 물론 관찰만으로는 세부사항들이 완성되지는 않는다는 점을 기억해야 할 것이다.

3. 학부모와 학교 사이에서

현대 교육에서 신성하게 여겨지는 경구들이 있다. 그것은 "모든 아이들은 배움의 능력을 갖고 있다." "학부모는 아이들의 교육에 관여해야 한다."와 같은 말들이다. 이 두 경구 모두 내가 가장 신뢰하는 연구원들, 학교 지도자들, 친척들과 친구들을 포함해 교육자들, 시민들, 그리고 정치인들에게까지 지지를 받고 있다. 하지만 나는 첫 번째 경구가 그다지 맘에 들지 않는다. 이 경구는 모든 아이들이 잘 배울 수 있는 환경을 완성하기 전까지 별 의미 없는 말이다. 나아가 학부모의 개입을 요청하는 두 번째 경구 또한 비슷한 관점에서 불완전한 생각이다.

미션 힐 스쿨을 보자. 이 학교는 학부모들을 포함한 공동체의 꿈을 토대로 설립된 학교다. 하지만 이 학부모들을 언제, 어떻게, 무슨 일에 개입시킬 것인가? 학부모의 관여라는 것이 내 일에까지 왈가왈부하는 것을 의미하는가? 그렇다면 어떤 방면에서? 이런 문제들은 여느 것 못지않게 신뢰로운 학교의 핵심과 맞닿아 있다. 그렇다면 나는 어디쯤 서 있는 존재일까? 유감스럽게도 내 위치는 학부모와 조부모, 아니면 교사이자 교장 어디쯤일 것이다. 어떤 측면에서 보는지에 따라 그 위치는 달라진다. 그 동안 부모로서, 학생으로서의 내 아이에 대해 어떤 학교와 교사들보다도 잘 안다고 확신했다. 당시에 우리가 학교와 도시를 너무 자주 옮겨 다녔기 때문에 이 문제는 더욱 심각해졌다.

하루는 아들의 3학년 담임 선생님이 나를 불러 아이 독서 지도가 필요하다고 말한 적이 있었다. 하지만 나는 교사가 틀려도 심각하게 틀렸다는 점을 알았다. 아들은 독서벌레였고 손에 닿는 건 뭐든지 읽으려 들었기 때문이다. 또한 소리를 내서 읽어주면 보통 여덟 살배기 아이가 이해할 수 있는 방식 안에서 확실히 이해했다. 그런데 담임 선생님 말은 내 아이에게 필요한 것이 보충 수업이라는 것이다. 그것도 아들만큼 책을 좋아하거나 읽기에 유창하지 못한, 가까스로 책을 읽기 시작한 반 친구들이 대다수인 학급 안에서 말이다. 결국 이 경험은 이런 사안을 그저 전문적인 교사의 손에만 맡겨 놓아서는 안 된다는 내 관점을 재정립시켜 주었다. 나중에 알게 되었지만 이 때문에 내 아들의 영구적 공식 기록카드에 나는 "문제 부모"로 기재되었다.

같은 시기, 아버지께서 뉴욕의 시립병원에서 심각한 수술을 받으셨다. 수술이 진행되기 직전 아버지를 뵈면서 큰 걱정을 했다. 어딘가 모르게 아버지는 정신이 흐려지는 것 같았다. 내 생각으로는 수술 전에 맞은 가벼운 진정제의 결과인 것 같았다. 그러다가 아버지가 수술 후에도 몽롱한 상태에 빠져나오지 못하시는 것을 보고는 수술 전에 받은 처지에서 가벼운 뇌졸중을 겪었을지 모른다는 생각이 들었다. 나는 여기서 "뭐가 최선인지 어떻게 알겠는가?" 라는 교훈을 얻었다. 더불어 잇달아 겪은 다른 경험들도 몇 년 후 내가 난소암 수술에 동의하기 전에 한 사람이 아닌 여러 명의 의사에게 초음파 검사를 받겠다는 결정을 내리는 데 도움을 주었다. 5명의 의사들은 같은 진단 결과를 두고 앞으로 처방할 치료 방법에 대해 세 가지의 서로 다른 결론에 이르렀다. 이 중에 나는 내게 가장 잘 맞을 것 같은 처방을 받았지만, 어쩌면 이것도 그저 듣고 싶은 말을 들은 것인지도 모른다. 이러한 일련의 경험은 내게 이 학교 저 학교를 둘러보며 제2의 의견을 듣도록 해주었고, 학부모들이 자기 성향과 선입견에 따라 학교를 선택하도록 허락하는 교육, 즉 학부모 선택권을 확고히 지지하도록 만들었다.

또한, 학부모 선택권과 공교육에 대한 지원 사이의 모순점을 개선해야 한다는 점도 깨달았다. 의료 분야에서 그렇듯 공교육도 가족에게 더 많은 선택권을 제공하도록 재설계되어야 한다. 나는 학부모 선택권이 한정되어 있고 모두가 자신이 마음에 둔 학교를 확약 받지 못할지라도 우리는 최선을 다해야 한다고 생각했으며, 지금도 그렇게 생각한다.

하지만 학교가 결정된다고 그 선택이 반드시 학부모의 특정한 역할을 암시하는 것은 아니다. 그때부터 상황은 미묘하게 돌아간다. 한 예로 나는 의사를 직접 고를 수 있었지만, 그렇게 선택된 의사들은 그때부터 더 이상 판단을 내리는 건 환자가 아닌 자신이라고 생각했다. 심지어 어떤 이들은 내가 자문을 받는 것도 금했기 때문에, 어느 시점부터는 의료진의 판단을 믿어야만 했다. 그리고 이 일련의 사건들은 나로 하여금 학교를 선택해 놓고도 이래저래 곤란해 하는 학부모들에게 동정심을 느끼게 하였다.

미션 힐 스쿨에서 우리는 의무적이지는 않지만 학부모들에게 마지막 결정을 내리기 전에 꼭 학교를 방문해달라고 고집스레 부탁했다. 교실을 둘러보고 아이를 맡겨도 괜찮을까 스스로 질문하도록 한 것이다. 또한, 이렇게 하는 이유는 앞으로 우리가 아이들에게 하는 모든 일에 대해 동의를 구하는 문제가 아니라, 중요한 결정을 내릴 때 안전함을 느낄 수 있는가의 문제라고도 말했다. 또한, 자녀 양육 방식에 차이가 있어서 강요하고 싶진 않지만, 결국 내 아이들을 오래 맡겨둘 때 안심할 수 있는 사람은 내 어머니라는 이야기도 해주었다. 나는 내 아이들을 어머니 집에 보낼 때면 아이들에게 이렇게 확고하게 말한다.

"할머니 집에서는 엄마 방식이 아닌 할머니 방식대로 행동해야 해."

사실 가족 간의 신뢰도 한계가 있기 마련이다. 나와 내 어머니는 음식부터 시작해 훈계 등의 문제로 잦은 다툼을 했다. 하지만 나는 내 학생들의 할머니도 아니다. "내 아이들을 여기에 맡기는 걸 편안하게 느끼는가?"라는 질문은 결국 교사의 전문적인 능력을 신뢰하느냐의 문제이고, 이를 다루는 데 있어 가장 좋은 출발

점이 되는 질문일 것이다. 우리가 교사로서 제공하는 것은 만족스러운 탁아 경험이 아닌 의사와 같은 직업적 전문지식이기 때문이다.

그렇다면 학부모들은 나에게 신뢰와 관련된 증거를 얻고자 할 때 어떤 방식으로 요구할 수 있을까? 학부모들은 신뢰와 회의적인 태도 사이에서 어떻게 균형을 맞춰야 할까? 또한, 교사들은 자주성과 직업적인 태도 사이에서 어떻게 균형을 맞춰야 할까? 교사와 학부모도 힘들겠지만 어떤 관계가 되어야 아이들에게 가장 바람직할까?

먼저 이야기하고 싶은 것은 학교가 학부모들이 가진 질문과 걱정, 무엇이 우리 학교를 신뢰할 수 있게 만드는지 등을 확실히 짚고 넘어가야 한다. 이런 솔직한 태도는 부가사항이 아니라 어느 학교에서나 필요한 좋은 교사의 필수요소이다. 의사들도 그렇다. 그들은 환자의 이야기를 듣고 적절한 질문을 던진다. 환자 자신이야말로 그의 건강 상태를 잘 아는 좋은 정보원이라고 가정하고 환자의 요구를 참고 견디는 수용력을 발휘한다. 이런 수용력은 사실상 최상의 의료를 제공하는 것과도 관련이 있다.

이와 같은 자질이 교사들에게 더 필요하다. 인간관계 측면의 치료라고 불리는 자질이 보다 훌륭한 의사를 만드는 요소라고 나는 생각한다. 이런 기술은 자신의 전문 분야를 가장 잘 적용할 수 있는 능력과 가깝게 연관되어 있다. 실제로 나는 이 관점을 뒷받침할 만한 사례를 의사들로부터 경험한 덕에 "수월하지 않은 환자"

가 되는 일도 부끄럽거나 나쁜 일이 아니라고 확신하고 있다.

똑같은 양상이 교육과 학교 운영에서도 벌어진다. 학부모들의 말을 경청하는 것은 단순한 호의가 아닌 학생들의 성장 측면에서 보면 매우 중요한 일이다. 이는 우리가 행하는 일들이 아이들의 가정에도 적합한지 아닌지를 이해하는 일이며, 동시에 아이를 전체적으로 이해할 수 있는 유일한 방법이다. 아이들은 살아가면서 다섯 번 중 네 번의 배움을 학교 밖에서 얻는 만큼 가족이야말로 아이들의 교육에 주된 책임이 있는 것이다. 이 사실을 학교가 무시하는 것은 가정과 학교 둘 다의 역할을 약화시키는 일이 된다.

하지만 학교와 가족이 협력의 원칙을 수립한 다음에도 항해가 수월한 건 아니다. 그 후로도 가족은 학교와 교사들이 충분히 괜찮고 믿을 만한지, 좋은 의도를 품고 있고 기대할 만큼 똑똑한지와 같은 판단을 내리며 학교와 가정의 차이점을 메우기 위해 끊임없이 협상을 시도한다.

초등학교의 경우 교사의 성과는 사실상 가족들의 지원에 달려 있다. 그럼에도 매년 적잖은 가정들이 이들에게 비판적인 시선을 던진다. 물론 고등학교의 경우가 더 그렇겠지만, 고교 교사들의 경우는 매 학기 백 명이 훌쩍 넘는 학생들을 대하므로 이런 판단에 크게 신경 쓰지 않는다. 더군다나 선택의 자유가 있다 해도 이 부모들이 쉽사리 차를 몰고 나가 다른 학교나 교사를 찾는 일도 쉽지 않으므로 최소 1년간은 서로 억지로나마 매여 있게 된다.

더욱이 교육과 양육은 단순히 직업이 아니라 개인적인 소명에 속한다. 그 때문에 교사들은 아이들에게 지식뿐 아니라 애정과 존중심까지 전해야 하며, 이 과정에서 자신의 약점이나 단점을 쉽게 노출하기도 한다. 가끔 교사들도 집단의 필요·때문에 개인의 필요를 무시하기도 하고, 불충분한 다른 해결책보다는 자신의 경험을 통해 문제를 해결하려고 한다. 교사들은 자신의 상태가 좋건 나쁘건 간에 아이들 앞에 서 있는 매 시간 정해진 일을 해야 하며, 그 교실 안에서 어떻게 행동하는가만이 오직 그들이 누구인지 말해줄 뿐이다. 이런 상황에서 학부모들은 어쩔 수 없이 교사에 대해 교육적인 측면만이 아니라 사람 자체를 판단하게 된다.

하지만 정반대도 마찬가지다. 교사들도 비판적인 시각으로 가족들을 바라보며 세심한 판단을 내린다. 이는 여자들 사이의 관계와 같다. 여자들은 상대방의 약점을 통찰력있게 잘 파악하고 서로 아직 준비되어 있지 않다고 느끼면서도 인간관계를 맺지 않는가.

많은 교사들에게 학부모들이 어려움을 안겨 주는 것은 사실 놀랄 일이 아니다. 열에 아홉은 나를 좋아해도 다른 한 명의 학부모가 나를 좋아하지 않는다면, 그것이 아물지 않는 상처가 되기도 한다. 학부모들도 비슷하다. 아이들 때문이라도 학교나 교사들을 너무 괴롭히지 않으면서 자신들이 개입할 수 있는 방법을 생각해 내기 위해 골머리를 싸매야 한다.

이런 상황이 되면 교사와 학부모 사이에 거리를 두기 위해 제도의 힘을 빌리고 싶은 유혹에 빠진다. 이때 우리는 학교들이 효율적인 소통 창구를 막는 다른 규칙들, 이를테면 규모를 늘려 학부모와 교사 사이에 장벽을 만들어낸다. 이것은 양측의 감정 손상을 최대한 줄이면서 보다 순탄하게 불만을 감출 수 있다. 우리는 이 점을 인정할 수 있어야 한다. 이런 효과는 아이들이 고등학교에 진학할 때쯤이면 왜 부모를 필요로 하지 않으며 그들만의 독립적인 공간이 필요하다고 생각하는지를 학부모와 학교에게 부분적으로나마 설명해준다.

인격적이지 않은 큰 규모의 학교를 선호하는 이들은 학부모와 교사가 가까워지기보다는 서로 장벽을 가지는 편이 이롭다는 점을 안다. 솔직히 나도 형식적인 절차와 큰 사무실의 책상이 주는 공포가 없는 우리 학교에 부모들이 선뜻 다가올 수 있다는 사실이 불편하게 느껴지기도 한다.

그러나 이런 상호 간의 취약점들은 아주 일부에 불과하다. 학교와 가정의 관계는 동시에 광범위한 우리 사회의 취약성, 즉, 다른 모든 불화를 촉발하는 요인을 그대로 보여준다. 한 예로 내가 시카고 남쪽에서 만난 한 아프리카계 아메리칸 가족을 들어보자. 자기 부모들은 자신들을 학교에 보내놓고 학교를 전혀 믿으려 들지 않았다고 회고했다. 말로는 항상 아이들을 꾸짖으며 학교가 옳다고 했지만 그것은 신뢰의 증표가 아니었다. 그들은 학교와 교사들이 자신들과 협력 관계이며 최선을 다하고 있다는 점을 받아들이지 않았다. 심지어 피부색 차별이 횡행하던 시절, 남부지역에 어떤 이들은 비록 학교 내에서도 불공평한 면은 많았지만, 교사들이 공동체에서 존경받는 구성원이었던 옛 시절이 더 좋았다고 상기했다고 한다.

반면 시카고의 벨루아 슈스미스 학교에서 유치원 교사로 일할 때 만나게 된 한 가족의 경우는 좀 달랐다. 이들은 학교와 적이기도 했다가 동지이기도 했다. 다만 학교 구성원들이 자기 자식을 사랑스럽고 똑똑한 존재라고 바라본다고는 믿지 않았다. 한번은 내가 아프리카계 아메리칸 이웃에게 왜 학교에 가는 딸의 옷을 저렇게 고상하게 입혔느냐고 묻자, 그녀는 교사들 안에서 아이에 대해 보살핌과 지원이 부족한 아이라고 오해하지 하지 않기 위해서라고 답했다. 그 말은 일리가 있었다.

내가 교직을 시작하게 된 1960년대 중반, 큰 변화가 일어났다. 아프리카계 아메리칸 학부모들이 그간 관료들과의 관계에서 무력했던 자신들의 역사에 대해 대규모로 도전하기 시작한 것이다. 그 동안 그들은 아이들에게 "문제를 일으키지 말고 학교에서 시킨 대로만 해."라고 말했다. 여기에는 "네가 옳더라도 내가 도와줄 수 없기 때문이야."라는 경고가 숨겨져 있었다. 나는 그들의 이중적인 말과 학교 실세 앞에서 보이는 온순함, 아이들에게 순응을 요구하는 행동에 짜증을 내곤 했다. 그런데 이렇게 한 것은 그야말로 내가 순진해 빠졌었기 때문이었다. 즉 나는 그들이 내 생각대로 대응했을 때 어떤 대가를 치러야 하는지를 알지 못했고, 그것을 이해하기까지 오랜 시간이 걸렸다.

하지만 오래 잠식된 분노가 그렇듯, 불과 몇 년 뒤인 1960년대 후반이 되자 그들의 분노는 끓는 점을 지나 폭발했다. 또한 슬프게도 인종 문제로 시작된 학교 전쟁으로 인해 흑인 학부모들과 지역사회 활동가들은 도시에 거주하는 대부분의 교사들과 학교위원회에 무조건 대항하도록 만들었다.

나의 교육 인생을 되돌아보면, 이런 과정은 백인인 내가 오히려 인종적인 소수에 해당하는 아프리카나 라틴계 공동체 속으로 흘러온 과정이었다. 내가 일하고 내 아이들도 다녔던 학교 대부분은 아프리카계 아메리칸 학생 대다수와 소수 라틴계[4] 아이들이 다니는 학교였다. 그러니 우리의 상호작용에 인종의 영향이 어떤 반향을 불러오는지를 철저하게 알아보기 어려웠던 것도 무리는 아니다. 라틴계 가족들의 언어적 무지, 선입견에 기반을 둔 편견, 인종 차별과 문화적 차이, 자신들의 언어로 대화하지 못하는 것의 영향들이 그랬다. 심지어 스스로를 인종차별에 대항하고 있다고 규정한 백인 교사들조차 경험과 생활습관에서의 거리감, 더 감지하기 힘들어진 인종차별, 학급 내 인종 구성이 편향되면서 인종차별에 대해 둔감해진 태도 등으로 인해 많은 상황을 오해하거나 오해 받곤 했다.

물론 이 무렵 나는 그들의 삶과 관점에 대해 나 자신은 어떤 추측을 하고 있는지, 그 추측이 내 교육방식에 어떤 영향을 미치고 있는지를 종종 되묻곤 했다. 그 결과 나는 인종차별의 역사 전반

---

4. 주로 미국에 거주하는 라틴 아메리카 출신자들을 말한다. 스페인어를 자신의 모국어로 말하는 모든 민족을 일컬으며, 히스패닉(Hispanic)이기도 불린다.

에 걸쳐, 그리고 내가 시카고에서 2년간 임시교사로 일했던 학교에서 매일 목격했던 인종차별의 증거들을 토대로 아프리카계 아메리칸, 라틴계 학부모들의 우려가 편집중적이지 않다는 사실을 깨닫게 되었다.

실로 나는 이 부분을 의무감으로 상기하곤 했다. 심지어 나 자신도 부모로서 학교에 대항해 싸운 경험이 있긴 하지만, 내 경험은 이들이 센트럴파크이스트나 미션 힐 스쿨에 자녀들을 입학시킬 때에 가졌을 우려와 비교하면 너무 작은 것이었다. 또한, 학부모가 공격해올 때마다 혼란에 빠지곤 했는데, 그 이유는 그것이 내 개인적인 잘못 때문인지, 그저 부모로서 가지는 자연스러운 의심인지, 아니면 인종과 계층 때문인지 알 길이 없었기 때문이다.

내가 교직에 선 첫해였다. 여름방학이 시작되고 얼마 되지 않아 동네 슈퍼마켓에서 한 학생과 그 어머니를 만났다. 친절한 대화 끝에 그녀는 주춤대며 작은 목소리로 이렇게 말했다.

"왜 학기 초에 우리 아이에게 10센트를 가져간 뒤 돌려주지 않으셨어요?"

나는 깜짝 놀랐다. 그때부터 나는 아이가 10센트로 장난을 치자 압수한 뒤 집에 갈 때 돌려주겠다고 약속한 다음, 방과 후에 바쁘게 아이 33명을 하고 준비시키느라 잊어버렸을 가능성, 또는 10센트를 돌려달라는 요구 자체를 무시했을지도 모를 가능성까지 기억을 재구성해보았다. 어느 쪽이건 가능성이 있었다. 그러나 이 모두를 떠나 내게 흥미로웠던 점은 이 문제가 아이와 엄마 모두에게 중요했고, 그녀가 이 일에 대해 언급할 순간을 기다렸다는 점이다. .

한편 백인 가족들의 불신은 상당히 다른 곳에서 기인했다. 그것은 인종과 계층이 가진 특권의식이었다. 그들은 같은 인종과 계층에 속한 나의 의도는 당연시 여기고 신용을 가진 반면, 내 능력은 불신했다. 어쩌면 우리가 수단을 가리지 않고 아이들이 이익을 얻을 수 있도록 기회를 주고 있는지 확인하고 싶었을 뿐인지도 모른다.

지금은 역사를 통틀어 가장 개인주의적이고 걱정이 많은 시기이다. 이럴 때 학부모들에게 학교가 모든 아이들을 잘 챙기고 이끌어가는 공동체로 보도록 만드는 일은 어려운 일인 것이다. 좀 더 많은 시간과 전문지식, 그리고 특권의식을 가진 소수 학부모들이 자녀들을 위해 노력할수록 자원이 불공평하게 돌아갈 가능성이 높다. 예를 들어, 미션 힐 스쿨조차 매사추세츠에 있는, 그리고 아마 전국에 있는 다른 학교들과 마찬가지로, 주에서 주관하는 특별 자금은 상당수 중산층 아이들과 백인 아이들 가족에게 사용된다. 이런 특권은 참으로 풀어내기 힘든 문제다. 나 역시 이 계층의 부모로서, 게다가 우리 아이들도 교사의 자녀인 상황에서 이런 사안을 통해 특권층이 얼마나 더 쉽게 특별대우를 받을 수 있는지를 깨달았다. 결국, 학부모가 교육에 참여하는 상황은 여러 방면으로 좋은 교육에 중요한 요소이지만, 이로 인해 불공평함을 증가시킬 가능성도 있다.

그렇다면 특혜받지 못한 가족은 어떤가? 그들은 요구사항이 많아서는 안 되는가? 권력 구조에서 덜 특혜 받는 위치라고 해서 인생의 관점을 개인적인 출세보다는 사회적인 연대라는 다른 렌즈를 통해 봐야 하는가?

이것이 그렇게 낭만적인 해석일까? 아프리카계 아메리칸 및 저소득층 가족들이 우리가 만들어내고 싶어하는 장밋빛 이상적인 공동체의 모습과 그에 대한 약속을 덜 진지하게 받아들일 수 있다. 그리고 또한 이들이 우리와 비교했을 때 더 적은 수의 선택지를 가지고 있기도 하다. 하지만 중산층 백인 가족들이 종종 드러내는 불신과 아울러서 비교적 권리가 적은 저소득층 가족들이 학교에 대해 느끼는 불신은 결국 모든 학교와 가족 사이의 상호작용을 가로막는 장애물이 될 수밖에 없다.

앞서 말했던 의사 이야기를 더 해보자. 의사에게 중요한 건 그가 나를 세심하게 신경 쓰고 내가 그를 필요로 할 때 기댈 수 있다는 능력에 대한 믿음이다. 부모들도 아이들이 학교에 다니는 건 인생에서 되돌아올 수 없는 시간이라는 점에서 매일 밤 자신이 제대로 선택했는지 의문을 갖는다. 나아가 교사가 아이에게 읽는 법을 잘 가르칠 수 있는지, 굳이 희생해서 사립학교 비용을 낼 필요가 있었는지 되묻는다.

훌륭한 교사들도 이따금씩 여행 중에 아이를 잃어버리는 경험을 할 수 있다. 그것이 자신의 잘못이 아닐 때 교사는 타야 할 버스를 놓쳐버린 아이에게 소리를 지르는 부분적인 실수를 하기도 한다. 그러고 나서 다시 차분한 목소리로 돌아온다. 나 역시 부모로서의 실패를 경험해봤다. 그날은 내가 유치원에서 애들을 데려오는 날이었는데, 모든 아이를 한 명씩 집에 내려주고 난 후에야 정작 내 아이가 없다는 사실을 알게 되었다. 아들을 데리러 되돌아갔을 때 나는 두 선생님이 눈썹을 치켜세우고 나를 쳐다보는 눈빛에서 이러한 생각을 읽을 수 있었다. "아 저 바쁜 부모들이란." 엄마들은 자신이 실패했을 때를 알고 있다. 그들은 아이에게 애정을 쏟는 일에 있어서 부족한 전문성이 드러나는 일에 늘 긴장한다.

또한, 사회적인 측면에서 교사가 가족들을 실망시키는 일도 있다. 우리 학교에 수년간 무자비하게 왕따를 당하던 학생이 있었다. 이런 현상을 더 많이 경험한 지금은 분명히 더 나은 해결책을 찾을 수 있겠지만, 당시 나는 이 문제를 해결할 방법을 찾지 못한 채 가족들에게 아이를 전학시키라고 권고했다.

여섯 살이었던 로버트(Robert) 이야기도 있다. 로버트를 처음 본 순간, 서둘러 기초 학력을 탄탄히 다져놓지 않으면 이 아이가 전형적인 악동이 되겠구나 생각해서 개인 지도를 자청했다. 하지만 당시에 나는 아이의 읽기와 쓰기 능력에 돌파구를 내줄만한 전문성이 부족한 상황이었다. 더 많은 전문지식이 있었다면 피해갈 수 있었던 막대한 아픔이 있었음을 그로부터 2년 뒤 인정할 수밖에 없었다.

다른 교사들도 이런 경험들을 통해 하나씩 배워가지만, 그 성장이 어쩌면 아이와 그 가족들의 필요에 부응하지 못할 수도 있다. 이런 뒤늦은 깨달음은 직업적인 전문지식의 입지를 약화시키고, 교사들과 학부모들에게 고통을 준다.

이외에도 학부모들이 걱정하는 이유를 나열하면 끝이 없다. 미션 힐 스쿨의 직원들은 어떤 문제 해결책을 떠올릴 때마다 몇몇 가족들의 성난 반응을 미리 예상하곤 한다. "아이고, 저 학부모들을 어째?" 하면서 끙끙대기 일쑤다. 하지만 학부모 입장에서 보면, 사안을 공유하기도 전에 우리끼리 대화하는 데 너무 많은 시간을 투자하는 것에 그저 소외감을 느낄 수도 있다. 나아가 때로 학교 전체적으로 볼때, 좋은 해결책도 반드시 모두에게 이상적인 해결책이 아닐 때도 있다.

최근에 두 명의 교사에게 업무 분담을 제시한 적이 있었다. 두 사람의 시간 부족을 해결하기 위해서였고, 더군다나 나는 두 사람 모두 학부모들이 신뢰하는 이상적인 교사들이라고 생각했다. 하지만 부모들 입장에서는 우리가 학생들의 이익보다 교사들의 이익을 더 위에 두었다고 보았을지도 모른다. 곧이어 학부모와 학교의 대결 구도가 형성됐고, 어떤 학부모들은 그들이 응당 제공받아야 할 헌신을 빼앗겼다는 느낌을 갖기도 했다. 심지어 한 학부모는 여가활동 삼아 일하는 교사는 학생들을 가르치면 안 된다고 말할 정도였다. 반면 이런 반대 의견들을 통해 우리는 왜 이것을 좋은 아이디어라고 생각했는지 학부모들에게 더 확실하고 명쾌하게 이해시켜야 한다는 점을 깨달았다. 마찬가지로 학급 규모 문제로 몇몇 아이들을 다른 집단으로 옮긴 것을 배신으로 여기는 학부모들도 있었다. 이런 학급 내 집단을 흔히 하우스(House)라고 불리는데, 학교 스스로 굳게 단결된 하우스 구조와 2년 동안 지속적인 가치를 강조해온 학교가 스스로 예상치 못한 문제를 만들어버린 셈이었다. 이후 우리는 균형을 맞추기 위해 학급의 학생 수를 바꾸는 것보다는 붐비는 교실에 다른 자원들을 추가하는 해결책을 이끌어냈다. 유순한 학부모들이 더 많다면 좋겠지만, 그랬다면 우리는 이 경험을 통해 배울 기회가 줄어들었을 것이고, 몇몇 아이들은 자신의 하우스에서 추방당한 느낌으로 고통을 겪었을 것이다.

새로운 교직원을 뽑는 면접에 학부모들을 대동하는 것도 그랬다. 이는 면접 과정을 복잡하게 만들고 때로는 불필요하게 형식적인 문제로 시간 누수가 생기기도 했지만, 동시에 대체로 유용한 방식으로 면접 질문의 초점을 넓혀주기도 했다.

지금 나는 교직원들과 학부모의 관계가 더 좋아지지는 않겠지만 적어도 더 생산적으로 개선하기 위해 필요한 몇 가지 생각을 갖게 되었다. 다음은 학교와 학부모들이 서로 가깝게 신뢰를 형성하기 위해 시도해볼 만한 몇 가지 제안들이다.

첫째, 학교는 스스로 좋은 교육을 어떻게 정의하는지, 어떻게 해야 학습이 잘 이루어지는지, 아이들의 나이대에 맞게 학습 형태는 어때야 하는지 의제를 명확히 해야 한다. 우리는 대개 학교를 고려할 때 대학 입학률이나 시험 점수를 비교한다. 또한 입학 관례에 비춰진 선택에 너무 익숙해진 나머지, 공립이건 사립이건 자신들의 목표를 이야기하는 걸 잊어버리거나 그 목표를 이해시키기 위해 고민하는 데 시간을 할애하지 않는다. 하지만 학부모들은 학교의 장기적인 목표뿐만 아니라, 성공적인 학생이라면 무엇을 알고 무엇을 할 능력이 있는지를 알아야 한다. 다만 이를 너무 단순화시키거나 물에 희석시킨 것처럼 불분명하게, 단지 학부모들에게 친숙한 언어로만 표현하는 것도 문제다.

이와 관련해 우리는 학생들의 학업과 성공적인 졸업단계의 포트폴리오를 서류철해서 보관했다. 또한, 졸업위원회 절차 중 일부를 영상으로 남겨 그 과정과 질을 외부 논평가들이나 학부모들과 함께 공유했다. 물론 모두가 우리 판단이나 결론에 동의하지는 않을 것이란 점은 알고 있었다. 이때 학부모들이 내리는 판단은 우리의 타당함과 실수가 용인될 수 있는 범위 안에 있었는가, 그리고 그들의 교육목적이 폭넓은 정의에 일치했는가였다. 이에 대한 기준은 모든 공립학교가 학부모에게 필수적으로 제공해야 할 사항이었다.

둘째, 모든 학교가 똑같은 방식으로 사안을 결정할 필요는 없지만, 아무튼 그 결정이 어떻게 내려졌는지는 명확히 설명해야 한다. 물론 그 결정의 호불호를 떠나 자신들의 조언이 반영되지 않았다면 학부모들은 여전히 상처받고 소외감을 느낄 것이다. 직원들 또한 똑같은 불평사항들이 해마다 제기되면 짜증스러워하게 된다. 최근 한 부모가 이렇게 말했다. "저는 이 학교가 부모들도 전문적인 직원들과 함께 아이들을 교육할 수 있는 홈스쿨 같은 장소가 되었으면 좋겠어요." 솔직히 그녀는 화가 났다기보다는 슬퍼 보였고, 우리가 그 사안에 대해 자세히 말했을 때도 듣고 싶지 않은 부분은 들으려고 하지 않았다.

한번은 자기 아이가 읽기에 미숙하다고 확신하는 부모가 있었다. 반면에 교사들은 이 아이가 굉장히 잘하고 있다고 말했다. 우리는 부모와 함께 이 방면에서 믿을 만한 전문가를 초청해 다양한 도구와 교재로 이 아이를 평가했지만, 문제점을 찾을 수가 없었다. 우리는 이 문제를 검토하기 위해 세 번의 각기 다른 상황에서 부모와 만나면서 문제가 없다는 것을 공유하였으며, 아이의 개인 지도에 관여하지 않기로 했다. 이 개인 지도는 우리가 생각했을 때, 해가 될 수 있다고 생각한 매우 높은 수준의 발음 프로그램이었다. 또한, 언어 과목 시간 동안 아이가 편안해 할 수 있도록 최선을 다하겠다고 합의했다.

그들이 우리의 내부 결정을 쉽게 인정하지 않았던 탓에 한편으로는 모욕을 당한 듯 느꼈지만, 결국 모두가 함께 감수하며 해결책을 찾은 사례였다. 이는 내가 깊이 신뢰하는 우리 가족의 담당 의사가 침술과 관련해 제시한 거래와 비슷했다. 물론 학부모들은 몰래 침술사를 고용하듯이, 아이들이 아직 준비되지 않았다는 교사의 판단을 무시하고 곱셈표를 가르칠 수 있다.

셋째, 학부모들은 학교 직원들이 내 아이를 좋아하기를 바라기보다는 학교와 교사들의 의도를 좋고 편안하게 느낄 수 있도록 기회를 만들어 주어야 한다. 한 예로 우리가 가정에서 이루어지는 정기적인 가족회의, 상세한 편지, 체크리스트 같은 양식들을 생각해보자. 이러한 것들은 학부모들에게 자신이 아는 아이가 우리가 아는 아이와 같은지, 아니면 옳은 방향으로 가고 있다고 느낄 만큼 유사한지 체크할 수 있는 정보를 제공한다. 이 때문에 우리는 학부모들에게 성적표를 내보내기 전에 행여 의도되지 않은 선입견을 드러내거나 오해를 불러일으킬 만한 부분을 잡아내기 위해 서로의 것을 읽어본다.

아주 중요한 사안이 있다면, 학교와 학부모가 얼굴과 얼굴을 맞대고 만나는 것이 좋다. 학부모가 가끔 학교에 들를 수 있을 때 많이 안심해 한다. 예행연습이 불가능한 만큼 이것은 몹시 어려운 일일 것이다. 이는 동시에 '왜 아이의 10센트를 돌려주지 않았는지' 같은 질문을 찬찬히 풀 수 있는 기회이기도 하다. 실제로 미션힐 스쿨에서는 정기적으로 '가족의 밤'을 여는데, 이는 학부모들이 다른 학부모나, 교사들, 그리고 다른 아이들을 사회적 범주 안에서 파악하게 하기 위함이다.

또한, 학생들이 교사와 반 아이들과 함께 반을 옮겨 올라가는 순환 방식, 다른 연령대가 같은 교실에서 공부하는 혼합 연령 방식, 중학교나 고등학교에서 사용되는 고정된 스케줄 방식 등으로 적어도 2년간 한 선생님과 함께하면 학교와 학부모의 관계성도 증대되어 유리한 상황을 가져온다. 여기에서 핵심적인 것은 결국 자기 자녀가 학교에서 잘 보이고 여러모로 선호되는 존재임을 학부모가 인지하는 것이다.

넷째, 학부모들에게는 학교의 전문적인 경쟁력을 판단할 만한 근거가 필요하다. 한 예로 내가 다섯 명의 의사들 중에 한 사람을 믿기로 했지만, 수술을 하지 말라는 조언이나 의사가 편안했다는 점 등은 그저 부분적인 이유에 불과하다. 그 결정을 택한 가장 큰 이유는 여러 의사들의 명성과 더불어 제시된 증거들이 얼마나 설득력 있는지에 근거를 두고 있었다. 사실 환자를 좋아하고 환자도 좋아하는 의사 중에 실력 없는 사람은 드물다. 우리는 할머니를 사랑한다고 해서 내 자녀를 무턱대고 할머니에게 맡기지 않는다. 그 이유는 할머니가 아이들을 사랑하는 것과는 별도로 그 일을 해낼 수 없기 때문이다.

학교와 교사의 능력에 대한 세심한 판단은 여러 단계를 거친다. 그것은 비공식적이고 정기적인 통로, 졸업생이나 이웃에서 들려오는 말, 학교 벽에 붙은 공고문, 학교 모임에서 벌어진 일 등을 통해서이다.

미션 힐 스쿨에서 우리는 가족들에게 학생들의 성장을 평가하는 다양한 방법과 함께 우리의 해석에 대해 접근할 수 있는 권한을 제공한다. 우리는 매년 두 번씩 학생들이 낭독한 것을 녹음하고, 유치원 때부터 8학년까지 학생들의 성장을 그래프로 그려 성적표에 기록한다. 학생들의 글쓰기 작품과 서로 합의된 점수, 6단계를 걸친 수학평가를 지지할 수학 자료 작품도 보관한다. 학생들이 우리와 함께 생활하면서 이뤄낸 성과들을 교직원, 외부 평론가, 학업 평가 위원들에게 보여주는 이 자리는 학부모들에게 전해지는 가장 강력한 증거가 된다. 신뢰란 결국 학교가 제 역할을 잘하고 있는지 이와 관련된 증거에 의존하는 셈이다.

한편 덜 중요해 보이는 이러한 증거들이 가족이나 대중에게 학교의 실적을 판단할 수 있는 방법을 제공한다는 점도 의미있다. 사립학교와 엘리트 학교의 평판은 대개 아이비리그 진학률에 달려 있다. 그러나 전형적인 공립학교의 평판이 더 믿을 만하고 설득력 있는 이유는 표준화된 시험 성적보다 더 다양하고 넓은 범주의 자료를 보유하고 있기 때문이다.

센트럴파크이스트에서는 6학년과 12학년이 끝나는 시점, 그리고 졸업한 후에 우리 아이들에게 어떤 일이 생겼는지 알 수 있는 장기적인 자료를 보유하고 있었다. 그 결과 오랜 시일이 지난 후에 우리 졸업생들과 그 가족들을 인터뷰한 흥미로운 내용들을 게재할 수 있는 지원금도 받을 수 있었다. 그리고 이 젊은이들이 진짜 세상에 나가 놀랄 만한 성공을 이뤄낸 이야기들이야말로 우리가 제공할 수 있는 값지고 강력한 증거였다.

학교에서 실시하는 주기적인 전문직 종사자 우수성 검사도 비슷했다. 체계적인 보고서 작성 능력이 있는 외부 전문가의 지휘하에 이루어진 이 검사는 학교를 알리는 데에도 도움을 주었다. 학교 직원 증명서를 의사 학위보다 더 크게 의미를 두지 않는 세상이지만, 이런 면에서 보았을 땐 어쩌면 학교 직원 증명서도 그만큼 큰 의미로 바라보아야 할 것 같다. 실제로 맨해튼의 더 맨해튼 뉴 스쿨(The Manhattan New School)이라는 공립학교는 직원들의 논문, 취득한 학위, 연설 같은 외부 성과를 자부심을 가지고 게재했다.

다섯째, 학부모와 학교의 관계는 많은 시간을 필요로 한다. 시간이 부족하면 학교와 가족 사이의 좋은 관계도 강력한 적이 될 수 있다. 한 예로 학교가 주목해 주길 바라면서 너무 잦은 요청을 해오는 부모들이 있다. 그러면 교사들은 이를 불가능한 곡예처럼 느끼면서 시간을 빼앗겨 버린다.

한번은 교사인 내 딸로부터 전화를 한 통 받았다. 딸은 3교시부터 5교시까지 가르치다가 풀타임 정규직으로 옮긴 뒤, 풀타임 교사 일은 불가능하고 해낼 수 없는 일이라고 이야기했다. 딸의 말이 옳았다. 예를 들어 단조로운 숙제 하나라도 내려면 매일 밤 몇 시간을 꼼짝없이 일해야 한다. 이를 준비하고 수집하고 검사한 뒤 답을 해주려면 말이다. 똑같은 이유로 한 아이의 개인적인 필요를 위해 사용된 추가 시간은 다른 아이의 희생이나 내 가정의 희생으로 이어진다. 그런 면에서 학부모의 악의 없는 질문마저도 성가신 일로 취급되는 것은 사실 놀랄 일이 아니다. 어떤 때는 시간을 많이 필요로 하는 교육과정이나 책, 또는 아이디어에 대한 판단을 피하려는 교사들도 있다. 교사들에게 이런 문제들은 중요한 협상이나 설명에 필요한 시간을 잡아먹을 위험이 있다는 것을 알기 때문이다. 이것이 그만한 가치가 있는가? 그들은 자문한다.

마지막으로, 학부모들은 학교가 부당한 결정을 내렸거나 다른 문제가 생겼을 때 자신들이 뭘 해야 할지를 명료하게 정리해줄 누군가를 필요로 한다. 그렇다면 학부모들은 2차 견해를 묻기 위해 누구를 찾아야 할까? 공식적으로 어떻게 해야 할지 누구에게 호소할 수 있을까? 우리는 때때로 학부모가 그들의 자녀를 학교에 보내지 않는 것이 최선이라고 결정하기도 한다는 것을 받아들여야 한다.

미션 힐 스쿨의 답은 5명의 학부모, 5명의 관리직원, 5명의 공동체 구성원, 그리고 한 명의 학생으로 구성된 열여섯 명의 운영위원회였다. 또한 관리사무소에도 언제든지 호소할 수 있었다. 또한, 교직원들이나 내가 너무 바쁠 때면 간간이 시장 사무실에서도 성난 부모의 민원전화를 받았다는 전화가 오기도 했다.

내가 잘 아는 학교들도 수년에 걸쳐 이 문제들을 하나씩 해결해왔고 부모들과 직원의 변동에 따라 여러 번 재검토해왔다. 이런 갈등들은 권력관계를 완충시키고 재구성하는 동시에 다급할 때 시간을 만들고, 갈등 해결을 위한 주변 여건을 갖추는 일을 필요로 했다. 무엇보다도 이 모든 것은 불안한 교사, 애정에 굶주린 아이, 때때로는 절박한 가정의 의욕을 죽이지 않는 방법으로 이루어져야 했다.

시스템이 잘 돌아가면 불가능한 일도 가능해진다. 한번은 묵인할 수 없는 상황이 벌어졌다. 겉보기에는 괜찮은 열두 살짜리 여자아이 네 명이 거의 한 달 가까이 학급에서 제외된 적이 있었다. 이 문제의 해결이 가능했던 것은 다름 아닌 이 아이들 부모의 협조 덕분이었다. 이 아이들은 패거리를 만들어 또래를 위협하고 들키지 않게 학급을 성공적으로 잠식해가고 있었다. 이 패거리의 리더는 교사와 대결하기 시작했고, 이에 대해 교사조차도 불안해할 정도였다. 결국 우리는 부모들의 도움으로 한 달간 이 아이들에게 혹독한 반성을 요구하면서 수업에 들어갈 준비가 될 때까지 한 사람씩 우리 쪽으로 끌어들였다. 아이들은 처음엔 이 계획을 해낼 수 있을지 없을지 미심쩍어했다. 하지만 역시 학교와 가족의 협력으로 명랑하고 밝은 아이들로 돌아올 수 있게 되었다. 교사들은 이게 얼마나 큰 의미인지 알 것이다.

물론 나는 학교와 가정들이 종종 문제가 생겼을 때 혼자서 해결해보려고 하는 여러 방법들을 무시한다. 그들은 자녀들이 서로 대화를 잘 나누고 어울리며 또 모든 것이 잘 되가는 듯 보이기 때문에 그렇게 한다. 아마도 학부모들은 스스로 학교를 믿지 않는다면 매일매일 자신들의 자녀를 학교로 보낼 수 없다는 사실을 알고 있기 때문에 그럴 것이다. 그들이 달리 무엇을 할 수 있겠는가? 이것은 일종의 맹신이라고 할 수 있지만 그것 말고는 대안이 없다.

책임감 있는 부모가 된다는 것은 어떤 사람이 자녀에 대한 믿음을 잃어버리게 될지도 모른다는 불안감을 가지고 산다는 것이다. 학교들도 마찬가지다. 믿음을 지키는 것은 단순한 슬로건보다 훨씬 어려운 일이지만, 제대로 실행한다면 놀라운 방식으로 성과를 올리게 된다. 정답은 관리 공동체나 현장의 자문위원회, 협력적인 거버넌스에 있지 않다. 운영위원회 안에 부모 대표 수를 늘리자는 견해는 분명히 가치가 있지만, 이는 나머지 부모들이 학교 그 자체와 직접적인 상호관계를 가지는 것과는 별로 관련이 없다.

학교는 학부모와의 관계를 제대로 이해해야만 모든 아이들에게 제대로 된 좋은 교육을 제공할 수 있다는 슬로건을 사소한 일 때문에 버리지 않고 실천해야 한다. 그래야만 학교는 아이들을 감싸고 지켜주게 되고, 아이들은 자신과의 싸움을 통해 통념의 한계를 벗어나고 가족과 공동체의 기대를 넘어 더 넓은 세상을 탐험할 수 있다. 이것이 바로 학교가 해야 할 모든 것이다. 그리고 부모의 허락을 받지 못한 아이들에게 이 일은 일어날 수 없다. 또한 가정에서 아이들에게 힘과 지식, 기술을 전달하고 이를 신뢰하는 법을 알려주지 않았다면 잘 되리라 기대할 수도 없다. 물론 아이들을 지지해야 할 어른을 학부모와 교사라는 이분법으로 나누는 문제는 계속 일어날 수 있다. 그러나 교사와 학부모의 역할을 올바로 하려면 학교 안에서 서로 다르지만 좋은 의견을 나누어야 한다. 서로를 제대로 이해하고 신뢰할 수 있다면, 이는 아이들의 학습을 위해서라도 분명히 좋은 일일 것이다.

4. 교사가 교사를 신뢰한다는 것

친구들과 사귀면서 내 마음을 더 단단히 사로잡는 게 있었다. 함께 이야기 나누기, 함께 웃기, 마음에 들려고 서로 노력하기, 재미있는 책을 함께 읽기, 서로 농담 하기, 그러면서도 상대방을 존중하기, 서로 뜻이 달라도 자신과 뜻이 맞지 않아도 서로 미워하지 않기가 그것이다. 이것도 불화가 한번 생겼다하더라도 언제나 친구들이 곁에 있어 조화를 이루는 양념이 된다. 게다가 뭔가를 서로 가르치고, 서로 배우면서 마치 뜨거운 불꽃처럼 우리 마음을 타오르게 한다. 그러면서 여럿을 하나로 만들어 놓는다.

― 성 어거스틴의 [고백록] 중, 첫 번째 지성 공동체 모임에서

학교와 지역 사람들이 모여 일일 연수를 한 적이 있었다. 그들은 서서히 연수 일정에 익숙해졌고 서로 신뢰를 쌓아가는 훈련을 했다. 문득 이스트할렘에서 있었던 일이 생각났다. 당시 그 지역의 모든 교장들을 작은 모둠으로 나누어 비밀을 털어놓게 하는 프

로그램을 진행하고 있었다.

하지만 나는 그 자리에서 나와 버렸다. 그리고 함께 나온 다른 교장 선생님에게 이렇게 말했다. 아무에게도 말하지 않았던 비밀을 당연히 이곳에서도 말하고 싶지 않다고 말이다. 그러면서 나는 줄타기나 눈 가리고 걷기 같은 좀 더 재미있었던 신뢰 쌓기 활동에 대해서도 의심하게 되었다.

전문 연수에 협동심 배양 활동은 빠지지 않는 단골 프로그램이다. 내가 이런 활동을 싫어하는 이유는 부분적으로 개인적인 호불호가 있기 때문이다. 나는 이런 활동들이 줄타기 실력은 향상시킬지 몰라도 교육에서 필요한 신뢰 관계를 쌓는 데는 도움이 되지 않는다고 본다.

일하기 편한 환경을 만들거나 함께 일하고 싶은 사람들을 찾는 것도 그 자체로 의미가 있지만, 이것도 우리의 목표는 아니다. 줄타기를 할 때 반대쪽 줄을 잡은 사람을 믿는다고해서 학교에서 동료를 신뢰할 수 있겠는가? 내가 말하는 신뢰는 중요한 피드백을 교환할 때, 교육에 관한 딜레마를 털어놓을 때, 또는 동료의 일을 함께 책임질 때와 같은 상황에서 필요한 신뢰다. 이런 신뢰를 만들겠다고 함께 캠핑을 가거나 유년 시절의 비행이나 개인의 상처를 털어놓을 필요는 없다.

아이들에게 가장 좋은 교육 방법은 어른과 함께할 기회를 제공하는 일인 것처럼, 교사들도 더 나은 교육을 위해 함께 해야 한다. 이는 단순히 인생을 평탄하게 살기 위해서라거나 인간적으로 풍

요롭게 살기 위해서가 아니다. 물론 이런 목표도 바람직하다.

미션 힐 스쿨 교사들은 학교 운영과 방침에 대해 스스로 가진 실제적인 힘을 가늠해보곤 한다. 동료 사이에 바람직한 신뢰가 형성되느냐가 실제로 학교 존폐와 직결된다고 생각하는 것이다. 생산적으로 협력하면서 신뢰를 구축하는 일은 비단 우리 학교뿐만 아니라, 특정 활동으로부터 배움을 얻고 싶어 하는 모든 학교에서 중요한 과제다. 개인이든 집단의 협력이든 학교에서 이루어지는 중요한 결정은 그 권리를 얻고자 하는 교사들 모두에게 중요하다. 페인(Charles Payne)과 카바(Mariame Kaba)는 학교 변화의 장애물에 대해 다음과 같이 말했다.

시카고 지역 학교 연구 컨소시엄에서 매우 유익한 연구를 발표했다. 이 지역에서 개선되는 학교의 특징을 알아보기 위해 210개 학교의 교사들을 대상으로 비교 조사를 했다. 성과가 가장 좋은 30개 학교와 성과가 가장 낮은 30개 학교를 비교했을 때, 교사들 사이에 이루어진 관계의 질에 대해 묻는 질문이 가장 정확한 예측 변수였다. 거의 모든 교사들이 동료들 사이의 관계가 우호적인 편이라고 했다. 하지만 이것이 곧장 서로 존경하거나 신뢰한다는 뜻은 아니었다. 상위 30개 학교에서는 교사들이 다른 교사들로부터 많은 신뢰를 느꼈다. 반대로 하위 30개 학교에서는 교사들이 서로 신뢰하지 않았다.

이 연구는 교사들 사이의 관계 단절이 여러 요인에서 기인한다는 점을 상기시킨다. 이는 가르치고 배우는 일을 할때, 교사들이 협력을 이루어간다면 그 결과는 매우 놀라울 수도 있다는 사실을 확인시켜준다.

우리는 자신의 생각이 반대에 부딪힐 때 대부분은 무시당하고 있다는 기분을 느낀다. 하지만 웨스트(Cornel West)에 따르면, '집에서 내쫓긴' 것 같은 이런 불편함이 오히려 고착된 생각을 돌아보게 만든다고 한다. 또한, 상투적인 모습에서 벗어날 기회를 제공하고, 생각할 수 있는 한계를 조정하도록 도움을 준다고 한다. 불편한 감정이 때로는 피아제(Jean Piaget)가 말했듯 아동들의 지적인 발달의 원동력이 되는 셈이다.

사실 내가 말하는 이야기들은 미션 힐 스쿨과 내가 머물렀던 학교들에 대한 이야기이고, 이곳들은 특정한 환경을 가진 학교들이다. 하지만 돌이켜보면 여기에는 많은 것들이 암시되어 있다. 교사의 협동심이라는 특성만 생각해봐도 긴밀하게 연결된 두 가지 쟁점이 떠오른다. 하나는 교사들도 서로 비판할 수 있다는 것이고, 다른 하나는 가르치고 배우는 데 발생하는 중요한 사안에 대해서도 반대할 수 있다는 것이다.

친구 대 동료

지난해 봄 연수에서 요즘 사람들은 어떤 생각을 하는지 서로 대화를 나눈 적이 있었다. 보스턴에 위치한 선도학교(pilot school)

인 한 작은 학교 교장 선생님은 교사들 사이의 친밀한 우정이 오히려 좋지 못한 결과를 일으킬 수 있으며, 이는 작은 학교의 고질적인 문제라고 지적했다. 친구 사이다 보니 오히려 신뢰하기 힘들고, 전문적으로 어려운 결정을 함께 내리기가 더 어렵다는 것이다.

나 역시 학교를 만들어갈 때 비슷한 경험을 했다. 서로를 굳게 믿을 만한 교사들을 필사적으로 모았지만, 정작 서로가 교실에서 의미 있는 피드백을 주지 못했고 그러려고 하지도 않았다. 개인 간의 갈등이나 적대감은 당연히 능률을 떨어뜨리지만, 갈등이나 적대감이 없다고 뭔가 진전이 있는 것도 아니었다. 알다시피, 교사들은 개인적으로 일하는 것을 좋아한다. 그렇게 하면 불편하게 각자의 차이를 알 필요도 없고, 개인적으로 서로에게 힘을 실어줄 수도 있기 때문이다. 개인적인 관계에서 논란을 피하려고 하는 것은 사람들에게 제2의 천성과도 같다.

학교는 교사와 학생이 함께 나아가면서 건설적인 비판의 미덕을 배우는 실험실과 같다. 이렇게 운영되는 교실에 들어가 보면 그 분위기를 느낄 수 있다. 여기에는 차이를 표면으로 끄집어내는 일도 포함된다. 차이를 이해하고 다룰 수 있어야만 교육도 제대로 이루어진다. 이것이야말로 학교교육의 핵심이고, 잘 교육받았다는 의미이다. 우리가 이를 먼저 스스로 실천해야만 아이들도 이 방법을 배울 수 있다.

하지만 설사 서로를 비판하고 의견이 충돌할지라도 미덕을 실천하는 일은 가능하다. 만일 우리 사이에 가족과 비슷한 신뢰가 있고 서로의 의도가 옳은 것이며 서로를 믿는다면 말이다. 이제 서로의 능력과 발전 가능성을 존중하는 일이 필요하다. 제대로 일하려면 시행착오가 필요하고, 오랜 시간 함께 일해 본 경험이 필요하다. 이 모두는 단기간에 이루어지는 일이 아니다. 비판적인 피드백을 견디지 못해 개인적인 관계에만 치중하는 것이 아니라, 이와 다른 형태의 문화를 만들어내는 것도 하나의 도전과도 같은 일이다.

비판은 어디에나 존재한다. 우리가 선호하듯이, 비판적이지만 질 높은 피드백은 어떤 면에서 보면 훌륭한 편집과도 비슷하다. 좋은 편집자들이 가진 비판 정신의 핵심은 말하고자 하는 생각을 제대로 전달하는 데 있다. 그렇다면 학교에서의 비판이란, 하고자 하는 목표에 따라 노력하는 교사들로부터 시작된다. 이들의 비판은 개인적인 요구를 넘어 학교운영에서 소외되었던 교실 안 학생들의 요구를 모아내고 이어 학교 전체로 확대된다. 특히 작은 학교들은 서로 접근이 쉬운 만큼 이런 문화를 실행 가능한 수준으로 만드는 데 유리한 점이 많다. 물론 이런 실천을 직접 실행해본다는 건 사실 말만큼 쉽지 않을 수도 있다.

교사들이 함께 일하는 법

경험상 학교나 학교 시스템 안에서 협력을 이루는 것보다는 몇

목을 타고 콜로라도 강을 건너는 편이 더 쉽다. 나는 실제로 전문적인 학교 개혁가 모임을 만들면서 이런 프로그램을 진행했다. 사실 센트럴파크이스트에서 시작한 30년 전만 해도 이런 어려움은 상상할 수 없었다. 당시 우리는 신뢰와 자율성의 효과를 보여줄 수 있는 적합한 실험실을 보유하게 되었다고 확신했다. 모두가 동료로서 서로를 잘 알고 공통되는 기반을 가졌다고 믿었다. 같은 목표 아래 서로를 동료로 선택하고, 교육방식을 선택할 수 있는 흔치 않은 자유를 얻었다고 생각했다.

그러나 채 1년도 지나지 않아 우리는 학교에서 신뢰 문제에 부딪혔고, 거의 침몰할 뻔했다는 것을 인정해야 했다. 우리는 서로의 의도를 의심하면서 상대가 진실을 말하고 있는지 불안을 느꼈으며, 심지어는 서로의 능력을 의심하는 데까지 이르렀다. 그때 우리는 희망과 두려움을 시험하는 사태에 준비되어 있지 않았고, 그 때문에 서로에게 의지할 수 있는 에너지도 빠르게 소진됐다. 물론 우리는 결과적으로 이런 어려움을 극복했고, 재정비를 거듭한 끝에 지금의 센트럴파크이스트는 그 어느 때보다 건강하다. 어쩌면 우리의 이런 순진함이 길을 헤매게 만들었을지도 모른다. 민주적인 기관들이 요구하는 너무 많은 신념들로 인해 우린 과거에 계속해서 실수를 반복했다. 이런 신념은 오랫동안 계속해서 시험당했다.

한편 미션 힐 스쿨에서는 더 이상 장애물에 당황하지 않는 법을 배웠다. 이 일도 어떤 면에서는 부모가 되는 일과 비슷하다. 세 번째 자식이라고 첫 번째 자식을 키울 때보다 실수를 덜 하는 것은 아니다.

이 때 우리는 시간을 고려하는 것을 문제해결의 시작점으로 잡았다. 예를 들어 우리끼리 일주일에 다섯 시간을 함께 보내고, 추가로 1년에 20일(여름 동안에는 보름)을 함께 보내며 실력을 갈고닦기로 했다. 또한, 희생한다는 느낌을 방지하기 위해 추가 수당도 받기로 했다.

첫 학기 근로 조건을 제정할 때 어른들의 과학 탐구에 대한 하버드 대학 덕워스(Eleanor Duckworth)의 강의를 들으면서 쉬는 기간의 반을 보내자는 합의가 이루어진 것도 우연은 아니었다. 또한, 학부모들과도 줄타기 수련회를 통해 어울렸다. 이것은 계획을 실행하는 데 필요한 신뢰를 쌓는 우리만의 방법이었다.

사실 그저 달의 위상 변화라던가, 거울 반사, 그리고 균형 같은 것을 배우는 덕워스의 강의는 일상 작업에는 실질적인 영향력이 없었지만, 덕분에 새로운 것을 배울 때의 혼란을 서로 나누고 겸손해질 수 있었다. 우리는 어떤 종류의 불신이 배움을 방해하는지를 경험한 바 있었고, 이는 아이들을 가르칠 때 생각해야 할 점뿐만 아니라 어른들끼리 무언가를 배울 때에도 중요한 사안이었다.

또한, 신뢰의 문제가 그 책임자와도 관련 있다는 점도 알았다. 우리 학교는 선도 학교(pilot school)였던 만큼 명확하고 공식적인 거버넌스 구조를 가질 수 있었다. 미션 힐 스쿨 초기에 우리가 합의한 내용에는 교직원, 학부모, 그리고 관리위원회에 권리를 분배하는 것도 포함되었다. 이 합의로 인해 교사들은 학교 계획에 보다 직접적인 책임을 가지게 되었다. 이는 많은 선택을 학교장이나 감독이 책임지는 다른 학교와는 명백히 다른 점이었다.

이 모든 과정을 거쳐 마침내 우리는 아이들 스스로가 공동체에 속한다고 생각할 수 있을 만큼 학교를 정비할 수 있었다. 우선 모든 교사들이 적어도 어떤 반에 누가 있는지 정도는 알아야 한다고 합의했다. 그렇게 해야 아이들이 배우는 9년 동안 제대로 된 교육을 제공할 수 있었다. 따라서 유치원 교사들도 8학년을 맡은 교사들만큼이나 8학년 과정에 대한 책임을 나눴다. 교사들은 너나 할 것 없이 졸업위원회에 참석했고, 7, 8학년 학생들의 상담사 역할을 했다. 다른 세부사항들도 뒤따랐다. 그것은 교실의 위치, 수업 간의 관계, 그리고 전문적인 결정에서 동료가 차지하는 역할 같은 것에 대한 사항들이었다. 작은 공동체에서 이런 수많은 일을 수행하면서 우리는 신뢰와 회의 사이에서 오는 갈등을 보았고 또 피할 수 없었다. 이것은 민주주의 사회에서 본질적인 것이었다. 가장 작은 문제들이 언제나 가장 큰 문젯거리를 만드는 법이다.

비판적인 동료가 되기

서로에 대한 신뢰는 믿을 만한 공통 지식에서 비롯되었다. 좋은 정보와 교사와 학생 사이의 상호작용에 대한 공식적이고 비공식적인 관찰이야말로 우리의 기본적인 바탕이었다. 실로 이런 정보들은 관점의 변화를 야기하였고, 더 많고 다양한 종류의 정보와 보다 특화된 전문지식이 필요하다는 점을 깨닫게 했다.

전통적으로 정보를 모으고 가설을 세우는 일은 거의 교장이나 외부 관리자나 상담가의 몫이었다. 그 때문에 아이들이나 교사들은 자신의 실수를 관리자에게 숨기려 들었고, 교사들끼리도 일할 때 서로를 거의 바라보지 않았다. 서로의 교실을 불쑥 찾아가는 일도 없으니 이런 방식으로 모인 정보는 당연히 학생들에게 설득력을 잃을뿐더러 실천을 이끌어내지 못했다.

미션 힐 스쿨에 있었던 첫해, 나는 이런 질문을 던졌다. 어떻게 서로에게서 배우는 것을 책임질 수 있을까? 어떻게 서로의 교실을 돌아다니면서 관찰한 바에 대해 정보를 얻고, 때로는 힘든 피드백까지도 해낼 수 있을까? 동료를 도와주려면 어떤 방법으로 학생들의 작업을 관찰해야 할까? 우리가 관찰하는 것이 어떻게 학교 전체의 대화에 도움이 될 수 있을까? 서로의 마음이 불편해지는 것에 그치지 않고, 어떻게 변화를 담보할 수 있을까? 물론 교사들에게 이 질문은 익숙한 것들이다. 그러나 해답을 얻을 수 있는 환경을 만드는 것은 역시 어렵다.

우리는 수많은 어려움 속에서도 성공적인 부분들을 유지하며 약 5년간 지속적으로 이 문제를 다루었다. 이는 상상했던 것보다 힘들긴 했지만 좋은 교육의 핵심에 다가서는 작업이었다. 누구나 가는 길을 가는 대신 더 깊게 파고드는 방향을 바라봤던 이 과정은 두 가지 질문을 내재하고 있었다. 이 일을 해내려면 어떤 종류의 증거가 필요한가? 증거를 얻고 난 뒤에는 무엇을 해야 하는가? 사실 둘 다 복잡한 질문이었다.

예를 들어, 나는 관찰하는 것들을 정확하게 분석하고 있는가? 내가 관찰하고 있는 동료가 내 조언과 설명을 잘 알아들을 수 있는가? 비난하는 어조로 듣지 않고 상대가 문제를 파악할 수 있도록 하는 방법은 없는가? 학교의 목적이나 관점을 적합한 방법으로 이해하고 있는가? 잘못된 실행이 문제인지, 이론이 문제인지 어떻게 판단할 수 있는가? 배경지식이나 맥락 중에 빠트린 것은 없는가? 성공사례의 증거는 어떻게 보여줘야 하는가? 증거는 항상 유효하게 이용될 수 있는가? 장기적인 부작용이나 예상하지 못한 결과가 있는가?

이 질문들은, 앞서 설명한 다섯 가지 습관과도 연결되는데, 학교가 지켜야 할 점과 우리가 옳은 방향으로 가고 있다는 점을 알려준다. 즉 한 가지 문제를 해결하는 것이 다른 문제의 해결로 이어진다는 점을 보여준다.

증거 모으기: 서로의 교실로 들어가 보기

교감 출신인 스트라우터(Brian Straughter)는 자신의 박사 학위 논문에서 교사들이 서로를 직업적으로 알아가게 되는 것에 대한 연구를 진행한 바 있다. 이 연구는 우리에게 유용했다. 이 논문을 통해 교사들이 서로 합의를 이끌어낸 뒤에도 오직 몇몇만이 서로의 교실을 방문한다는 사실을 깨닫고 새로이 태도를 가다듬을 수 있었다.

교실 방문은 구성원들의 신체적 접근성을 높여주고, 교실 안에서 다른 어른들을 받아들여 아이들의 시선을 끌고, 학교 전체적으로 협력을 증대시킨다. 하지만 많은 활동을 통해 아이디어, 정보, 자원을 여러 방법으로 공유했지만, 정작 직접 교실을 방문하는 일은 극히 드물었다. 특히 관찰이 이루어질 만큼 지속적인 방문은 더더욱 없었다.

이후 나는 교사들이 관찰이나 피드백을 위해 만든 교실 방문이라는 장치를 잘 이용하지 않는 이유에 대해 아주 미묘하게나마 깨달았다. 모두들 자기 교실에 집중하느라 이 일을 나중에 할 일로 느꼈던 것이다. 또한, 서로 편하게 생각하는 경향도 오히려 서로의 교실에 덜 찾아가는 이유가 되었다. 브라이언이 논문을 위해 교사들을 인터뷰한 결과, 교사들은 친한 동료 교사가 자기 교실에서 자신을 관찰하거나 본인이 다른 교실에서 동료를 관찰할 때 불안감을 느낀다고 답했다. 한 교사는 이렇게 되물었다.

"내가 뭐라고 감히 다른 사람을 평가할 수 있다는 거죠?"

우리는 말을 아끼는 것이 일종의 뿌리 깊은 습관이라는 점을 인정했다. 그럼에도 서로를 관찰하고 건설적인 비판을 하는 것에 대한 거부감을 극복해야 한다는 것도 모두 동의했다.

나아가 브라이언과 나는 한 가지 같은 점을 느끼고 있었다. 개

개인을 도와주는 편이 일을 진척시키는 데 보다 쉬운 길이라는 점이었다. 교사를 관찰하는 일은 피드백을 필요로 한다. 이때 "다 좋았어요."라는 말 외에 다른 모든 말은 위험하게 느껴지곤 했다. 또한, 그 피드백을 곧바로 하지 않으면 교사들은 내가 뭔가를 못마땅해 한다고 생각했고, 그 때문에 가벼운 질문까지 과대해석되곤 했다. 물론 내 직함, 평판, 전문 지식, 눈치 없는 행동이 그런 반응을 유발한 경우도 있었다. 그러나 비교적 권위가 적은 학교의 자원 상담가도 비슷한 경험을 했다는 점에서 그 이유만은 아닌 듯했다.

또한, 나는 다른 사람들도 이 일에 관여하게 해야 한다고 판단했다. 왜냐하면 만일 이것을 나만의 일로만 자리 잡는다면, 이것이 곧 내 직업의 일부가 되고, 다른 사람들은 참여하지 않을 거라고 보았기 때문이다.

우선 나는 하루를 정해 두 개의 하우스(이스트 하우스와 웨스트 하우스라고 부른다) 교사들이 서로를 방문하도록 했다. 몇 번은 효과적이었다. 브라이언은 교사들을 인터뷰하면서 이들에게, 자신을 관찰할 교사로 친한 이들을 선택하고 그날 바로 피드백을 들을 수 있도록 계획을 짜는 것이 편하지 않겠냐고 제안했다. 그러나 대다수는 관찰한 것에 대해 생각할 시간이 필요하다고 답했다. 결국, 이 두 방법 모두 시도되었지만, 3년째가 되자 결국 방문 피드백 제도 자체가 없어졌다.

여기서 우리는 한 가지 교훈을 얻었다. 정기적인 관찰과 피드백이 이루어지려면 이를 지지하는 구조가 필요했다. 하지만 여기서는 이것이 충분하지 않았다. 앞에서 말했듯이, 가르치는 일도 부모 노릇과 비슷해서 자신의 정체성을, 그러니까 우리가 좋은 사람인 동시에 능력 있는 사람인지 고민하게 만든다. 이런 고민 끝에 지나치게 중립적인 피드백을 내린다면 그 피드백이 오히려 상처가 되고, 그것이 오히려 우리 눈을 막는 장벽을 치게 된다.

이 시기 동안, 교실 방문과 관련한 비공식적인 제도들도 유기적으로 생겨났다. 한 교사가 이젤을 주문해 교실 문 옆에 두고 하루 일과와 그날의 인용구나 질문을 써놓자, 하우스 전체 교사들이 그 방법을 따르기 시작했고, 그 다음에는 전체 학교가 이 일을 하게 되었다. 이 과정은 굳이 대화를 나눌 필요조차 없었다.

또 한 교실에서는 학생들이 역할극과 발표를 할 수 있는 작은 무대를 만들었다. 곧 다른 교실들도 이를 따라 했고, 두 하우스 모두가 각자의 복도까지 무대를 설치했다. 이는 건축학적인 혁신이자 교실 내 드라마의 영향력에 대한 관심을 높여준 일이 되었다.

또한, 앨리샤라는 한 여교사가 워크숍에서 색깔로 아동서적을 분류하는 방법을 배워오자, 곧 모든 저학년 교사들이 앨리샤의 도움으로 이를 시행할 수 있었다. 제랄린이라는 또 다른 교사는 나서서 교사들에게 블록이 더 필요하다고 지적했다. 그 제안으로 우리는 전체 학급에 돌아갈 양만큼 블록을 주문할 수 있었다.

정기적인 하우스 모임도 있었다. 하우스에 속하는 약 80명 아이들에 대한 책임을 나눠 가진 네다섯 명의 어른이 참여하는 이 모임은 피드백과 신뢰에 대한 쟁점을 탐구하는 장이자 날카로운 비판이 오가는 곳이기도 했다. 우리는 서로의 합의를 확인하고 이를 어긴 것을 지적하기도 했는데, 이처럼 의견을 교환하게 된 동기는 단순했다. 지금이 아니면 앞으로 맡게 될 아이들에게 최고의 교육을 제공할 수 없을 것 같은 마음이었다.

제랄린은 다음 해 자신이 가르치게 될 아이들과 교류를 트기 위해, 미리 캐시의 교실에서 시간을 보냈다. 또한, 제임스가 수업하는 4학년과 5학년 교실도 방문해 그의 수학 수업 내용이 자신과 겹치는지도 알아보았다. 세 교사는 주요 지점들에서 의견이 갈리자 하우스의 최고 학년에게 수학을 가르치는 에일라와 에밀리에게 도움을 청했다.

나아가 이 모임에서는 한 달에 한 번, 우려되는 특정 아이에 대해 논의를 집중했다. 이런 문제를 다스리는 데 가장 좋은 방법은 해당 교실에 찾아가 직접 그 학생을 살펴보는 일이었다. 또한, 모두가 같은 교육과정으로 공부하니 각 교실에서 어떻게 교육과정이 시행되는지도 살펴볼 수 있었다. 교사들은 "〈오딧세이〉를 어떻게 소개하고 있나요? 내가 가서 봐도 될까요?", "폭력과 성은 어떻게 다루고 있나요?"와 같은 질문과 함께 서로를 관찰했다. 그 와중에 교사들은 특정 학생들과 학생들의 결과물, 그리고 교육과정으로 초점을 자유자재로 이동해볼 수 있었으며, 덕분에 그에 따른 비판도 보다 전문성을 띨 수 있었다. 나아가 교사들은 가끔 서로의 반을 대신 가르쳐야 하는 이유를 발견했고, 이는 의미 있는 일이었다.

또한, 우리는 학생 발달 통지표를 함께 검토하기로 결정했다. 통지표를 더 세밀하게 쓸 수 있도록 한 달간 모든 회의를 취소한 뒤, 이 통지표들을 초안 삼아 다시 쓰는 과정에서 계속 서로의 것을 돌려보았다. 나아가 서로의 주간 가정통신문이나 숙제에 대해서도 의견을 나누었고 서로의 아이디어를 따라 하기도 했다.

브라이언이 시작한 형식적인 모델은, 시간이 지나면서 교장이 교실을 더 자주 방문할 필요가 없을 정도로 발전했다. 다만 이 역시도 우리가 바라는 협력적이고 더 친밀한 환경에 가장 적합한 모델은 아니었다. 적어도 증거를 수집하는 면에서는 적합하지 않았던 것이 사실이다.

증거 검토하기: 어떻게 생각해야 할까?

이 문제는 우리가 걱정과 불만을 얼마나 솔직하게 말하느냐에 달려 있다. 좋은 아이디어를 빌려오는 건 좋지만, 과연 우리가 빌려와서는 안 되는 잘못된 점까지도 이야기할 수 있을까? 한 예로 우리는 서로의 가정통신문에서 좋은 아이디어를 얻었지만, 다르게 생각해 보면 이것은 비판적으로 이야기하거나 날카로운 질문을 하는 것과는 다른 문제였다.

하지만 나는 비공식적으로 이 건강한 비판들이 실행되고 있음을 깨달았다. 예를 들면, 알폰소는 앨리샤가 교육적인 소모임 진행 방법에 대해 나와 비슷한 지적을 했으며, 로버타는 더 깊이 있는 교육과정을 짤 수 있도록 자신을 많이 도와줬다고 했다.

이처럼 개개인의 힘도 때로는 공유되는 힘이 될 수 있다. 흔히 다른 사람으로부터 이것저것 배운다는 말을 끊임없이 듣게 되는 이유도 그래서다. 한 예로 캐시는 자원봉사자 서기 브렌다를 자기 교실로 초대해 솔직한 피드백을 부탁했다. 또한, 제임스는 아침 회의가 너무 길어진다는 점을 내가 지적하자 "제랄린도 방금 같은 말을 하더군요. 그 점에 대해 저도 생각하고 있었지만, 거기에 대해 제가 동의하는지는 모르겠어요."라고 솔직하게 말했다.

이는 학부모들에 대해서도 마찬가지다. 나는 학부모들이 비판하는 특정 교사의 사례를 교사진을 위한 폭 넓은 데이터베이스로 사용할 수 있다는 점을 깨달았다. 즉 교사들에게 이 사안을 공개한 뒤 그 비판의 정당성을 묻고 비판받은 교사를 전문적으로 도울 수 있는 방법은 없는지 묻는 것이다. 이처럼 우리는 학교 내에서 교사들끼리 서로 직업에 대해 파악할 만한 여건이 거의 없는 상황에서 하나씩 길을 만들어가고 있었다.

또 하나, 개인적인 의견을 포함한 다양한 정보를 토대로 서로의 일이나 학생들 전체의 학습에 대해 이야기하는 것도 가능했다. 시험을 대신하는 관찰, 학생들의 실제 작업, 교사들이 규칙적으로 작성하는 노트 등이 그런 데이터들이었다. 또한, 보관소에는 학생들이 쓴 글이나 그림, 연도별로 분류한 연구결과 등 아이들의 창작물이 상당량 보관되어 있었으며, 개별 학생들을 인터뷰한 5년 치 기록과 통지표도 있었다. 몇 해동안 실시한 졸업 포트폴리오도 있었고, 학생들의 창작물에 대한 졸업위원회의 평가도 함께 가지고 있었다. 그리고 시간이 흐르면서 센트럴파크이스트가 그랬듯이 학생이 졸업한 뒤에도 계속 이들의 데이터를 확보하고자 했다.

물론 이는 그저 넘치는 정보를 이용하는 정도에 불과했다. 우리는 아직도 데이터를 사용하는 방법을 배우는 중이며, 때로는 데이터 사용을 통해 내린 결론이 이 학교의 협력을 해칠지, 보탬이 될지 불안을 느끼기도 한다. 물론 이는 좋은 협력을 어떻게 정의하느냐에 따라 달라질 수 있다. 또한, 고질적인 장애물인 시간 부족도 여전히 문제로 남아 있다.

사실상 지식을 효율적으로 사용하는 일은 그것을 습득하는 일보다 어렵다. 즉 조언이나 비판에 대해 열린 마음을 갖는 것과 이를 실생활에 받아들여 활용하는 일은 전혀 다르다. 그러나 충돌이 반드시 변화의 적은 아니다. 많은 이들은 최신 유행을 따르지 않는 교사들에 대해 '저항'한다고 의심한다. 물론 교사가 자기 일만 하도록 내버려 두는 게 해결책은 아니다. 하지만 모든 유행을 뒤쫓는 것도 해결책이 될 수 없다. 중요한 것은 동료의 비판을 의식하면서 그것의 타당함을 묻는 것이다.

또, 중요한 것은 의견 충돌을 진실된 입장에서 이끌어가는 것이다. 한 예로 가장 간단한 검사조차도 의사에 따라 해석이 다르고, 그 모든 해석이 정당할 수 있다. 상황이 어려워지는 건 의견이 다른 두 의사 모두 자신의 능력을 믿고 서로의 진단과 처방을 받아들이지 않을 때다. 교사도 마찬가지다. 의심하고, 차이를 내보이고, 새로운 것을 시도하고, 검토할 수 있는 안전한 공간이 필요하다. 어떤 차이는 좁혀질 수 없을지도 모르고, 어떤 판단은 불확실성과 경험에서 우러난 추측으로 이루어질 수밖에 없다는 것을 인정해야 한다. 또한, 가끔 가까운 동료가 틀렸다는 판단을 내려야 할 때도 있다.

어지러운 의견 충돌

문제는 누구도 어떤 관찰이 어떤 문제를 일으킬지 확신할 수 없다는 점이다. 알폰소의 경우가 그랬다. 그는 자신과 너무 다른 믿음을 가진 누군가를 고용하는 일이 망설여진다고 고백했다. 특히 이 문제는 전통적인 종교적 믿음과 관련되어 있었는데, 그는 그런 차이가 자신과 아이들에게 안 좋은 영향을 끼칠 것이라고 믿었다. 반면, 에일라의 반응은 달랐다. 그녀는 이렇게 말했다.

"우리가 이런 것에 대해 이야기하고 있다는 게 믿어지지 않는군요."

이 같은 반응들은 우리 모두를 순간의 침묵과 혼란 속으로 밀어넣었다. 하지만 두 사람은 집요하게 논쟁을 계속했고, 그들의 끈기가 우리로 하여금 이 상황을 더 잘 이해할 수 있도록 해주었다. 소규모의 관계 지향적 사회에서 "우리와 같은 뜻을 가진" 사람들만 고용하는 것이 옳은가 옳지 않은가의 문제와 직면하게 된 것이다. 물론 이것이 옳을 수도 있었지만, 이것이 과연 서로 다른 믿음을 가진 사람들 사이에서 화합할 수 없는가에 대한 의문을 없애지는 못했다. 또 한편 이것은 논리적이고 일관성 있는 믿음과 행동을 수호할 수 있는 학교의 권리와 관련이 있었고, 다른 한편으로는 이것이 학교가 공적인 단체로서 지녀야 할 책임을 침해하는 일일 수도 있었다.

물론 사립학교와 미션스쿨이라면 당당하게 자신들의 정체성에 대해 말할 수 있기 때문에 이런 문제를 걱정할 필요는 없다. 이런 학교와 학구가 만들어내는 공공의 강령은 보통 원만하고 교환 가능한, 그저 그런 관습적인 것들로 이루어지는데 여기에는 그럴 만한 이유가 있다. 가톨릭 학교나 발도르프 학교[5]에 의하여 독일에서 시작된 통합교육학교는 최초로 사회공정성 원리를 적용해 계층이나 부모의 직업과 상관없이 모든 아이가 공통적인 교육을 받을 수 있도록 공교육 혁신에 기여했다. 이 학교들은 1학년부터 12학년 동안 유급이 없고, 일반과목 외에 다양한 예술 과목을 배우면서 창조적인 능력과 감성을 키워나갔다. 성적표 역시 점수가 아닌 학생 개개인의 과목에 따른 노력, 성취도, 재능 상태 등을 구체적으로 기재했다. 같은 사립학교와 비교해보면, 이 학교들은 확고하게 어떤 특정한 믿음에 깊게 새겨진 철학적인 세계관을 기

---

5. 발도르프 학교는 루돌프 슈타이너(Rudolf Steiner, 1861-1925)가 1919년 자신의 인지론과 인간 중심의 교육을 교육 현실에 옮기기 위해 만든 학교이다. 순수 사립학교로 현재 전세계에 1,000여 개의 학교가 연합체를 이루고 있다.

반으로 두고 있어서 일반 학교들과도 쉽게 구별되었다. 한 예로 발도르프 학교는 원칙상 아이들의 첫 영구치가 날 때까지 읽는 법을 가르치지 않는다. 물론 아이들이 그 전에도 읽는 법을 배울 만한 능력이 있다는 사실은 인정한다. 또한, 이 학교는 학습 도구도 값싼 플라스틱이 아닌 최상의 도구와 재료만 사용한다. 공부 방법도 늘 정확하게 올바른 방법을 따라야 하는데, 올바르다는 것을 입증하려면 이 학교의 철학을 받아들여야만 한다. 비슷하게, 카톨릭 학교에서도 학생들의 성취에 도움이 되기 때문에 가톨릭 교리를 가르치는 것이 아니다. 신도들에게는 이 교리가 학업성취보다 더 중요하다. 왜냐하면 궁극적 삶의 목적이 그 안에 내재되어 있기 때문이다.

몇십 년 전, 몇 개의 공립학교들이 그저 그런 절충주의에 대항하기 시작하면서 새로운 쟁점들이 등장한 적이 있었다. 공립학교 가운데 학부모 선택이 가능해지면서 "규격화된 하나로 모두를 만족시킬 수 있다."는 명제가 거짓일 수 있다는 의심을 하게 된 것이다. 이후부터 이 학교의 교사들은 모든 이들에게 적합한 듯 행동하거나 차이를 덮고 넘어가지 않아도 되었다. 하지만, 어떤 차이는 아직도 논쟁으로 남아 있다. 만일 모두 백인 아이만 받거나 모두 흑인 아이만 받는 학교 정책을 차이로 인정할 수 있는가? 장애를 가진 아이들을 배제하거나, 아주 뛰어난 학생과 '협조적인' 부모를 가진 학생들만을 받아들이는 것도 차이라고 할 수 있을까?

명쾌하면서도 모두가 공유할 수 있는 분명한 미션에는 역시 단

점도 있다. 규모가 크고, 상명하달식이며, 여러 사상이 혼재된 학교에서는 불가피하게 이런 문제가 제기될 수밖에 없다.

1997년 개교 몇 주 전, 나는 교사 한 명이 아주 색다른 수업 방식을 고수하고 있다는 것을 알게 되었다. 그의 교실은 흥미가 넘쳐 흘렀다. 그는 인간 자체로도 매력 있는 동료였다. 하지만 그는 학교 전체의 가을 테마 〈미션 힐의 사회〉를 무시하고 자기만의 테마로 교실을 꾸려갔다. 남자아이들은 공항, 여자아이들은 인형 집에 관심을 두고 교실을 꾸미는 식이었다. 그때 모두가 그 문제를 회피한 것은 개교 시작부터 다툼을 벌이기 싫었기 때문이었다. 다행인지 불행인지 모르겠지만, 이후 그 개성 넘치는 교사는 학교를 그만두었고, 결국 우리는 중요한 기회를 잃고 말았다.

어떤 교사들은 학교에서 합의한 테마에 충실하면서도 동시에 자신들만의 테마도 진행했다. 예를 들어 이민이라는 주제가 합의되었을 때, 하이디는 개에 관한 공부를 동시에 진행했다. 그녀는 이렇게 말했다.

"음, 개들도 미국의 원주민이 아니에요. 개들도 이민을 온 거죠."

우리는 이 이야기를 오랫동안 농담거리로 삼곤 했다. 이와 동시에 중요한 문제점 하나를 제기할 수 있었다. 우리의 테마가 가끔 아이들의 진정한 열정을 놓치고 있는 건 아닌가 하는 의심이었다. 이를테면 강아지에 대한 사랑과 호기심 같은 것 말이다. 이런 의견의 불일치는 오히려 노출된 이후에 건전한 논의 주제가 되었다.

한 번은 역사에 관한 연구 보고서에 대해 역사에 재능 있는 7, 8학년 아이들에게 무엇을 기대해야 하는지 난상토론이 벌어졌다. '견해를 가지고 주된 증거를 검토한 뒤 다른 견해에 대해 살피고 연관성을 찾아야 하는가? 아니면 우선 정보부터 제대로 습득해야 하는가?' 하는 주제였다. 보통 자기 반 안에서 나름의 기준을 만들었던 교사들은, 어느 한 기대에 동의하면 다른 동료들과 불편한 마찰을 일으킬 수 있다고 느꼈다.

읽기와 쓰기에서도 비슷한 의견 불일치가 있었다. 대부분은 수업을 학교 책자 내용대로 진행하는 것에 동의했지만, 다섯 살과 여섯 살 아이들이 있는 교실을 맡은 두 명의 교사는 책자에 써진 방식을 조금 다르게 이해했다. 책자에는 별개의 테크닉을 가르치기보다는 아이의 모국어를 가르치는 것과 유사한 방법으로 가르치라고 기재되어 있었다. 하지만 앨리샤는 캐시보다 공식적인 발음 중심의 어학 교수법에 더 많은 시간을 투자하고 초기에 읽기 능력이 떨어지는 아이들에 대해 걱정이 많았다. 나는 이 쟁점을 표면화해야 할지, 좀 더 두고 보아야 할지 고민했다.

어느 날 앨리샤는 그녀가 참여한 기관에서 생각하는 읽기와 쓰기에 관해 공식적인 발표를 했는데, 그 기관의 접근 방식은 우리 학교의 것과 다른 점이 있었다. 더 많은 시간을 읽고 쓰는 데 할애하도록 한 것이다. 이에 앨리샤는 자신이 짠 일정을 교사들에게 보여주었고, 한 교사가 이런 시간표에서 어떻게 블록 쌓기, 미술,

그리고 테마와 관련된 것을 모두 함께 진행할 수 있는지 물었고, 이와 동시에 나 역시도 걱정과 비판을 수반하는 질문을 던졌다.

순간, 앨리샤가 우리를 막았다. 더는 말하기조차 힘들다며, 우리의 반응이 무례하게 느껴진다고 했다. 우리는 그녀의 말을 끝까지 들은 다음 이 프레젠테이션이 어떻게 다뤄졌는가에 대해 불편한 대화를 나누어야 했다. 다만 앨리샤가 제안하는 방식이 현재 학교 방침과 학교 단위 활동과는 병행될 수 없다는 문제점은 언급을 삼갔다. 죄책감과 미안함 때문에 그녀가 제기한 중요한 차이점을 다루지 않은 것이다. 당시에 이 문제들을 더 잘 다룰 수 있었다면 오히려 그것이 우리 힘의 원천이 됐을 것이다.

이보다 다루기 어려운 문제들도 있었다. 사람들은 대부분 예민한 주제라고 느끼는 질문을 요리조리 피해간다. 인종과 성에 관한 쟁점이 대표적이다. 이런 쟁점은 따로 한 개의 장을 요구할 만큼 복잡한 문제이다. 심지어 긴밀한 논쟁을 하는 중에도 이런 쟁점에는 예민한 암시가 실릴 수 있다. 그 때문에 우리는 이런 언급에 대해 가리기에 급급한데, 좋은 의도에서 그러기도 하지만 때로는 두려움 때문이기도 하다.

하지만 더 나은 교육을 원한다면 의견의 차이에 대해서도 대화를 나눌 수 있어야 한다. 문제는 학교에서 합의한 임무로부터 멀어지게 만드는 의견 차이를 구별해내기 어렵다는 점이다. 여러 해 전, 센트럴파크이스트에서 특수교육을 둘러싸고 의견 차이가 있었다. 몇몇 교사들은 이 학교에 특수교육이 필요한 아이들을 받아야 할지 대화를 나누고 싶어 했다. 센트럴파크이스트는 모든 아이들을 위한 학교이며, 공립학교로서 선택의 여지가 없는 만큼 이 문제는 논의 자체가 불가능하다고 내가 나서서 못 박았다.

얼마 전 내 친구 하나가 이 사건을 기억해내고는 존경심을 표했다. 기분은 좋았지만 내가 이 대화를 아예 금지시키면서 근본적인 문제들이 해결될 기회, 그 밑에 깔린 더 중요한 쟁점을 캐낼 기회를 잃었다는 점도 알았다.

하지만, 때로는 분명하게 선을 긋는 일도 중요하다. 우리의 핵심 가치와 공적인 책임은 늘 명확히 해두어야 한다. 과연 모든 인종의 아이들을 실제로 받아들일 수 있는지를 논의하는 일이 가능할까?

기본적인 전제에 지나치게 매어있는 학교는 아이들과 그 가정에 지적이고 윤리적인 혼란을 안겨주게 된다. 가끔은 잠시동안 일관성을 고수하지 않는 것도 중요할 수 있다. 학급이나 가정처럼, 학교 내부에도 고유한 절차와 의식이라는 것이 있다. 하지만 자기 방식만이 유일한 해결책이라고 주장하거나, 그 방식을 명문화하여 남이 따라하도록 강요할 필요도 없다. "우리만의 방식"이라는 것도 결코 우연한 선택으로 만들어지는 것이 아니다. 학생들에게 교복을 입게 할 것인지 아닌지의 문제나 서로를 어떻게 호칭할 것인지에 관한 주제를 논할 때도 우리는 자신의 영역을 만들려고 한다. 하지만 여기에는 보통 우리의 가치와 믿음이 반영된다.

우리만의 뚜렷한 특성을 만들어내는 힘은 매우 중요하다. 정형화된 모델의 복제품임을 자랑스러워하는 학교들은 '우리 방식'이라는 공통된 합의를 자랑스러워하는 학교에 비해 학생들에 대한 영향력이 작을 수밖에 없다. 미션 힐 스쿨 아이들이 선생님을 부를 때 이름을 부르는 게 그리 중요한 문제라고 생각지는 않지만, 미션 힐 스쿨을 설명할 때면 빼먹지 않고 이 부분을 자랑스럽게 이야기한다.

물론 조심하는 것도 중요하다. 사실상 우리는 직접민주주의에 대한 경험이 거의 없고, 그 때문에 우리가 하는 어떤 노력들은 경험 부족으로 어설플 수 있다. 또한 우리가 그렇듯이 아이들도 그러하다. 우리의 통찰이 옳든 그르든, 차이를 드러내는 것이 때로는 관계에 영향을 끼친다. 교사들끼리의 차이나 교사와 학생들 사이의 차이로 솔직한 의견교환을 막을 때도 있다. 동료 사이에서도 마찬가지이다. 어떤 이들은 상대가 얼굴을 찌푸리거나 내 생각을 무시하는 것처럼 보이면 대화를 중단하기도 한다. 반면 어떤 이들은 그런 반응을 볼 때 더 깊게 파고들려고 한다. "그래서요? 내 의견에 반대하시나요?" 하고 되묻고 싶어 한다. 어떤 이들은 내가 논의에 항상 효과적이라고 생각하는 도발을 시도할 때 의기소침해지기도 한다. 내 친구 하나는 최근 논쟁을 유발하는 내 스타일이 백인 중산층이라는 위치에서 온다고 주장하기도 했다. 자라면서 나는 또래 중산층 여자 아이들과는 많이 다르다고 느꼈고, 전통적으로 우리 가족은 주어진 것과는 별개로 스스로 노력해야 한다고 가르쳤다. 물론 백인이라는 점과 사회적 지위가 영향을 주었을 것은 분명해 보인다.

갈등에 직면하는 일은 그것을 피하는 것보다 더 많은 시간을 잡아먹으며, 늘 행복한 결말로만 이어지지는 않는다. 하지만 다른 사람의 이야기를 들어야 하는 이유는 그만큼 다른 사람의 의견을 존중하는 것이 중요하기 때문이다. 때로는 불공정한 제도에 대해 불평하는 것이 고된 역할 속에서 권력을 누리는 것보다 쉬울 수 있다.

나는 불만이 차오를 때면, 어려운 사회에서 힘을 가진 지위에 있을 때와 마찬가지의 태도가 필요하다는 점을 스스로 상기시킨다. 낙담한 날이면 나는 이렇게 생각한다. 우리가 시도하려는 일이 불가능할 수도 있지만, 완벽한 민주주의에 대한 소망보다 어려울 수는 없다. 이렇게 우리는 점차 발전해나가는 중이다.

결실 맺기 : 서로를 믿으며 노력하는 교사들의 교육적 가치

교사들이 이러한 딜레마를 어떻게 다룰지는 우리가 아이들에게 무엇을 가르칠 것인지, 그리고 우리가 아이들의 삶을 위해 어디로 데려다 줄 것인지와 관련되어 있다. 처음 미션 힐 스쿨에서 8학년 일을 맡아 일했던 브렌다(Brenda)는 퇴직자 인터뷰에서 그녀가 반복적으로 들었던 말에 무척이나 놀랐다고 한다. 그 말은 다음과 같았다. 학교는 얼마만큼 아이들의 활동을 책임을 져야 하는지, 얼마만큼 "스스로에게 의존해야"한다고 주장해야 하는지, 아이들을 나약하게 만들지 말아야 한다고 해야 하는지 말이다. 그녀가 볼 때 이 말들은 때로 학생들에게 너무 과하다고 느꼈다고 한다. 이것들은 반복되는 숙제를 하면서 동등한 평가 척도 안에서도 이뤄졌고, 초조한 요구 속에서도 표현되었다. 즉, "그건 아직 옳지 않아. 다시 해!"라는 말이 반복적으로 아이들에게 전해진 것이다. 그들은 이러한 책임감이 자극을 주기도 하고 어려움을 주기도 한다는 것을 알게 되었다. 몇몇은 이런 모습에 대해 이는 "진정한" 교실도 아니고, 대부분의 아이들처럼 "실제적인" 교재를 가지고 배우지도 못한 것이라고 불평했다. 하지만 그들은 우리는 뭔가를 물었을 때 항상 거기에 있었다고 말했다. 그들은 우리가 도움을 주는 데 거절당하지 않는다는 것도 알았고, 결코 게으름과 어리석음을 줄여나가는데도 도움을 주지 않았다는 것도 알았다. 딱 들어맞진 않겠지만, 이러한 권력은 직원들이 스스로를 위해 구축한 문화의 산물이라는 의미를 갖는다. 결국 그들이 기회를 제공했던 일이기에 최후의 책임도 그들에게 있다. 학생들이 배운다는 것은 교사로서 우리가 배운다는 것과 같은 의미를 갖는다. 다시 말해 우리 자신은 물론 서로에게도 책임이 있다.

교사들이 서로에게 동의하지 않고, 때로는 그들의 가족이 동의하지 않다는 것을 아이들이 안다고 할지라도, 이는 그 울타리 안에서만큼은 유용한 것이다. 우리는 바로 이걸 믿는다. 아이들은 그들 사이에 싸움이 발생해 서로 의존할 때가 언제인지 대개는 안다. 하지만 우리는 해결되진 않지만 존경하면서 서로를 대하고 활동을 잘할 수 있도록 조정하는 그들의 모습을 관찰할 기회를 더 갖진 못하고 있다. 아이들과 함께 가족 컨퍼런스에 참여해보라는 가정전문가로부터 얻은 조언은 다음과 같은 증거로부터 이뤄진 것이다. 즉, 아이들의 생각은 우리가 직면한 여러 쟁점들로부터 모아진 표면적인 갈등보다는 어른들의 무관심이라는 최악의 상상으로부터 모아졌다는 것이다. 또한 이 과정에서 청소년들은 때로 그들의 주장과 증거를 설득하려고 표현했건 안했건 간에, 우리 스스로가 우리의 마음을 변화시켰다는 점을 발견해낸다.

학교 교육의 핵심적인 목적은 서로 동의되지 않는 부분을 포괄해서 얼마나 정확하게 우리 자신과 싸워나가며 학습을 깊게 체화시키느냐이다. 즉 잘 알려진 것들에 대해 책임감을 갖고, 우리의 아이디어를 발전시키고, 그 아이디어가 갖는 힘을 즐기고, 다른 사람들의 견해를 열린 마음으로 받아들이며, 정보에 근거하거나 설득하는 방식으로 거칠거나 민감하게 교재에 대해 어떻게 이야기하는지 배우는 것이다. 물론 스스로를 위해 그리고 다른 사람의 아이디어를 위해 책임감을 갖는다는 것 자체가 잘 교육 받았다고 적어내는 나쁜 속기록 같은 정의(定議)는 아니다. 교사들 사이에서 학습을 위한 올바른 관계가 만들어지고 익숙해지기 때문에, 서로 비판적이면서 감사할 줄 아는 것을 배우는 것은 하나의 기분전환이 아니라 아이들이 어른들과 함께 어울리면서 배울 수 있는 핵심 가운데 핵심이다.

우리가 아이들과 함께 했던 가장 좋은 일련의 토론 가운데 어떤 것들은 어른들 사이에서 그리고 어른과 아이들 사이에서 불일치하는 순간이었다. 이러한 강한 불일치에 대해 그들은 우리보다 덜 두려워하는 것처럼 보였다. 대안적인 견해에 대한 개방적인 흐름은 대개 아이들에게 흥분되는 일이다. 4학년이나 5학년 시기에 진화론, 신, 지옥에 대해 제임스와 내가 나눈 것처럼 서로 점심도 놓치고 논의한 후 쉬면서 행복해한 것 같이 말이다. 우리가 모두 즐길 동안, 제임스와 나는 이전에 볼 수 없었던 눈에 띈 지식과 기능을 갖게 되었다. 아이들에게 논쟁적인 문화가 이런 것이라고 보여주는 것이 민주적인 학교의 기능이 되어야 한다. 하지만 제임스와 나는 건강한 열정과 기능이 눈에 띈다는 점에 대해, 그리고 우리가 앞으로 열 판도라의 상자를 생각하면 소름끼치고 신경질적인 반응을 보일 수밖에 없다. 토론 중 가정에서 보내는 밤에 대해 설명할 때, 부모들이 말하고자 하는 것은 무엇일까? 하지만 만약 어떤 예외도 없이, 혹은 라디오처럼 말하는 것을 듣기만하는 것처럼, 아이들을 둘러싼 일상적인 어른들의 문화의 일부로서 의견의 차이가 공표되고 논의되지 않는다면 아이들은 지적으로 훌륭한 방식이라도 그러한 민감한 문제를 배우고 싶어 하지 않을 것이다. 테드 사이저의 본질적학교연합(Coalition of Essential Schools)에 회원으로 참여하고 있는 어번아카데미(Urban Academy)는 뉴욕에서 실제로 모든 교육과정을 성인들과의 논쟁으로 시작한다. 더욱 생생하고 더욱 논쟁적일수록 더 좋아지는 것이다.

한 직원이 열의에 찬 주장을 듣다 나를 보며 웃었다. 사무실 중간 오른쪽에 있는 8학년 조언자인 어쿼시(Akwasi)가 그래프 형태로 그의 아이디어를 어떻게 가장 잘 표현할 수 있는지 묻고 있었을 때였다. 제랄린도 반쯤 웃으며 궁금해 했다. "얼마나 많은 어른들이 데비(데보라 마이어의 애칭)의 방식대로 할 수 있을까요?" 어쿼시는 바로 신뢰의 본질을 그래프로 과시하고 있었던 것이다. 그는 학교를 이런 공적인 방식으로 느끼고 있었던 것이다. 아이들도 때로는 이런 방식으로 이끌 수 있다.

5. 동기와 의도에 대해 서로 믿기
: 인종과 계층의 역동성

이 나라에서 미국인이라고 하면 사람들은 백인으로만 안다.
하지만 잘 보면 모든 사람들은 외국계 시민들이다.

— 에델만(Marian Wright Edelman, 1992)

브라이언과 내가 차를 향해 걷고 있을 때였다. 다섯 살 난 데릭이 할머니와 함께 학교 밖으로 나오다가 나에게

"안녕하세요! 데보라!"

하며 활발하게 인사를 건넸다. 그런데 내가 대답도 하기 전에 할머니가 아이를 꾸짖었다.

"'데보라'가 아니라 '데보라 선생님'이라고 해야지!"

나는 깊이 생각해보지도 않고 그저 아이를 안심시키기 위해 말했다.

"괜찮구나, 데릭. 데보라라고 불러도 괜찮아."

그런데 차에 들어가 앉는 순간 브라이언이 말했다.

"내 입장에서 볼 때 아까 모습은 현명한 처사가 아닌 것 같아요."

브라이언은 전통적인 아프리카계 미국인 집안에서 성장했다. 브라이언의 입장에서 아까 같은 상황은 데릭의 할머니가 지적당했다고 느꼈거나, 아니면 데릭에게 혼란을 줄 수 있는 상황으로 여겼던 것이다. 하지만 나는 달랐다. 내가 어렸을 때 어른들은 이름을 부를 때 항상 성(姓)만 불렀다. 그런 환경에서 자란 만큼 나는 아까 일이 왜 문제가 되는지 그 심각성을 깨닫지 못했다.

하지만 여기에는 분명히 주목해볼 만한 차이가 있었다. 브라이언과 다른 많은 아프리카계 미국인들과 달리 내게 호칭은 중요한 문제가 아니었다. 1960년대 후반, 센트럴파크이스트 학교에서도 젊은 교직원들은 아이들이 선생님의 이름을 부르는 것을 괜찮다고 결정하지 않았는가. 이런 경험 때문에 나는 아까의 상황을 곤란하게 느끼지 않았다. 내 아이들의 친구들도 지금까지 나를 '성'이 아닌 '이름'으로 부른다. 다시 말해 뉘앙스의 차이는 있지만 브라이언보다는 내가 이 부분에 덜 민감할 수밖에 없었다.

반면 브라이언은 여러 이유로 자신을 "선생님!"이라고 불러주기를 원했다. 브라이언 입장에서 아까의 상황은 일종의 문화 충격이었지만 나는 그런 상황을 알아차리지 못했다. 그 때문에 그는 나를 오해했을 것이다. 브라이언에게 이름 뒤에 '선생님'이라는 호칭을 붙이는 것은 나름대로 교사로서의 힘을 상징하는 일이었다. 하지만 이는 내가 겪은 전통과는 전혀 상관없었다.

이처럼 인종, 사회적 지위, 민족성 등은 우리가 인지하지 못할 정도로 다양하게 나뉘어져 있다. 단일한 문화로 이루어진 사회보다 다양성이 존재하는 사회에서 이런 작은 생각들의 충돌이 더 큰 파문을 낳는다. 문제는 브라이언처럼 모든 동료가 나에게 지적해주지는 않는다는 점이다. 그렇다면 나도 배울 수 있는 다른 방법을 찾아야 한다. 학교는 바로 그런 배움을 줄 수 있는 장소이다. 인종, 성, 사회적 지위로 나타나는 차이에 대해 공통된 인식을 할 때까지 우리는 가만히 앉아서 기다릴 것인가? 믿을 만한 좋은 이유가 나타날 때까지?

우리는 시시때때로 이런 일에 직면한다. 아이들에게 줄 서는 법, 수학 문제를 해결하는 법, 글쓰기 하는 법을 가르치고 있는 이 순간이 오히려 문화적 다양성을 배울 수 있는 중요한 시기이다. 서로를 믿지 못하고 경계한다고 해도, 결국 이 일들은 우리가 해내야만 하는 일들이다.

내가 살아온 배경과 아이들의 삶의 배경은 서로 다르다. 나는 여러 학교를 거쳐 35년 동안 교직에 몸담아왔고, 그 동안 크고 작은 사고를 겪었다. 이 과정에서 나는 아주 적고 제한된 신뢰라도, 그 만큼 얻어내는 일이 어렵다는 점을 깨달았다. 더불어 가정에서부터 학교교육의 필요성을 깊이 신뢰해야 한다는 점도 깨달았다. 하지만 대부분은 안전하게 보호되는 자신의 울타리 안에서만 문화적 다양성에 대한 복잡한 견해를 노출했다. 이런 상황에서 나 자신은 물론 다른 사람들의 신뢰도 지속적으로 의심할 수밖에 없었다. 예를 들면, 수많은 흑인 미국인들은 매일 의심과 분노를 마주한다. 하지만 우리는 그 깊이를 추측 할 수밖에 없다.

이런 쟁점은 개인적인 동시에 사회적이고 제도적이다. 이런 사안은 많은 경우 개인의 통제 밖에 있다. 실로 인종과 관련된 긴장감이 계층의 불신과 합쳐질 때 나타나는 분노는 끔찍하다. 1974년, 보스턴의 엘리트 계층이 충분히 생각해보지도 않고 각각의 학교 아이들을 모아서 통합하려고 했을 때가 그랬다. 1968년에도 비슷한 일이 있었다. 뉴욕 시의 몇몇 재단들이 학교 자율성을 높이겠다는 좋은 의도로 아프리카계 미국인들의 비율이 압도적으로 높은 몇몇 학교에 실험을 진행하겠다고 발표했다. 이때 수많은 교사들이 긴 파업으로 이와 맞섰다.

사실 어른과 아이들이 허물없이 신뢰하는 학교를 만든다는 것은 다분히 유토피아적이고 낭만적이다. 어쩌면 말도 안 되는 것처럼 느껴진다. 미국의 역사는 오랫동안 인종과 계층 갈등을 겪어왔으며 여전히 불신에 대한 강력한 이유가 존재한다. 그럼에도 많은 학교들이 인종과 계층의 경계를 넘나들며 이를 잘 극복해왔다는 점은 그나마 희망적이다. 이런 학교들을 단순히 불안한 휴전 상태라고는 보기 어렵다. 왜냐하면 지금 이 순간에도 아이들은 획일적인 문화를 가진 다른 사회에서 할 수 없는 방식으로 이 학교 안에서 잘 성장하고 있기 때문이다. 다시 말해, 통합과 같은 문화 다양성은 여러 부수적인 문제들에도 불구하고 매우 긍정적이다. 이런 학교 안에서 사람들은 서로에 대한 두려움과 적대심을 모두 없애지는 못했지만, 그럼에도 함께 손잡고 일하고 있다.

이제 내게 주어진 책임은 내 자녀에게 그랬듯이 모든 아이들에게 좋은 교육을 선물하는 것이다. 물론 내가 가르쳐왔던 아이들이나 부모들이 나와 같은 기대를 가질 거라고 믿지는 않는다. 심지어 내 자녀들까지도 내가 상상했던 것과는 조금 다르기 때문이다. 여기서 중요한 것은 어떤 아이들은 보통의 다른 아이들과 너무 다르다는 점을 기억하는 것이다. 또한, 그들에게 내가 아무 도움을 주지 못할 만큼 다르지는 않다는 점이다. 공감대를 넓히겠다고 모두가 같은 방향으로 가야 하는가? 그렇지 않다. 공감이란 차이를 염두에 둔 개념이며, 차이는 오히려 잠정적인 자산이 될 수도 있다.

다른 사람의 심정을 생각해보고, 더 많은 사람들의 입장에서 세상을 바라봐야 하는 시대가 온 만큼 이제 우리는 차이를 통해 더욱더 깊고 강렬하게 배워야 한다. 우리에게는 다양한 학생, 다양한 교사, 다양한 사회라는 가치가 있다. 단순히 공정성이나 인종차별 반대를 위해서만이 아니라 좋은 교육을 위해서라도 이러한 차이를 극복하는 일은 반드시 필요하다. 한때 우리는 지구 상에 오직 자기 부족만 존재하는 것처럼, 자기가 속한 종족만이 중요한 것처럼 살았다. 하지만 이제는 그런 자기중심적인 사고만으로 살아갈 수 없는 세상이다. 더 보수적인 시대가 등장해 정치적으로 수정되긴 했지만 '다문화주의'라는 용어야말로 이런 생각을 잘 설명해주는 명백한 증거이다. 오늘날 진정한 교육의 핵심은 지적으로 사회적으로 도덕적으로 다른 사람의 입장이 되어보는 것이다. 이것은 구구단과 비교해도 부수적인 과제가 아니라 오히려 그 비중이 똑같거나 더 중요한 과제인 만큼 여기에도 같은 수준의 지적인 엄격함이 필요하다.

미션 힐 스쿨에서 했던 일

미션 힐 스쿨의 최대 관심사는 역시 인종 문제였다. 물론 학생, 부모, 교사들마다 각각의 인생 경험에 차이가 있고 쟁점도 다양했지만, 인종 문제는 그 가운데에서도 가장 중요한 문제였다. 이 문제는 학생들과의 교육 활동에서도 의식적으로 접근해야 하는 집단 과제로 다루어지곤 했다. 이 문제를 논의하는 것은 다소 위태로운 부분이 있었지만 돌이켜보면 성공적이었다고 평가할 수 있을 것 같다.

우리 학교에는 인종차별에 강력히 반대하는 다양한 문화를 가진 교사들이 있었다. 이는 우리 학교의 중요한 두 가지 특징이었다. 물론 이 두 가지 모습은 매우 긍정적이었지만 이것만으로 문제가 저절로 해결되지는 않았다.

개교 첫해, 한 백인 운동가 가정에서 인종 문제 관련 학부모 대화를 주최하려고 한 적이 있었다. 그때 몇몇 유색 인종 학부모들은 이런 노력이 의도는 좋지만 부적절하다고 느꼈다. 결국 이 야심찬 계획은 모두를 불편하게만 만들고 곧 사그라졌다.

물론 이후 '유색인종 모임(Circle of Color)'이라는 학부모 단체가 만들어져 각 가정이 가진 소망과 두려움에 대해 말할 기회를 얻었다. 학부모위원회에서는 학교 게시판과 학부모위원회를 위한 인종 정책까지 만들었지만, 학부모들 사이에 인종에 관한 대화는 꾸준히 이어지지 못했다.

다음 해 실시한 고대 이집트 수업에서도 관련된 쟁점이 또 불거졌다. 관심의 초점은 백인과 흑인 이집트 연구자들이 각각 고대 인종을 어떻게 해석했는가였다. 이 수업은 우리에게 인종 문제가 역사에 대한 인식에도 영향을 끼친다는 사실을 상기하도록 했으며, 인종에 대해 높은 수준의 대화를 이끌어냈다.

나아가 2년에 걸친 미국 역사 수업에서는 아메리카 대륙에 사람이 살게 된 과정과 아프리카계 미국인들의 경험 등 인종과 인종차별 문제에 많은 시간을 쏟았다. 교사들은 노예제도의 잔혹함을 이해시키기 위해 다양한 방법을 논의했다. 대농장에서 주인과 노예의 관계를 역할극으로 표현하는 방법도 고안해냈다. 이 역할극이 자칫 많은 사람들에게 기분을 상하게 할 수 있는 메시지가 들어있었다는 점을 고려해 이와 관련해 전문가들을 초빙하고 서로의 말에 귀를 기울이는 등 상당한 노력을 기울였다. 또한, 미국 헌법을 함께 공부하면서 인종차별에 대해 관심을 쏟아야 하는 이유를 토론하고, 이와 관련된 민주적인 자극은 무엇인지를 토의했다. 그 과정에서 교사들 사이에 나타나는 어떤 차이는 정치적 측면에서 나왔지만, 어떤 차이는 미국을 서로 다르게 경험한 부분에서 도출되었다는 점을 깨달았다.

이렇게 주제는 꼬리에 꼬리를 물고 이어져 다음 해에는 인종 문제와 표준화된 시험 제도의 상관관계를 논의하는 흐름으로 이어졌다. 당시 나는 교사들에게 스탠포드 대학교에서 일하는 아프리카계 미국인 심리학자인 스틸(Claude Steele) 교수에게 자문을 구하자는 제안을 내놓았고, 이후 스틸 교수의 강연이 이루어졌다. 하지만 대화보다는 침묵이 길었다. 결국 우리는 아직도 우리 자신이 인종이 인간관계에 미치는 영향에 대해 논의할 준비가 되지 않았다는 점에 동의했고, 이 부분을 도와줄 사람들을 고용했다.

동시에 우리는 '좀 더 쉬운' 문제부터 접근하기로 의견을 모으고, 먼저 우리 자신이 어떤 사람인지 되돌아보는 시간을 가졌다. 하지만 이 대화는 전문적으로 주제를 깊게 파고들기보다는 듣고 서로 인정하는 수준에 머물렀다. 다음 단계는 친밀한 사람끼리 모둠을 나누는 방식으로 진행됐다. 한 모둠은 백인, 나머지 두 모둠은 유색인종 모임이었다. 혼혈인 교사 둘은 둘만의 모둠을 만들었고 이를 편하게 받아들였다.

사실 집단적으로 생각을 나누는 시간은 이런 과정 전체에서 가장 힘든 부분이었고, 앞서 말했듯이 나는 이런 연수 활동을 대개 피하곤 했다. 이런 곳에서는 개인적인 비밀뿐만 아니라 두려움에 대해서도 털어놓아야 하는데, 이를 흑백 개념으로 받아들이게 되는 정체성 저변에 깔린 전제 자체가 나를 불편하게 만들었다. 또한, 인종차별이 반유대적 사상과 같다고 생각했던 시대에 성장한 나는 유대인이 어디에 어울리는지 고민하곤 했다. 그래서 이런 활동을 진행하면서 견고한 불안감과 시시각각 충돌했다. 오늘날에도 '백인종'의 범주에 아시아인, 아랍인, 아프리카인은 배제된다. 마찬가지로 유대인도 배제하면서, 백인종은 백인 기독교인이라고 정의된다.

백인의 특권에 대한 분노나 죄책감을 논하는 것은 어려운 문제를 표면화시키는 한 방법이 될 수 있다. 하지만 그 다음 단계는 이보다 어렵다. 차이에 대해 논했다고 해서 모든 의견이나 경험이 좋은 것으로 받아들여지지 않기 때문이다. 또한, 명쾌한 답을 내놓기도 어렵다.

나는 이 과정의 첫 단계가 좋은 학교를 만드는 우리의 목적에 부합하지 않는다고 생각했다. 이것이 아이들 교육과 직결되는 토의도 아니고, 교사들에게 얼마나 큰 의미가 있을지도 확신하기 어려웠다. 그 때문에 교사들의 대화 여기저기를 둘러보면서 쓸모가 있는지 없는지 구분선을 찾기 위해 고민했다. 이것은 개인적인 분노에 대해 토의해야 할 주제와 그렇지 못한 주제, 어디에서 누구와 함께 이런 토의가 이루어져야 하는가와 관련된 고민이었다. 결국 나는 정체성과 관련된 어려운 탐구를 멈추고, 보다 더 실질적으로 가르치는 방향으로 옮겨갔다.

나는 학생과 가정에 영향을 미치는 인종차별적인 말이나 행동이야말로 학교교육에서 중점적으로 다루어야 할 문제라고 생각했고, 이에 동의했다. 굳이 이를 목적으로 하지 않았거나 설사 잘

못 이해된다 하더라도, 교사는 이 문제를 아이들과 함께 다루어야 할 책임이 있고, 부적절한 태도를 고쳐 배울 수 있도록 좋은 환경을 마련해주어야 한다고 판단한 것이다. 인종차별, 반유대주의, 페미니즘 등은 개인적인 견해일 수 있지만, 이처럼 명시적으로 드러나는 편견은 학생과 가정에 지대한 영향을 미친다. 한 예로 동성애 혐오의 경우도 인종차별만큼이나 학교에서 다루기 힘든 주제이다. 학생과 가정과 대중이 필요로 하는 것은 단순한 편견 극복이 아니라 이 주제를 대하는 태도와 기본적인 가정을 교정하는 것이다. 따라서 이를 어떻게 가르치고 그 가르침이 어떤 영향을 줄지 자세히 관찰하는 일은 아주 중요하다.

교사들은 이와 관련해 자기 자신을 의식하면서 대화를 나누었고, 그 대화 속에 나타난 보편적인 특징을 찾기 위해 노력했다. 또한, 아이들이 읽고 쓰면서 어떻게 서로 다른 영향을 미치는지 관찰했다. 사실 특정 학생들을 관찰하는 일은 무척 흥미로웠다. 관찰해 보니 아이들이 사용하는 특정한 언어는 물론 수학 문제를 풀 때 이루어지는 규율, 복장 규정 등에도 평상시에는 보면 알 수 없는 메시지가 내포되어 있었다. 더 자세히 관찰할수록 교사나 학생은 물론 아이들의 가정까지도 주어진 지위를 통해 전문지식을 활용할 수 있었다. 물론 전문가들 사이에서도 의견 충돌은 있게 마련이다. 하지만 교육에 대한 진정한 판단은 결국 다양한 입장을 들어본 후에 내려야 한다.

어떤 교사가 수업 시간에 제시 잭슨[6]을 예로 들며, 우리 모두가 결함을 가졌다고 설명할 때였다. 제시 잭슨이 비행을 저질러 신문 1면을 장식했던 상황이었다. 이 교사는 제시 잭슨도 다른 사람의 기분을 상하게 하거나 인종차별적인 행동을 할 수 있다고 말했지만, 우리는 그의 의견에 동의하지 않았다. 그 의견에 답을 내려면 '누구와 언제 어떻게'라는 전제가 필요했다.

이런 상황에서는 우리가 가진 세심함을 더 크게 발휘해야 한다. 가르치는 방식을 동료 교사들과 사전에 공유하는 것이 큰 도움이 되는 것도 그래서이다. 한 예로 중국인 5형제(The Five Chinese Brothers)[7]나 아버지가 들려주시던 티키 티키 템보(Tikki Tikki Tembo)[8]와 같은 이야기들은 아시아계 가정 입장에서 보면 모욕적일 수 있지만, 이것들이 왜 모욕적인지 살펴본다면 문화와 역사에 관한 지식을 늘릴 수 있다. 옛 생각을 통해 사고를 닫는 것이 아니라 오히려 열게 되는 것이다.

한 예로 백인 부모들은 흑인 부모들이 자기 자녀가 아닌 아이들

---

6. 제시 잭슨(Jesse Jackson, 1941. 10. 8. ~)은 미국의 침례교 목사이자, 정치인, 인권운동가이다.

7. 1938년 맥칸(Coward McCann)이 쓴 동화이다. 바닷가 작은 집에 살던 중국인 형제 다섯 명은 남다른 재주가 있었다. 첫째는 바닷물을 삼킬 수 있었고, 둘째는 강철 목을 가지고 있었으며, 셋째는 다리를 길게 늘일 수 있었고, 넷째는 불에 타지 않았으며, 다섯째는 숨을 오래 참을 수 있었다. 첫째가 물고기를 잡기위해 바닷물을 삼키고 뱉다가 같이 따라간 소년이 죽자 감옥에 갇히고 교수형을 받게 되었다. 그런데 첫째 형 대신 다른 형제들이 번갈아가며 감옥에 들어가 재능을 발휘하면서 모두 살아나게 되었다는 이야기다.

8. 1968년 모젤(Arlene Mosel)이 지은 동화이다. 중국 부모들은 장남한테는 귀하고 긴 이름을 붙여주고 차남한테는 아무 이름이나 대충 짧게 지어주는 관습이 있었다. 동화에 나오는 큰아들 이름은 "티키 티키 템보 노 사 렘보 체리 베리 루치 꽆 페리 펨보"이었고, 둘째 이름은 "챙"이었다. 우물에 빠진 "챙"은 짧은 이름을 불러 확인해 금방 구했는데, 장남 이름을 길어 죽기 직전에 겨우 구하게 되었다. 중국에서는 이 후로 귀한 자식일수록 짧은 이름을 붙여주게 되었다는 이야기이다.

을 보면서 "우리 아이들"이라는 표현을 쓸 때 움찔한다. 그렇다면 흑인 부모들도 백인 부모들이 이런 표현을 쓸 때 움찔할까? "우리 아이들"에서 '우리'는 누구를 지칭하는가? 이 표현은 흑인이나 백인 부모 모두에게 문법적으로는 동일한 표현이지만, 이 말에 담긴 역사가 다름을 알 수 있다. 흑인 교사들은 아프리카계 미국인 아이들을 특별히 더 신경 써서 보호하는데 이 모습을 존중하지 않을 수 없다. 그렇다면 이 같은 쟁점은 과연 어디에서 논할 수 있을까?

물론 모든 것을 논의할 만큼 늘 시간이 충분한 것은 아니다. 그러기 때문에 이런 문제가 닥칠 때, 나 역시 본능적으로 '참견하지 말아야지.'라고 생각하게 된다. 하지만 이런 본능은 맞서 싸워야 할 대상이다. 늘 맞설 수는 없다 해도 대립하고 문제를 제기하는 것이 내 역할이라는 것을 알기에 더 많이 맞서려고 노력한다.

델피(Lisa Delpit)나 다른 여러 사람들이 말한 것처럼, 읽기와 수학을 가르치는 방법만 토론해 봐도 그 안에 여러 갈등이 함축되어 있음을 깨닫게 된다. 그것이 의견 차이인지 인종에 대한 관점의 차이인지 구별하는 일은 매우 까다롭다. 한 예로 발음 중심의 어학 교수법을 가르친다고 할 때, 갈등이 발생한다면 이것이 인종적이거나 계층적인 논쟁인지, 좌우의 대립인지, 아니면 언어가 습득되는 방식에 관한 이론의 차이인지를 살펴야 한다.

서로 다른 수많은 영향력 속에서 만들어진 우리들의 개별적인 차이는 과연 어디까지 다른 걸까? 나아가 인종차별을 약화시키기 위해 세워진 일반화도 여전히 우리를 불편하게 한다. "라틴계 아이들은 어른의 눈을 똑바로 쳐다보지 않고 피한다.", "흑인 아이들은 쉽게 주의력이 떨어진다." 등이 여기에 해당한다. 또한, 일반화를 피하려다가 다른 일반화에 빠질 수 있다는 점도 경계해야 한다. 물론 이 모든 게 다 잘 되리라 기대하는 것은 불가능하다. 하지만 짐짓 포기하는 것도 어렵게 가르쳐야 할 부분을 쉽게 접근해보려는 일종의 변명이 될 수 있다. 반면 이런 쟁점을 쉽게 다룰 수는 없으나 '좀 더 여유 있게' 생각하는 것은 하나의 방법이 될 수 있고, 여기에 희망을 걸어볼 수 있다는 것이 내 생각이다.

교사 문화가 가진 영향력

교사들은 모두 자신들만의 암호나 암묵적인 신호, 그리고 인종이나 민족성을 가지고 있다. 학교들이 이런 기준을 의식하지 못한 채 계획을 세우는 것은 문제다. 실제로 주변을 둘러보면 어디에나 그런 학교들이 있다.

유색 인종 교사들은 친근하고 발랄한 대화가 이루어지는 학교 집단에서 주로 침묵을 지킨다. 하지만 백인 동료들은 이러한 낌새를 전혀 눈치 채지 못하기 때문에, 때로는 이런 문제로 사회적 소수인 유색 인종 교사들이 마음의 문을 닫거나 그만두는 상황이 벌어지기도 한다. 이들이 침묵을 지키는 것은 상대가 자신의 말을 오해하거나, 같은 말을 다시 설명해야 하는 것에 싫증이 나고 시간이 아깝다고 느끼기 때문이다. 따라서 이런 문제를 좀 더 깊게 파고들어가야 우리가 어느 입장에 있고, 무엇이 긴장감을 유발하는지 이해할 수 있다.

고백하건대 우리는 거기서 더 나아가지 못했다. 더 많은 것을 알아내기 위해 인종에 관해 더 철저한 조사를 진행하면서도 모두 불안한 마음이었다. 처음에는 유쾌하고 즐겁게 시작했던 교사 모임은 긴장이 높아지자 침묵하는 시간이 길어졌다. 처음에는 이런 흐름이 인종 정체성과 관련된 대화에서 비롯됐다는 사실도 몰랐다. 그러다가 때마침 한 백인 여교사가 자신이 인종에 관해 한 말을 유색 인종 동료들이 다르게 이해했을 때 긴장감이 높아졌다고 말하면서 모두가 이를 깨달을 수 있었다.

부모들과 마찬가지로 교사들도, 백인 교사들이 과연 유색인종 아이들을 완전히 이해할 수 있을지 의심을 품는다. 만일 이것이 아니라면 이 상황이 어떤 악영향을 미칠지 걱정한다. 물론 이런 두려움이 '신뢰'라는 가치만으로 사라질 것이라고 기대할 수는 없다. 하지만 신뢰에 관한 다른 쟁점처럼 이 문제도 잠정적으로 다뤄질 수 있다. 앞 장에서 말했듯이, 자유로운 대화와 토론 환경만 마련되면 얼마든지 해답을 도출할 수 있다.

이때 백인의 특권을 의식하는 일은 매우 중요하다. 그렇지 않으면 논의는 핵심을 잃고 반대의 목소리만 불거질 수 있다. 이때 백인이란 누구인가의 기준은 같이 읽었던 책에 이미 나와 있다. 현재 주류 미국 문화를 이끌며 그 위치를 당연하게 받아들이는 이들이 백인이다.

　물론 그간 쌓아온 개인들 사이의 관계를 통해 몇몇 실수나 부정적인 영향을 줄일 수 있다. 일터에서 함께 지내고 지켜보면서 두려움이 애정과 존경으로 대체될 가능성이 높기 때문이다. 하지만 서로 애정을 가지고 있다 해도 예상치 못한 지점에서 백인과 유색 인종 교사들이 서로 갈라서게 되는데, 우리는 바로 이 지점을 되돌아봐야 한다.

　한 예로, 센트럴파크이스트에서 학생들이 학교에서 모자를 써도 되는지를 토의한 적이 있었다. 이때 아프리카계 미국인 교사들은 대체로 반대하고 나섰다. 학생 수련활동 장소를 정할 때도 선호하는 경향성이 인종에 따라 달랐다. 전원생활의 한적함을 선호하거나 그렇지 않은 경향이 나이에 따라 다르기도 했지만, 인종에 따라서도 달라졌던 것이다. 개인 침실이나 화장실 같은 문제도 마찬가지였다. 그렇다면 이런 차이들은 주목하지 않고 넘어가야 할까, 아니면 지적해야 할까? 그렇다면 그 지적은 누가 할 것인가?

　나는 이 같은 많은 차이들을 목격하면서 한 가지를 깨달았다. 알게 된 것은 입 밖으로 말해야 한다는 것이다. 물론 이것이 완벽한 해답은 될 수 없고, 차이는 늘 존재한다는 점도 인정한다.

　최근 가족회의가 왜 어려운지 이야기를 나눈 적이 있었다. 회의 주제는 가정들이 자신들이 우려하는 부분을 표면에 드러낼 수 있는가였다. 이를 위해 우리는 존경받는 백인 사회복지가를 초빙

했다. 그가 진행할 때 나는 참가자들 사이에 솔직하지 못한 어떤 저항적인 분위기가 흐르고 있음을 느꼈는데, 발표 자체가 훌륭했기 때문에 그 이유를 전혀 짐작할 수 없었다. 그런데 모든 프로그램이 끝난 뒤 아프리카계 미국인 동료 교사 한 명이 나를 찾아와 아까 자신이 얼마나 화가 났는지 토로했다. 우리 학생들 가정 대부분이 흑인 가정인 상황에서 외부인인 백인이 우리의 대화를 이끌었다는 점 때문이었다. 그 교사는 자신이 배제된 기분이었다고 말했고, 그녀가 옳든 아니든 나 역시 이 점을 고려하지 못했던 나 자신에게 화가 났다.

자, 우리는 이 땅에서 어떻게 살아남아야 할까? 이런 복잡한 상호관계의 끝은 어디일까? 이제 우리는 완전히 이해하지도 못한 채 투박한 공존을 받아들여야 한다. 만일 흑인 교사 셋이 모인다고 치자. 그들은 과연 "우리" 백인에 대해 뭐라고 이야기할까? 반대 상황에서는 어떨까? 만일 그렇다면 무엇이 문제일까?

백인 교사들은 흑인 교사들을 통해 자신이 듣거나 보거나 느낀 게 그저 개인적인 것인지 행여 인종적인 것은 아닌지 확인할 때 덜 불편해한다. 나 역시도 다를 바 없다. 나는 지금 여기서 얼마나 안전한가? 다른 사람들은 과연 나를 어떻게 생각하는가? 나는 가끔씩 유대인들 사이에 있거나, 다른 여자들과 있을 때 자주 이런 것들을 생각하곤 한다. 나는 언제나 이런 "확인 절차"를 거치려고 하고 이것은 특히 어떤 안건을 밀고 나가려고 하거나 힘을 행사하고자 할 때, 또는 위험을 감행할 때 더욱 그렇다. 특히 어떤 안건을 밀고 나가려고 하거나 힘을 행사하고자 할 때, 또는 위험을 감행할 때 더욱 그렇다.

나는 가끔 남성의 오만함에 분노하면서 속으로 이렇게 묻곤 한다. 내가 만일 남자였더라도 저 사람은 같은 말을 했을까? 만일 그것이 사실이더라도, 내가 취하는 행동은 별개여야 한다. 우리는 대화 속에서 동료 사이의 협조를 방해하는 힘에 대해 알아야 한다. 권력을 쥔 사람과 그 사람이 힘을 행사하는 방식, 수많은 규정과 규칙 안에 내재한 권력 또한 알아야 한다.

물론 권력 그 자체는 적이 아니다. 중요한 것은 권력을 검토해 가면서 아이들이 이를 누릴 수 있도록 가르치는 것이다. 권력을 가졌을 때 꼭 알아야 할 중요하고도 위험한 점은 무엇이며, 이를 어떻게 행사해야 할지 배워야 한다.

나아가 두 가지 측면 모두에서 보면, 흑인이 백인보다 권력을 얻기가 더 어렵다는 것을 알 수 있다. 사실상 학교에서 나는 유리한 위치를 점하고 있다. 교장이라는 직책, 정치와 재정적인 자원을 끌어올 수 있는 능력, 경험에서 우러나오는 기량과 지식 등이 그 이유다. 이는 우리에게 유용하여 포기하지 말아야 할 것들이지만, 내 입장에서 평등 문제를 제기하는 것은 다소 부적절할 수도 있다. 모든 종류의 권력을 공공연하게 드러냄으로써 신뢰를 얻기도 하지만, 반대로 불신을 얻기가 더 쉽다. 어른들이 아이들과 함께한다는 것은 결국 아이들에게 힘의 논리를 보여주는 것을 의미하기도 한다.

동료 사이의 협력 관계에 힘을 실어주는 방법은 여러 가지가 있다. 새로 들어온 교사나 신임 교사의 경우 자기 힘을 어느 정도 발휘해야 할지, 무엇을 하지 말아야 할지 모르는 경우가 많다. 이들은 기존에 속했던 계층 조직에서 만들어진 습관을 그대로 가져오며, 좀 더 평등한 직업 환경에 들어왔다고해서 그 습관을 버리지 않는다.

그들은 학교를 둘러보며 무엇이 진짜인지 궁금해한다. 그런 그들에게 언제 교장으로서의 내 본래 모습을 보여야 할까? 어떻게 내 뜻을 밀어붙일 것인가? 사실 나조차도 이 질문에 완벽한 답을 모른다.

우리의 마음에는 항상 여러 종류의 "소수자"가 존재한다. 이 모두가 인종 문제처럼 눈에 잘 띄는 것도 아니다. 세넷(Richard Sennett)과 콥(Jonathan Cobb)이 쓴 『계층의 숨겨진 상처(The Hidden Injuries of Class)』를 보면, "자신의 계층에서 얻은 상처"라는 글귀가 나온다. 수백 년간 지적으로 열등하다고 취급되었던 여성들의 상처, 사회가 가하는 게이 혹은 레즈비언이라는 성 정체성에 대한 상처, 기독교 사회에서 유대인이나 모슬렘으로 사는 것에 대한 상처, 날씬한 것을 좋아하는 나라에서 뚱뚱하게 산다는 것에 대한 상처, 종교적·정치적으로 반대 입장을 고수하며 겪는 상처, 괴짜나 외톨이로 살아가야 하는 상처 등이 그것이다.

이처럼 우리 모두는 상처받거나 소외당한 역사가 있다. 이 부분들이 학교에 영향을 미칠 수 있기 때문에, 그 상처들을 두루 살펴봐야 한다. 이런 자기 성찰은 학교와 동료를 신뢰할 수 있는 방법을 찾는 데 도움을 줄 뿐 아니라 이런 상처를 들여다보는 자체가 아이들을 가르치는 데도 도움이 될 수 있다. 또한 이것을 경험하는 일은 우리가 소개하는 문학, 초빙 연설가, 우리가 가게 될 여행, 우리가 선택한 주제, 우리가 사용하는 언어와 같은 교육과정을 통해 아이들에게 전달될 수 있다.

아이들과 함께 있는 이상, 우리는 결코 인종이라는 주제를 피할 수 없다. 이런 것을 다루는 일이야말로 우리 직업의 일부이자 가르침의 일부이다. 아이들 입장에서도 어른들과 이 문제를 이야기하는 과정이 필요하다. 이 과정이 지속되지 않으면 이 중요한 문제는 언급되지 않는 게임으로 전락하고, 어떤 아이들은 자기 앞의 과제를 피하기 위해 이 쟁점을 이용하게 될 것이다. 아무리 인종 문제가 학교 문화의 일부가 아닌 듯 행동해도 아이들의 눈에는 통하지 않으며, 오히려 이런 모습은 위험하다. 아이들이 이 문제를 어른들과 이야기할 수 있다면, 그보다 더 좋은 시작이 있을까?

학교는 남의 시선을 의식해야 하는 지식인 집단체이다. 우리 스스로도 자신을 그렇게 여겨야 하며, 그 때문에 어려운 주제에 대해서도 늘 이야기할 수 있어야 한다. 성 어거스틴은 다음에 같이 말했다. "한번 생긴 불화도 언제나 곁에 있는 조화에 양념이 된다."

브라이언이 그랬듯 우리가 동료를 손가락질하지 않으면서도 명확히 자기 의견을 피력해야 하며, 어려운 일이겠지만 예민한 주제와 관련해 우리의 능력을 최대치로 끌어올려야 한다. 서로를 관찰하면서 유형을 읽어야 한다. 우리가 누구의 말에는 끼어들고 누구의 말은 끝까지 듣는지, 언어에 관한 어떤 쟁점에 주목하고, 그 과정에서 어떤 것을 무시하는지, 어떤 전문가에게 우리가 도움을 청하는지 등과 같은 유형들 말이다. 학생들에게 내준 서로의 과제를 살펴 특정한 언어나 편견이 중산층과 서민층의 아이들, 백인과 흑인의 아이들 사이를 멀게 만드는지 따져봐야 한다. 우리가 특정한 아이들에게 더 쉽게 다가갈 수 있는 이유가 무엇인지도 살펴야 한다. 이런 질문들은 무거운 짐이 아닌, 흥분되고 재미있고 도전적인 질문들이다.

또한, 이 모든 것은 자료(data)에 근거해야 한다. 이야기 속에서도, 공예품을 볼 때도, 우리 작업에서 이뤄진 장기적인 결과물에서도 증거를 찾는 노력을 게을리해서는 안 된다. 특정한 상황이나 시나리오가 있다면 더욱 더 자세하게 기록해야 한다. 우리의 일화를 나누기 위해 상세한 노트나 기록을 작성해 보관해야 한다. 이 모든 걸 잘해낸다는 건 쉬운 일이 아니지만, 이는 궁극적으로 디테일에 주목할 수 있는 시선을 길러내는 것과 연관이 깊다. 이런 시선은 우리와 아이들의 인지적인 실수에 대해 탓하거나 칭찬하기 보다는 "나는 그렇게 생각해 보지 않았는데!" 라며 궁금증을 갖고 접근하게 한다.

이런 접근 방식은 우리의 태도를 스스로 감시하는 것과도 연관되어 있다. 인종과 계층에 대한 차별이 존재하는 사회에서는 필연적으로 힘 있고 지위 높은 자들에 대한 불신이 발생한다. 이를 줄이거나 늘리는 것도 모두 우리의 태도에 달려 있다. 힘 있는 사람들이 함축적인 말이나 대놓는 말로 유색인종을 소외시킨다면, 미국 학교들은 설사 유색인종 교사 수가 많더라도 지배자와 피지배자가 있는 세상일 수밖에 없다.

소외가 일어나는 방식을 보통은 알아내기 힘들다. 왜냐하면 백인과 흑인이 함께 사용하는 언어와 문화 이미지에 어느 정도 각인되어 있기 때문이다. 이 때문에 유색인종에게도 평등한 사회를 만드는 것은 의식적이고 끊임없는 노력이 필요하다. 우리 자신에게 더 귀 기울이고, 다른 사람들이 우리 이야기를 더 자세히 듣도록 하면서 무의식적으로 아이들에게 각인된 인종에 대한 메시지를 수정해갈 수 있어야 한다.

아프리카계 미국인 교육자이자 작가인 페리(Theresa Perry)가 미션 힐 스쿨에서 진행한 한 강연에서 이렇게 말한 바 있다.

"학교 로비에 딱 들어서는 순간, 학교의 주인이 누구인지 말해주는 것들이 있죠. 아직은 나도 그 모두를 알아보기는 어렵습니다."

고백하자면 나는 단지 불평등이나 인종차별 문제를 해결하려고 교사가 된 게 아니다. 처음에는 그저 임시직이라고 생각했던 유치원 교사라는 일과 사랑에 빠져서 교사가 됐다. 하지만, 내가 흑인이나 라틴 인구가 많은 학교와 학구에서 살면서 가르치게 된 것은 결코 우연이 아니었다. 또한, 내가 가르치는 아이들에게 교사로서 큰 변화를 일으킬 방법을 연구하기 시작한 것도 우연이 아니었다. 나는 백인이지만 내 제자 대부분은 그렇지 않고, 나는 중산층이지만 나의 제자들은 나보다 가난하며, 나는 유대인이지만 내 제자들은 대부분 기독교인이라는 사실이 우리 삶에 어떤 영향을 끼치는지 알아내는 것 또한 내 소명이라고 생각해왔다.

나는 교직을 처음 시작할 때처럼 지금도 모든 아이가 자신에게 세상의 의미를 자세히 이해해가는 것, 그 디테일에 매혹을 느끼지만, 동시에 전보다 인종과 문화가 아이들에게 끼치는 영향을 더 깊게 인식하고 있다. 또한, 이런 자각은 내가 세상을 보고 경험하는 방법에 영향을 끼치고 이를 더 풍부하게 했음은 부정할 수 없는 사실이다.

2부

시험과 신뢰

6. 시험은 왜 우리의 실천을
측정하지 못할까?

가짜 과학으로 개인의 판단을 대신하려는 시도는
실패를 불러 일으키며 때때로 대규모 참사를 불러온다.
그뿐만 아니라 과학에 대한 진정한 신뢰를 떨어뜨리고
이성에 대한 믿음을 약화시킨다.

— 벌린(Isaiah Berlin, 1996)

오늘날 걷잡을 수 없이 확대되고 있는 표준화 시험과 교육과정으로부터 지금껏 내가 이야기해 온 작은 학교 문화가 나날이 위협받고 있다는 점은 걱정스럽지 않을 수 없다. 외부 시험이 학업성취를 높여주고 대중의 신뢰를 되찾아올 것이라는 광범위한 믿음이 퍼져가고 있다. 하지만 나는 표준화 시험이 오히려 학업성취를 약화시키며 교사와 학생은 물론 우리 모두의 판단에 대한 불신을 증대시킨다는 점을 말하고자 한다. 어떤 학교나 공동체, 특히 다양한 이점을 제공 받는 부유한 지역의 학교라면 시험을 일종의 게임처럼 여기며 자기 할 일을 계속해 갈 수 있는 반면, 상대적으로 열악한 학교에게 표준화 시험은 극약과도 같고, 심지어 결점을 보완해줄 대안도 되지 못한다.

학교 교육의 기초를 표준화 시험에 둘 때 발생하는 위험을 완전히 이해하려면 시험 자체를 더 자세히 관찰해서 시험이 해낼 수 있는 일과 해낼 수 없는 일, '높은 수준'의 시험을 자주 치는 일이 왜 정답이 될 수 없는지 등을 살펴야 한다. 아무리 시험이 다양한 위장을 하고 나타나도, 이는 내가 이야기하는 학교에서 지적인 일과 이를 중시하는 학교가 기초로 여기는 신뢰 관계와는 반대된다. 그렇다면 우리는 강한 시민을 키워내기 위한 교육과 부합하는 평가로 이를 대체할 수 있는 대안을 찾아야 한다.

내가 학교에 다닌 1930년대와 40년대에는 표준화 시험이 없었고, 시험을 봐도 점수는 비밀이었다. 아이비리그 대학에 가고 싶다면 당시 새로이 등장한 SAT 시험을 치렀고, 내 경우는 미드웨스턴 대학에 입학한 이래 이런 시험을 쳐본 적이 없었다. 그렇다 한들 그때만 해도 나는 이렇게 시험에 회의적이지는 않았다. 1964년에 나는 이웃들과 시민권 운동가를 열렬히 돕고 있었는데 그중에는 내 오랜 친구인 앤(Ann Cook)과 허브(Herb Mack)도 있었다. 이들은 체제가 갖고 있는 인종차별을 증명하기 위해 시카고 공립학교의 중앙 사무실에서 시험 데이터를 훔쳐냈다. 인종차별에 관한 우리의 생각은 맞았다. 그러나 우리가 훔친 시험이 이 문제를 교정할 수 있는 유용한 도구가 될 것이란 우리의 생각은 틀렸다.

현대의 시험들은 신뢰를 과학적으로 정의할 수 있다는 신념 하에 개발되었다. 표준화 시험의 오랜 역사를 살펴보면, 표준화 시험 세계에 대변혁이 일어난 시점은 심리측정학[1]이 개발된 20세기부터였다. 원래 표준화 시험은 하위 집단을 IQ라는 객관적인 기준으로 나누기 위해 개발되었는데, 당시에는 인종과 계층에 대한 편견들로 가득 차 있었다. 그러다가 20세기 후반에는 이 시험들이 오히려 이 편견들을 약화시키는 방법으로 여겨졌다. 시험은 객관성을 띤 평가 방법이므로 교사나 상담자의 판단보다 더 신뢰있다고 여겨진 것이다. 이런 표준화 시험에 관심이 증대된 배경에는 타당한 이유들이 있다. 많은 시민들과 부모들이 학교에 의한 학생들에 대한 판단이 공정하고 권력과 편견에서 벗어나 있다고 증명하라고 요구한 것이다.

1950년대에는 시험이 계층에 대한 편견을 부수는 기회로 여겨지기도 했다. 다시 말해 어떤 사람은 받아들이고, 어떤 사람은 받아들이지 않는 제한을 없애자는 의도였다. 진짜로 이 새로운 과학적인 주장을 믿을 수만 있다면, 교육적 판단을 내리고 아이들의 개별성을 고려해 미래를 설계하고 특수 프로그램을 선택하는 일도 훨씬 쉬워질 것이다. ETS도 아이비리그를 지원한 이들 가운데 입학생을 더 공평하게 선발할 수 있을 것이다. 그 때문에 1960년

---

1. 심리측정학은 심리적인 특성을 수량으로 나타내는 것을 연구하는 학문으로서, 인간의 심리적 속성을 체계적이고 수량적으로 측정한다. 일반적으로 검사를 통해 측정대상이 심리적 속성과 관련된 행동을 얼마나 많이 보이는지를 수치로 나타내며 지능검사를 위주로 발전되어왔다.

대와 70년대에는 이런 시험들이 초·중·고등학교 인권운동가들의 운동에서 핵심적인 사안이 되기도 했다.

계량심리학자[2]들은 기존의 학교 중심적인 학업성취에 집중했던 시험에 "적성"을 측정하는 IQ시험과 SAT와 같은 기준을 적용했고, 그것은 지금도 변함이 없다. 얄궂게도 내가 1960년대 중반 가르쳤던 전국적인 헤드스타트 프로그램은 학생들과 프로그램의 성과를 측정하기 위해 학업성취 시험이 아닌 IQ 시험을 사용했다. 특히 자신의 아이가 인종차별적인 기준으로 인해 제대로 교육을 받지 못할 뿐 아니라 잘못 평가되고 있다고 생각했던 흑인들은 이 시험이 백인들이 이끄는 학교 체계의 편견을 약화시키고 학교 불평등에 관심을 주목시키리라 기대했다. 객관적인 자료가 변화의 목표를 이끌어 나가기를 바랐던 것이다.

심리측정학 개발에는 두 가지 중요한 사안이 개입되어 있다. 바로 신뢰성과 타당성이다. 잠깐 운전면허시험에 대해 생각해보자. 면허를 딸 때 검시관에 따라 시험이 달라지는 것을 원하는 사람은 아무도 없다. 이것은 신뢰성과 연관된다. 언제 어디서 시험을 보든 누가 시험을 감독하든 같은 실력에서 나오는 점수는 동일해야 한다는 것이다. 동시에 시험이 실제적인 기술과 관련 있다는 확신도 필요하다. 중요한 운전 기술을 시험하되, 실패한 사람과 비교해 더 나은 점수가 나오면 안전 운전을 할 수 있다는 판단이 가

---

2. 어떤 자극에 대한 인간의 심리반응을 수학적으로 분석해 그 심리현상을 분석하려는 계량심리학을 연구하는 학자들을 말한다. 계량심리학은 동기조사, 인사고과 등에 자주 응용되며, 척도구성법, 인자분석법, 테스트구성법 등의 분석 방법이 있다.

능해야 한다. 이것이 바로 타당성과 관련된 문제이다. 이런 요소들은 인간관계에서도 비슷하게 적용되는데, 우리는 친구가 늘 같은 사람이기를 바라면서도 그에게 다양한 기대를 한다.

　이런 까닭에 시험개발자들도 어떻게 믿을 만하고 공정한 판단을 이끌어낼 수 있을지 고민했다. 그 결과 그들은 거의 백 년 전 이미 해답을 구했다고 주장하는데, 이번 장에서는 이 주장에 대해 살펴보고자 한다.

　한 예로 6학년 아이가 있다고 치자. 아이의 부모는 아이의 독해 능력이 4.8이라고 할 때, 이 정보가 얼마나 믿을 만한지 알고 싶어 한다. 부모 자신과 교사나 시험이 내린 판단 중에 무엇을 믿어야 하는지 고민하는 것이다. 그런데 이렇게 세 가지의 판단이 일치하지 않으면 주 정부 관계자들은 대개 시험이 내린 판단이 맞으며, 부모나 교사의 판단에는 편견이 있다고 답한다. 학생을 진급시키거나 학위를 수여하는 일을 결정할 때에도 똑같은 딜레마가 교사들을 계속해서 괴롭힌다. 그 결과가 다르다면 대체 누구를 믿어야만 하는가? 하지만 시험 점수에는 "표준편차"라는 꽤 커다란 기술적인 결함이 존재한다. 오차범위에서 볼 때 4.8이라는 점수는 설사 부정행위나 채점 실수가 없다고 가정해도 사실은 3.8과 5.8 사이에 어느 것이든 될 수 있다. 오차범위보다 더 큰 문제는 다른 날짜에 다른 출제자가 낸 시험의 신뢰성 문제이다. 만일 독해나 수학 시험 혹은 수많은 다른 표준화 시험이 학생의 독해나 수학 실력을 측정하는 것이 아니라 완전 다른 것을 측정하는 것이 된다면 어떻게 될까?

아까의 비유로 되돌아와 면허 시험이 좋은 운전자의 자질을 측정하지 않는다면 어떻게 될까? 우리가 학교에서 사용하고 있는 표준화 시험이 약속한 바를 제공하지 못한 채 그 안에 이미 편견과 오차가 존재한다면, 또한 더 위험한 것은 이것이 겉으로 너무 객관적으로 보여 이의를 제기하기 어렵다면 어떻게 될까? 나아가 이 시험들이 평균적인 건강검진보다도 정확도가 떨어지는 점수를 제공한다면 어떻게 될까? 그렇다면 잘못된 판단을 피할 수 있다는 믿음 자체가 근본적으로 잘못되었을 뿐 아니라 해롭기까지 하다는 점을 알 수 있다. 동시에 아이들도 어른들의 판단으로 집중적으로 개발해온 자질을 잃게 된다. 나아가 아이들 개개인의 운명에 대한 판단뿐만 아니라 교육과정, 교육방식, 그리고 좋은 교육에 대한 정의조차도 결함 있는 도구라고 판단한다.

개발자들이 주장하는 신뢰성과 타당성이 실제로 가능하다면 그 근처에만 도달해도 인간의 주관적인 판단은 무시하는 편이 맞을 것이다. 하지만 그렇지 못하다면 앞으로 믿을 수 있는 평가기관을 개발하는 데 집중해야 할 것이다.

표준화 시험을 비판하는 이들은 비현실적인 낭만주의자도 아니고 힘든 현실을 외면하려는 나약한 사람도 아니다. 완벽한 측정 도구를 원하는 이상주의자도, 책임지기 싫어하거나 아이들에게 냉정하게 대하기 싫어서 투덜거리는 교육자도 아니다. 이들도 결코 과학이나 엄격함에 반대하지 않으며, 그중에는 아이들과 아이들의 정신적인 힘에 높은 가치를 부여하는 교육자들도 상당수라는 점을 기억해야 한다.

시험과 관련된 나의 이야기

내가 처음으로 자세히 시험을 검토해본 것은 책벌레인 아들이 3학년 독해 시험에서 터무니없는 점수를 받아온 뒤였다. 아들이 뭘 잘못했는지 살펴보던 나는 이 시험에 두 가지 정답이 있을 수 있다는 점을 발견했다. 하나는 아들의 정답이었고, 하나는 시험 개발자의 정답이었다.

같은 해, 할렘에서 교편을 잡은 나는 유치원에서부터 3학년까지가 포함된 작은 반 4개를 만들었다. 첫 그룹 아이들이 2학년이 되었을 무렵, 나는 모든 아이들이 배움에 열려 있다는 희망을 증명할 기회가 왔다고 생각했다. 이 무렵 뉴욕 시에 표준화 시험이 도입되었는데, 놀라운 것은 독해를 잘하는 아이들 중에서도 막상 시험 점수는 낮은 아이들이 많았다는 점이다. 덕분에 나의 아들의 경우는 작은 예에 불과하다는 것을 깨달았고, 독해 시험에 대해 학자처럼 파고들었다. 우선 나는 어린 아이들과 수십 시간 동안 인터뷰한 것을 녹음하면서 독해 시험 몇 부분들을 함께 살펴보았다. 이 결과물은 『읽기의 실패와 여러 시험들』(*Reading Failure and the Tests*, City College, 1973)이라는 제목으로 출판되었다. 그 결과 이야기를 유창하게 읽고 내용을 학문적으로 훌륭하게 토론하면서도 시험문제를 틀리는 학생이 있다는 사실을 발견했다. 독해 능력이 시험에서는 큰 도움이 되지 않았던 것이다. 내가 큰 소리로 읽어주며 가르쳐도 소용없었다. 심지어 내가 고른 정답을 똑똑하고 자신감 넘치는 일곱 살 아이에게 납득할 만큼 설명해주지 못해, 옆 반으로 달려가 내 정답이 맞는지 확인하곤 했다. 사실상 학생들이 제시한 정답은 경험, 해석, 타당한 연계성을 바탕으로 나온 것이었다. 다음의 예시를 보자. 물론 이 문항들은 시간이 흐르면서 살짝 변했지만 25년 후에도 시험에서 계속 널리 쓰였다.

난 어떤 날에는 아침이 돼도 침대에 계속 누워 있곤 했다. 오늘이 그런 날 중에 하나였다. 엄마가 "좋은 아침" 하시고는 "깨끗한 셔츠 없니? 그건 더러워 보이는구나." 하셨다. 아빠는 "샘, 너 신발을 거꾸로 신었다."고 하셨다. 나는 다시 옷을 입었고, 아침을 먹기 시작했을 때 시리얼은 이미 눅눅해져 있었다. 그런 다음 빌을 기다리려고 그의 집을 찾았다. 하지만 그는 벌써 학교에 가서 집에 없었다. 나는 혼자 걸어갔다. 내가 학교에 도착하자 빌은 "달팽이 샘이 오네!" 하며 나를 놀렸다.

질문 : 샘은 학교에 왜 이렇게 늦게 갔나요?

(a) 그는 늦잠을 잤다.

(b) 그는 옷을 두 번이나 갈아입어야 했다.

(c) 그는 장난을 쳤다.

(d) 그는 학교를 좋아하지 않는다.

대부분의 아이들이 "샘이 장난을 쳤다."고 답했다. 어떤 아이들은 "옷을 두 번 갈아입어서 늦었다."를 선택했으며, 심지어 "샘은 학교를 안 좋아하며 그래서 친구들이 달팽이라고 부른다."라고 말하기도 했다. 이 아이들 중에 교과서 문단을 큰 소리로 읽지 못하는 아이는 아무도 없었다. 다음은 또 하나의 예시다.

건축가에게 가장 중요한 도구는 그의 (e) 연필과 종이 (f) 건물 (g) 아이디어 (h) 벽돌

대부분의 아이들은 (e) 연필과 종이를 골랐다. (g)를 고른 몇몇 아이들은 다른 아이들이 모르는 뭔가를 알고 있었지만, 이런 것이 발음이나 '총체적인 언어 교육'을 한다고 훈련되는 부분은 아니었다.

거인은 항상 (e) 크다. (f) 사납다. (g) 나쁘다. (h) 무섭다.

정답은 "크다."이다. 그러나 다른 답을 고른 아이들도 독해 능력에는 전혀 문제가 없었다.

각 문장을 가장 올바르게 끝내는 단어를 고르세요. 현자는 (5) 예민하다. (6) 늙었다. (7) 까칠하다. (8) 현명하다.

마크는 "늙었다."를 골랐고, 정답이 "현명하다."라는 것을 알자

'웃긴 문장'이라고 주장했다. 마지막으로 어떤 아이들은 모든 2학년 아이들의 상식 수준이 아닌 특정 정보를 몰라서 오답을 고르기도 했다.

소리의 주파수를 결정하는 것은 (1) 음역이다. (2) 음의 높이이다. (3) 크기이다. (4) 화음이다.

이 질문은 독해 능력이 아닌 물리학 지식이 필요하다. 2학년 수준에서는 주파수라는 단어를 완벽히 알아도 소리가 파도처럼 움직인다는 사실을 모를 수 있다. 또한, 주파수를 결정하는 것이 음의 높이라는 사실을 몰라도 전혀 이상하지 않다.

이런 측면에서 이 시험들은 마치 IQ 시험을 떠올리게 한다. IQ 시험은 시험개발자의 입장에서 볼 때 합리적인 문화의 일부일 뿐이다. 언어, 상황, 그리고 무엇이 어떻게 돌아가는지에 대한 사전 정보가 있어야 문제를 풀 수 있다. 1905년 앨리스 섬의 이민자들이 본 IQ 시험에서 엄청나게 낮은 점수를 받은 것도 그 때문이었다.

친구의 부탁으로 내 아들 중 한 명이 최근 개발된 IQ 시험을 본 적이 있었다. 그 결과 친구는 아들이 추상적인 논리를 필요로 하는 어려운 질문들에는 답을 제대로 했으나, 사회 관습이나 상식에는 매우 약하다고 했다. 예를 들어 특정 브랜드의 빵을 사오라는 심부름으로 가게에 갔는데 가게에 그 브랜드가 없다면 어떻게 할 것인가라는 질문에 내 아들은 오답을 택했다. 가장 낮은 수준의 답인 "집으로 돌아간다."고 답한 것이다. 가장 높은 평가를 받은 답들은 "다른 가게에 가보겠다."와 "가게 주인에게 도움을 청해 내가 원하는 것과 비슷한 것을 고르겠다."같은 것들이었다. 나는 내 아들이 왜 그런 정답을 선택하지 않았는지 알고 있었다. 그는 뉴욕 시의 거리를 건너 다른 가게로 가기에는 아직 어렸고, 낯선 사람과 이야기하기에는 수줍음을 많이 타기 때문이다. 나는 이 IQ 문제들 중에 하나를 내 학생들에게 내주었다. '친구의 공을 잃어버렸을 때 어떻게 할 것인가?'라는 질문이었다. 그 결과 아이들이 이전 문제들과 비슷하게 "잘못된" 논리 때문에 감점을 받는다는 점을 발견했다. 낮은 점수의 답은 "엄마한테 이야기한다.", 중간 점수의 답은 "그냥 사과한다.", 높은 점수의 답은 "새로운 공을 사준다." 혹은 "내 공 중에 하나를 준다." 아니면 다른 형태의 보상이었다. 안정적이고 독립적인 아이들과 의존적인 아이들을 구분하는 다른 질문에서도 비슷하게 예측 불가능한 상황이 벌어졌다. 아이들 가족의 사회적 위치에 따라 답이 제각각 달랐으며, 나의 예측과도 완전히 반대였다. 가족과 학교로부터 "혼자 해결해봐."라는 문구가 아닌 "선생님께 말씀 드려."라는 말을 몇 년간 들어온 가난한 아이들에게 이 문제를 달리 해결할 방법이 있었겠는가?

나는 IQ시험과 더불어 거의 모든 성과 시험에서 시험개발자들이 원하는 정답이 무엇인지 살펴보면서, 아이들의 사회적 경험과 언어가 아이들의 정답에 영향을 끼친다는 사실을 깨달았다. 한 예로 내 아들처럼 틀 밖에서 생각하기를 좋아하고 자신을 특별하다고 생각하는 아이들에게는 그 특이한 자질이 정답을 찾는 데 방해가 된다. 또 어떤 아이들은 그들의 공동체가 비주류라는 점에서 비교적 쉬운 문제를 오히려 어려운 문제로 느낀다. 인생 경험도 중요하다. 아무리 헤밍웨이 작품을 5학년 학생이 읽을 수 있을 정도로 쉽게 재구성 해놓아도, 이 작품을 이해할 수 있는 경험이 부재한 아이들이라면 이해가 어려울 수도 있다. 심지어 아이들은 내용 자체를 혼돈하지 않았을 때조차 시험개발자가 고른 정답을 이해하지 못했다. 다만 나도 서서히 이해하게 되었지만 헷갈리는 답이 꼭 하나씩 있었다. 처음에는 이를 개선해야 한다고 생각했지만 이런 것들이 오히려 시험에 필수적인 요소임을 깨닫게 되었다.

상대평가 시험

내가 1960년대에 발견했던 것들은 사실 무의미했다. 우리는 뉴욕 주의 개혁 정책으로 인해 극심한 격통을 겪고 있었다. 이 시기 뉴욕 주의 유일한 교육목표는 시험점수 향상이었고, 그로부터 5년간 우리는 수많은 회유와 협박에 시달려야 했다.

그러던 1967년과 68년, 교사 파업과 최고조로 달아오른 인권운동의 분위기 속에서 분노한 흑인 사회가 이 문제를 들고 일어났다. 모든 아이들이 3학년이 되면 그 학년에 걸맞은 수준으로 읽을 수 있어야 한다는 요구를 내놓은 것이다. 이들은 아이들이 3학년 7번째 달이 되는 4월에는 3.7점을 받아야 한다고 주장했다. 이를 기폭제로 수많은 신문 편집장, 학교 이사회, 자극받은 시민, 정치가들 모두가 문맹을 없애고 교육 수준을 높이기 위한 격렬한 토론에 돌입했다. 이들은 왜 학교에 돈을 쏟아 부어도 학생들 중 절반은 항상 본인 학년의 평균 밑으로 떨어지는 시험 점수를 받는지 불만을 토로했다. 점수가 한동안 상승하다가 도로 떨어지거나 3학년이 되어서도 3학년 수준으로 읽지 못하는 아이들이 있다는 점도 지적되었다.

당시만 해도, 사실상 시험 점수라는 건 장기적으로 볼 때 잘 변하지 않는다는 사실을 아는 이들이 거의 없었다. 전체적으로 아이들 수준이 얼마나 성장했건, 시험 점수란 근본적으로 그 절반은 학년 수준 위로, 절반은 학년 수준 아래로 나눌 수밖에 없다는 한계가 있다. 즉 점수란 어떤 명칭을 갖다 붙이건 결코 100% 능률을 보여주지 못하며, 개발될 때부터 50%는 중간 이하로 떨어지고 50%는 이상으로 올라가는 것을 전제로 하는 만큼 질 높은 가르침과 배움이 이루어지고 있는지를 확인하는 도구가 될 수 없는 것이다. 아이들 전체가 괜찮은 상태이건 나쁜 상태이건 또래 모두를 표본으로 사용하는 만큼 50%는 언제나 위에 있고, 절반은 아래에 있을 수밖에 없다. 다시 말해 미국 리그의 모든 팀들의 승률을 0.5 이상으로 올리라는 것이 말이 안 되는 것처럼, 전국의 모든 아이들에게 상위 50%의 점수를 받으라고 하는 것은 불가능한 요구이다.

이런 시험들은 대략 다음과 같은 과정을 거쳐 만들어진다. 우선 표본 학생을 통해 그 학년의 시험에 나올 법한 문제 항목과 선다형 답안들을 확인해 각 항목의 수준을 매긴다. 이렇게 항목들이 학생들 간 차이를 만들어 순위가 매겨지면 정상분포가 나온다. 이때 문제들은 또래 표본집단 중 오직 25%만이 상위에 들어갈 수 있을 정도의 수준이다. 이렇게 아이들에게 차등을 두는 항목들은 심리측정학적으로 좋은 항목으로 분류되고, 반면 그렇지 못한 항목들은 나쁜 항목이 된다. 예를 들어 모든 아이들이 맞추는 문제는 아무리 그 수준이 적절해도 쓸모없는 항목이다. 그러다가 시험을 치는 아이들이 시험을 "이기게" 되면, 시험개발자들은 다시금 시험 순위 매기는 데 몰두한다. 모든 사람들의 점수가 향상되어 표본집단의 점수도 향상된다 한들, 새로운 집단과 기준, 즉 새로운 중간값으로 치른 시험은 다시 점수를 설정하므로 점수 분포는 마찬가지가 된다.

그러다가 모두가 맞힐 수 있는 문제처럼, 점수 분포가 고르지 않거나 어떤 질문들이 순위를 매기는데 쓸모가 없어지면 시험개발자들은 현장으로 돌아가 시험을 다시 개발해 시험의 차등 기능을 바로잡는다. 더 어려운 지문이나 문제를 내거나 질문을 복잡하게 바꿔 보다 미묘한 의미 차이를 만드는 등 다양한 방법으로 그 시험문제를 고쳐 같은 분포가 나오게 만든다. 앞에서 이야기했던 방해꾼들도 그중에 하나이다. 대체할 수 있는 답으로 무엇이 제공되는지에 따라 정답 확률이 크게 변화한다는 것은 매우 흥미로운 일이다. 거스키(Thomas Guskey)가 〈Phi Delta Kappan〉에 실린 기사에서 이야기했듯이, 대체할 수 있는 답이 무엇인지에 따라 우리는 미국의 16번째 대통령이 누구인지를 알 수 있다. 오직 사용된 언어를 살짝 바꾸는 것만으로 누군가는 똑똑해지고 누군가는 무지해지므로 일정한 분포를 항상 유지할 수 있는 것이다.

거의 반세기 동안, 약속한 목표를 제대로 이루었는지도 알려주지 못하는 이런 시험들이 학교의 성공 측정 도구로 여겨졌다는 사실이 놀랍지 않은가? 고정된 적성을 토대로 순위를 매기는 체계를 기초로 한 이런 시험은 학교에서 아이들이 무엇을 배웠는지 살피고 교육을 개선하는 목적에는 전혀 부합하지 않는다.

개인교습이 용납되지 않는 이유

사전조사 표본집단은 아이들의 인종, 성, 거주, 가족 수입, 기타 등등의 특징을 기초로, 아이들 사이의 예측 가능한 차이를 가정해서 만들어야 한다. 그래야만 믿을 만한 시험 점수를 이끌어내고 그 자료를 활용해 심리측정학적으로 믿음직한 도구를 개발하는 데 들인 돈과 시간을 정당화할 수 있다.

측정 오차를 일으키는 요인들은 또 있다. 시험개발자들이 비밀 유지에 집착하는 이유 중에 하나는 시험 전 너무 많은 사전 정보가 누출될까 두려워서이다. 이런 유출은 단순한 부정행위뿐만 아니라 과열 개인교습과 같은 다양한 위험을 불러온다. 개인교습으로 높은 점수를 받는 아이들이 생긴다면 학생의 실제 능력을 정확히 평가하기 어려워지고, 아이들을 순위 매겨 실생활 능력을 측정하려는 시험개발자들로서는 난감한 일이 된다. 이들이 상정한 점수와 능력 사이의 연결은 개인교습을 받지 않은 표본집단을 바탕으로 하기 때문이다. 그럼에도 문제는 대부분이 시험의 타당성보다는 높은 점수에 만족한다는 점이다.

처음 교사 일을 시작할 무렵, 시험개발자 설명서에는 여타 개인교습은 부정행위이며 결과의 타당성을 없앤다는 경고문이 기재되어 있었다. 내가 학생이었을 때도 SAT는 개인교습 같은 준비 없이 치르는 시험이었다. 연필 몇 자루를 들고 크고 살벌한 시험장으로 들어가는 표만 받으면 끝이었다. 그런데 SAT를 준비하는 PSAT의 등장 이후, 오늘날에는 PSAT와 SAT 점수를 위한 개인교습이 존재한다. 또한, 요즘 들어서는 다섯 살 때부터 개인교습을 하라고 부추긴다. 학교에 입학하자마자 혹은 '괜찮은 유치원'에 들어가면 시험을 더 일찍 가르친다.

그러나 중요한 것은 이런 표준화 시험이 개인교습 없이 치르도록 나온 것이라는 것을 이해하는 것이다. 개인교습으로 모두 점수가 올라간다 해도, 이는 단순히 점수 기준만 높게 이동시킨 것이지 시험의 예측성은 위협당한다. 더욱이 개인교습은 중요한 것보다는 시험에 나올 법한 내용에만 집중한다. 이런 시험에는 교육을 잘 받은 사람이라면 알아야 하는 지식뿐만 아니라 점수가 잘 분포될 수 있는 질문이 포함된다. 즉 질문 선택의 목표가 앞서 말했듯이 교사가 얼마나 잘 가르쳤는지, 아니면 학생들이 얼마나 잘 배웠는지 평가하는 것이 아니라 아이들을 분류하기 위한 것이다.

적성 시험과 학력 시험은 이름이 다름에도 불구하고 매우 유사했다. SAT가 시험 내용에는 아무런 변화도 주지 않고 단지 이름을 '학업 적성 시험(Scholastic Aptitude Test)'에서 '학업 성취 시험(Scholastic Achievement Test)'로 바꾸었을 때, 이 시험은 인정 받기 시작했다. 문제는 두 시험 사이에는 차이가 있다는 것이었다. 학생의 어떤 선천적인 부분을 잡아내도록 만들어진 시험은 학교가 가르쳐 주는 것을 측정해낼 수가 없었다. 사실 나는 이 두 시험이 생물학적으로 타고난 것과 학교 교육이 준 미미한 영향이 결합된 사회적이고 문화적인 어떤 것을 시험한다고 생각한다. 시험 설계자들의 임무는 가능한 한 학교 교육과는 떨어진 시험을 만들어 내는 것이었다. 하지만 동시에 학교에 의한 교육 가치와는 반드시 연결되어 있어야 했다.

여기서 1964년 〈시험의 독재(*The Tyranny of Testing*)〉를 쓴 노벨상 수상자인 물리학자 호프만(Banesh Hoffmann)의 말을 기억해봐야 한다. 그는 한 시험 출판사와 주고받은 서신을 언급하면서, 해당 출판사에 따르면 정답 비율은 평가의 근본적인 기준이 아니라고 했다. 또한, 유명한 물리 시험에서 오답도 정답으로 사용될 수 있고, 어떤 경우에는 정답보다 더 옳다는 점을 그는 지적했다.

나는 교육의 질을 개선한다고 선전하는 표준화 시험이 이런 목표를 염두에 두지 않고 있다고 생각한다. 이런 시험들은 그저 학생들을 분류하기 위해 만들어졌고, 계속해서 분류를 멈추지 않을 것이다. 즉 이런 시험들은 가르치기 위한 도구가 아니다. 나아가 우리는 시험 안에 감추어진 편견에도 눈을 돌려야 한다. 이런 시험 도구는 개인교습과 관련해 하위 집단의 구성원들을 불가피하게 차별하게 된다.

시험에 대한 편견들

시험에서 타당성이란 결국 '훌륭한 학생이란 무엇인가'에 대한 명백한 정의를 요구한다. 미래에 성공할 수 있는 학생인가, 학교에서 뛰어난 학생인가, 아니면 현재와 미래에 서로 다른 시험에서 좋은 점수를 얻을 수 있는 학생인가 등이 기준일 것이다.

대부분의 독해시험들은 다른 독해시험과 IQ시험을 외부 타당성 자료로 사용한다. 그러나 심리측정학 시험의 원조와 같은 IQ시험의 경우는 시험자의 직업을 외적 타당성의 기준으로 삼는다. 한 예로 의사가 배관공보다 더 많이 틀리면 그 질문들은 제 역할을 수행하지 못한다고 여겨지는 것이 IQ 시험이다. 스티븐(Stephen Jay Gould)의 저서 『인간에 대한 오해(The Mismeasure of Man)』를 읽으면 이를 알 수 있다.

한편 SAT 시험은 대학교 1학년 수준의 과제를 타당성으로 사용한다. 하지만 여학생들의 경우 비교적 낮은 점수에도 불구하고 1학년 때부터 남학생들보다 좋은 점수를 얻는다는 면에서 SAT가 대학강의를 들을 준비가 되었는지를 평가하는 데 타당성이 있는지는 의심스럽다.

시험개발자들도 여론조사 요원들처럼 통계를 집합해 상관계수를 찾고 내부 항목 일치를 확인해야 한다. 다른 절차에서도 이런 과정을 더 꼼꼼하게 수행하는데, 어떤 이들은 이 과정이 오히려 높은 점수를 받은 학생들과 다른 정답 양식을 지니고 있는 하위집단에 대한 차별을 유발한다고 주장한다.

여론조사 요원들 역시 이 사안을 걱정한다. 이들은 응답자들이 한 가지 변수를 알아내기 위한 질문을 다른 변수를 바탕으로 다르게 해석할 경우 타당성이 아예 사라진다는 점을 알고 있다. 우리는 앞서 7, 8살 아이들의 독해 시험에서 이런 상황을 목격한 바 있다. 이때 이 오류의 영향을 받는 집단이 작은 규모일 경우 이를 작은 실수라고 무시해버리기 십상이지만, 이 역시 개개인이나 그 하위 집단에게는 큰 문제가 될 수 있다.

어휘, 문장 구조, 은유, 언어 연관 등은 한 사람의 사회적, 개인적 역사를 짐작하게 한다. 많은 어휘를 알고 있다고 해도 그 단어들은 서로 다르고, 일관되고 인정받은 문법을 사용한다 해도 어떤 이들의 문법은 표준화된 문법이 아닐 수 있다. 내 경우 올바른 정답을 예측할 수 있었던 것은 나 역시 시험개발자들의 체계, 최소한 그들의 어휘나 문법에 노출된 경험이 있었기 때문이다. 실제로 나는 거의 곧바로 답을 골라내고 더 깊이 보려고 하지 않았던 반면, 내 아들은 마치 채점자와 논쟁을 벌여 일부러 기대하지 않는 정답을 찾으려는 것처럼 보였다. 물론 어휘나 문법은 내가 감화되어 있는 영역에선 작은 부분을 차지한다. 나는 시험개발자들이 내가 어떻게 생각하고 느끼고 말하기를 원하는 것인지 잘 알지 못한다. 나는 그저 시험들이 시험하고 있는 이 세계를 무의식적으로 인식하고 있을 뿐이다. 당신이 뉴욕타임즈에 실리는 십자말풀이의 전문가라고 생각해봐라. 문제를 풀며 정답을 찾는 일은 매우 쉬울 것이다. 하지만 전혀 새로운 종류의 십자말풀이가 놓였을 때 그걸 풀어내는 것은 정말 쉽지 않다.

30대 중반에 내가 미국 교사 시험(National Teachers Exam)을 준비할 때, 시험을 망칠지도 모른다는 불안을 느꼈다. 내가 받은 교육은 주류 교육이 아니었고, 따라서 그와 관련한 편견이 걱정되었다. 빈칸을 채울 때 나는 매우 조심스러워했고, 이런 지적인 긴장이 시험 치는 사람들을 더디게 만들고 최악의 상황에서는 아예 헷갈리게 만든다는 것을 깨달았다.

이런 편견 문제가 처음 대두되었을 때, 시험개발자들은 몇몇 시골 배경을 도시 배경으로 바꾸고, 낡은 단어 몇 개를 지우는 등의 수정을 가했다. 예를 들어 오늘날 시험은 유색인종 작가들의 문학 작품을 훨씬 더 많이 넣는다. 그러나 이런 식의 손보기만으로는 편견을 잠재우기 어려워 보인다. 이런 문항을 만들 때는 '좋은 교육을 받는 것'에 대한 정의를 요구한다. 왜냐하면 그 정의 자체가 이미 선호하는 문화 안에 포함되기 때문이다.

이처럼 시험에 있어 우리를 둘러싼 삶의 배경은 누구에게는 이롭게, 다른 이에게는 해롭게 차별적으로 작용한다. 심지어 수학 문제를 이해하거나 지문을 읽는 너무 평범한 일에서도 마찬가지다. 핀(pin)과 펜(pen) 같은 단순한 발음 시험조차도 지역이나 인종에 따라 다양한 동의를 요구한다. 문제는 일부 사람들이 남들보다 쉽게 정답을 선택하도록 만드는 항목을 세심하게 파악하기 어렵다는 점이다. 내가 몇 년 전 본 독해 시험을 예로 들어보자.

> 아이들은 나무가 많은 곳에 살았다. 그런데 어느 날 아침 트럭들이 들어와서 새로운 4차선 고속도로로 길을 넓힌다고 나무를 모두 베었다. 봄이 되었고, 나무에서 살던 새들과 다람쥐들은 돌아오지 않았다.
>
> 질문 : 트럭이 왔을 때, 아이들은 (a) 흥분하였다. (b) 웃겼다. (c) 슬펐다. (d) 화가 났다.

나는 어째서 정답이 (c)라는 걸 바로 알아차릴 수 있었을까? 부유하든 가난하든, 흑인이든 백인이든 그 다음에 무슨 일이 일어날지 모르는 상황에서 트럭이 도착하는 것만 보고 슬퍼지기는 어렵다. 그럼에도 나는 지문을 통해 환경이 파괴된다는 것을 알았고,

그렇게 되면 슬프다는 점에서 세심한 분석 없이 정답을 고를 수 있었다. 나는 아이들에게 경험 속에서 우러나는 내 직감을 믿으라고 가르쳤기 때문이다.

이 부분은 아이들에게도 잘 적용되었다. 지문을 잘 읽지 않은 아이들은 문제를 틀렸으며, 그 외에도 배경에 따라 답이 나뉘었다. 이는 계층 배경 차이가 독해 능력과 큰 연관이 있다는 점을 가르쳐 주었다. 또한, 왜 흥분하지 않았냐고 물었던 아이들이 "나무를 자를 거라는 걸 어떻게 알아요?" 질문을 던졌을 때, 나는 지문을 다시 읽어주면서 편견을 잡아냈다.

실로 이런 시험 문제에는 자연스럽게 편견이 따라온다. 인간적인 판단의 여지를 주지 않는 모든 표준 도구는 결국 편견을 내포한다. 어떤 아이들은 어릴 때부터 고착된 가정 문화와 가치관으로 인해 다른 아이들보다 유리하거나 불리해진다. 이것은 시험개발자들이 특정 집단을 싫어하는 차원의 문제가 아니다. 그저 주류와 비주류를 구별하게 만드는 것이 시험의 특성이며, 시험은 결국 어떤 기준으로든 순서를 매겨 차이를 두기 마련이다. 한 예로 시험개발자들에게는 시험을 치르는 모든 사람들이 똑같이 반응하는 질문은 나쁜 항목이다. 정답을 말하지 못해야 할 사람이 정답을 말해도 나쁜 항목이 된다.

이렇게 암묵적으로 아이들의 내면을 장악하려는 사회적 잣대들을 극복하려면 공동체가 많은 노력을 기울여야 한다. 아이들에게 정답을 고르도록 가르치는 일은 결과적으로 사회적 불신을 더하게 되며, 아이들의 자연스러운 대답을 얄팍한 대체제로 약화시켜 결국 어려움을 극복하는 능력을 축소시킨다. 실제로 센트럴파크이스트 중등학교에서 이뤄진 개인교습은 오히려 일부 학생들의 SAT 점수를 낮추는 결과를 낳았다. 또한, 요령에 집중하기 시작하자 자신의 직감이 맞을 때조차 이를 무시하는 아이들이 늘어났다.

아이들도 어른들처럼 다른 사람이 당연하게 여기는 것을 자기만 모르면 창피해 한다. 그렇게 자기 사고를 불신하게 되는 아이는 자신의 재능과 능력을 자랑하는 일마저도 망설이게 된다. 만일 학교 교실이 이런 위험한 곳이라고 생각한다면, 시험장은 더 심할 수밖에 없다. 많은 이들에게 시험이란 질문이나 질문 제출자들이 믿을 만한지에 대한 귀띔이 거의 없는 위험한 일이다. 누구에게는 그저 게임처럼, 단순한 속임수와 작은 함정이라고 여겨지는 것이 어떤 이들에게는 위험으로 다가올 수 있다.

스틸 교수가 수준 높은 흑인 대학생들을 대상으로 진행한 실험도 이런 부분을 잘 보여주었다. 실험에 참가한 흑인 대학생들은 시험을 앞에 두고 회의감이 들어 극도로 민감해졌다. 시험이란 학문의 기량도 내포하지만, 동시에 스틸 교수가 "고정관념의 위협"이라고 부른 감정과 대면한 아이들에게는 위협적인 것이었다. 특히 자신이 '다른 이들이 생각하는 그런 사람'이 아니라는 것을 증명하라는 요구를 받았을 때 더욱 그랬다. 스틸은 백인 남성들이 아시아인들과 수학 시험에서 경쟁을 벌일 때 비슷한 효과가 나타난다고 말하며, 결국 시험 점수는 부정적인 고정관념을 받고 있는 이들의 성과를 제대로 나타내지 못한다고 주장했다. 그 이유는 고정관념을 극복하려는 압박 자체가 점수를 향상시키기보다는 떨어뜨리기 때문이다. 스틸의 연구는 흑인에게 집중했지만, 아마 라틴인들도 비슷한 영향을 받을 것이다.

우리는 이런 반응 뒤에 도사린 사회적 불신이 피해망상이 아님을 알아야 한다. 그들이 겪은 인생 경험이야말로 왜 그들이 이토록 이 사회를 불신하도록 하는지를 말해준다. 흑인과 히스패닉계 남성 셋 중 하나는 비슷한 편견으로 감옥에 가는 사회에서 그들에게 불신은 생존 전략과 같다. 미국 학생들의 인생에서 가장 중요한 표준시험인 SAT만 봐도 그렇다. SAT 점수 통계는 흑인으로서의 자존감에 매우 부정적인 영향을 미친다. 흑인들은 지속적으로 백인과 아시아인보다 100점 이하 뒤졌고, 그 격차는 정치적 혹은 교육적 의견을 말할 때 사용되곤 했다. 그럼에도 이런 결과가 나타나는 이유에 관한 섬세한 연구는커녕 흑인과 백인 학생들에게 정답의 차이를 설명하는 연구조차 이루어지지 않고 있다.

〈프린스턴 리뷰(Princeton Review)〉의 분석가 로즈너(Jay Rosner)에 의하면, SAT 개발자들은 사전조사 문제에 대한 세세한 인종 정보를 보유하고 있다. ETS가 사전조사를 진행한 항목들 가운데 유색인종이 백인보다 잘 봤던 문제들, 인종별 격차가 별로 없었던 문제들, 인종 간 격차가 매우 컸던 문제들에 대한 데이터들을 모두 정리해둔다고 한다.

로즈너의 계산에 따르면, 시험에서는 어떤 항목을 쓰는지가 매우 다른 결과를 가지고 온다. 이 문제를 푸는 사람은 더욱 주의를 기울일 필요가 있다. 이것은 내 교실에서 벌어졌던 나의 경험에 부합한다. 사회적, 인종적, 도덕적인 역사는 영향을 주며 각각의 차이를 만들어 내는데, 문제가 있을 때 어떤 학생은 쉽다고 생각하고 어떤 학생은 어렵다고 생각한다. 시험 질문에서 어떤 말을 사용하느냐에 따라 문제는 복잡해지기도 단순해지기도 한다. 시험 항목에 관한 이런 선택은 우리가 가진 복합적 인종 편견을 강화시킬 수도 있고 약화시킬 수도 있는 것이다. 따라서 왜 그것을 택했는지에 대한 설명이 요구된다. 오늘날 저런 선택들 뒤에 놓여진 생각은 시험 설계의 비밀 상자 속에 꽁꽁 숨겨져 밝혀지지 않고 있다. 그가 제시한 한 예시는 다음과 같다.

다음 빈칸들을 채워 넣어라.

무대 위의 배우의 행동은 _____.
그녀의 동작은 자연스럽고 기술은 _____.
a. 끊임없어 보였다, 심드렁했다.
b. 능숙해 보였다, 조심스러웠다.
c. 일부러 배우지 않은 것처럼 보였다, 꾸밈이 없어 보였다.
d. 웅장해 보였다, 감당하기 어려워 보였다.

이 문제의 정답은 c이며, 이 문제는 흑인 학생들의 정답률이 백인 학생들보다 3% 높았던 '흑인 선호 문제'이다. 이들이 왜 이 답을 택했는지 이유는 아무도 모른다. 반면 백인들이 왜 "백인 선호" 항목에서 왜 정답을 선택하는지도 알기 어렵다. 이런 차이점이 수학에서는 일어날 수 없을까? 다음 두 문제를 풀어보자.

2x의 제곱근이 정수이면, 다음 중 무조건 정수인 것은?

a. x의 제곱근

b. x

c. 4x

d. x제곱

e. 2배(x제곱)

정사각형의 넓이가 4배라면 (x제곱), 한쪽의 길이는?

a. x

b. 2x

c. 4x

d. x제곱

e. 2배(x제곱)

일반 사람에게는 비슷비슷하게 어려워 보이고 같은 지식을 묻는 것처럼 보이지만, 첫 번째 문제는 흑인들이 많이 맞혔고, 두 번째 문제는 백인들이 더 많이 맞혔다. 이런 차이들은 다음 문제 제출 때 어떻게 반영되어야 할까?

고등학생 아이들을 가르치던 시절, 나는 한 가지 좌절을 겪어야 했다. 왜냐하면 비교적 학업 성적이 낮은 백인 학생들이 학교에서 최고 수준의 흑인 학생보다 지속적으로 SAT 점수를 높게 받았기 때문이다. 스틸 교수와 로즈너의 연구는 SAT 결과에서 나타나는 이런 엄격한 인종적인 차이에 관한 요인들이 어쩌면 더욱 더욱 심해질 수도 있다는 것을 암시하고 있다. 여기에는 계층과 경제력의 차이, 나아가 잘못된 가르침 아니면 가정교육의 결핍 등의 요인이 작용하고 있을지도 모른다.

그러나 이런 결함에도 불구하고 초·중·고등학교 수준의 시험 중 SAT처럼 꼼꼼하고 잘 관찰된 시험도 드물다. 다만 SAT에서조차 이런 문제들이 벌어지는 상황에서 저렴하고 속성으로 만들어지는 시험, 부정행위와 과도한 개인교습을 피하기 위해 심지어 해마다 바뀌는 시험에서는 과연 뭘 기대할 수 있을까? 직업과 중요한 기회가 걸린 상황에서 이런 시험 도구들에 대해 우리가 믿음 전부를 지불할 필요가 있을까?

시험을 중심으로 학교를 조직화하는 일은 아이들의 지적 능력을 키운다는 교육의 임무에 큰 타격을 주는 일이다. 한 예로 이런 시험에서는 오히려 높은 차원의 생각이 점수에 방해가 된다. 책을 많이 읽거나 깊이 공부할수록 오히려 문제 표기가 어려워진다. 즉 남북전쟁이 일어난 가장 중요한 원인을 한두 가지만 요구한다거나, 히틀러가 권력을 가지게 된 가장 적합한 이유를 골라야 하는 문제 등이 그렇다. (최근 매사추사츠 주 시험의 정답은 "베르사유 조약"이었다. 다른 답들이 덜 논리적이라는 이유 빼고는 끔찍한 답이었다.) 또한, 학교가 아이들을 시험을 위한 개인교습에 집중하도록 만드는 것도 우스꽝스러운 일이다. 질 높은 교육이란 직감적으로 정답만 고르도록 하는 것이 아니라, 틀린 답도 보면서 배워야 하는 것이 아닌가?

1970년대 초반, 우리 반에 있던 일곱 살 정도의 아이들이 어려워했던 특정 문제들이 있었다. 그 문제들은 읽기 능력을 평가하는 문제로 2학년 아이에게 걸맞은 학문적 기량이나 타당한 관계, 가정을 설정하는 지능을 평가하는 문제들이 아니었다. 그리고 내가 15년 후 SAT를 준비시켰던 고등학교 3학년들이나 현재 스탠포드 9(Stanford 9) 시험이나 매사추세츠 종합 평가 시스템(Massachusetts Comprehensive Assessment System) 시험을 준비하는 14살 아이들도 마찬가지 어려움을 겪고 있다.

시험으로 아이들을 분류하려는 것을 당연시한다면, 이런 상황도 그다지 불공평하지 않아 보인다. 결국, 시험이란 이 중에 누가 어떤 고등학교나 대학으로 진학할지, 어떤 아이들이 특수학교로 갈 것인지 묻는 일이기 때문이다. 덕분에 이 시험들은 상담자들과 입학 관계자들의 논리적인 선택을 도와주는 믿을 만한 기준이 되었다. 하지만 이것들이 개발된 20세기 초반에는 누구도 이 시험을 통해 학교 특성을 변화시키거나 하위집단 아이들의 인생을 바꿔보려 노력하지 않았다. 그저 부유하다면 시험이야 어떠하건 돈으로도 입학할 수 있었기 때문이다. 이런 상황에서 시험은 교육을 충분히 받았지만 덜 부유한 아이들에게 중요했다. 엘리트 학교나 영재반에 들어갈 수 있을지, 사립학교에 입학할 수 있을지, 아예 직업전문학교에 갈지 등의 문제가 오직 시험에 달려 있었던 것이다.

우리가 계급과 성, 인종에 따라 학문적 기량의 차이가 벌어지는 것이 매우 자연스럽고 필연적이라고 믿었던 때에는 시험이 불공평하다고 여겨지지 않았다. 시험은 원석에서 보석을 골라내도록 설계되어 있다. 당시 엘리트들이 가진 인종과 계급에서 오는 편견은 우리 문화에 깊숙이 자리 잡고 있었음에도 잘 드러나지 않았다. 오늘날 인종차별과 편견은 부당한 것이며, 모든 아이들에게 고등 교육을 제공해야 하고, 어떠한 편견에도 저항해야 한다는 목적에도 부합하지 않는다.

그렇다면 지금부터는 어떻게 해야 할까? 앞선 분석들이 옳다면, 이제 시험은 개개인의 능력이나 특정 학교, 지역, 주, 혹은 학교 개혁의 성공을 판단하는 기준이라고 보아서는 안된다. 물론 이런저런 프로그램을 통해 개선을 도모하면서 단기간에 승리를 쟁취할 수 있겠지만, 결국 이런 승리도 좋은 교육을 희생한 대가이며, 이 게임에서 이기기 위해 우리의 교육을 왜곡시킬 소지가 다분하다. 그 해악은 학교 의존도가 높은 아이들, 점수가 낮은 아이들에게 돌아갈 것이다. 실로 오늘날 상황을 둘러보면 시험이 아이들에게 제공되는 교육에 얼마나 많은 영향을 미치는지 알 수 있다. 만일 우리가 시험을 나쁜 지표라고 정의한다면, 시험 점수에 연연하는 교육방식과 교육과정 또한 나쁘다고 말해야 할 것이다.

UCLA 대학 명예교수이자 저명한 계량심리학자인 펍햄(James Popham)은 다음과 같이 말했다.

학업성취도 평가는 학생들이 학교에서 무엇을 배웠는지를 측정하는 것처럼 보인다. 그러나 전통적으로 표준화된 성취 시험들은 여기에 실패하고 있다. …… 다시 말해 '성취' 시험들은 성취를 측정하는 데 실패하고 있다는 뜻이다. 이 시험들은 학생들이 학교에서 배운 것이 아니라 학교로 이미 가지고 온 것들을 측정하는 도구인 만큼 학교를 평가하는 기준이 될 수 없다.

그렇다면 대안은 없을까? 다음 장에서는 심리측정학 시험 개념을 바탕으로 개발된 대안을 분석할 것이다. 이 시험은 기존 시험과 비교해 정상분포가 유지되도록 점수를 다시 매기지 않는다는 중요한 차이점을 가지고 있다.

바준(Jacques Barzun)이 주장했듯이 "정신을 객관적으로 시험해 본다는 의미 자체가 모순된 것이지만…… 공정한 시험, 찾으려는 시험, 공정한 예측은 그렇지 않다." 중요한 대안들을 혼합해 신뢰도 높고 타당성 있는 평가 체계를 구축할 필요가 있다. 이는 다양한 관점과 기회를 제공하고 편견을 수정하며, 외부 비평을 수용하는 긴 기간 동안의 평가 과정을 모두 포함한다. 물론 올바른 답을 찾는 일은 표제나 그래프나 순위를 매기는 것처럼 쉬운 일이 아니다. 그러나 모든 사안에서 과학이나 수학적 정확성을 요구하는 잘못된 믿음이 논리적이고 인간적인 계량심리학자들과 정치가들을 바보로 만들고 있다는 점은 지적해야 할 것이다.

그들은 실제 자료들이 모든 판단을 시험 점수에 의존해야 한다는 자신들의 주장을 부정하고 있다는 점을 알면서도 이렇게 해야 한다고 믿는다. 심지어 뉴욕 주 교육위원들은 내가 이스트할렘에 개척한 학교를 포함한 37개 고등학교에게 주에서 채점하는 시험 점수를 교육평가 기준으로 사용하지 않겠다면 문을 닫으라고 말할 정도였다. 이 학교들이 엄격한 포트폴리오 평가를 제대로 진행시켜 아이들의 실제적인 성공을 충분히 증명했음에도 불구하고, 상대평가 시험의 요건을 충족시키지 않았다는 것이다. 즉 이제 시험은 성공을 예측하는 도구가 아닌 성공에 대한 정의 그 자체가 되어버렸다.

현재 학교 교육이 질 좋은 교육의 수준인지 아닌지를 판단하는 평가지표 개선에 표준화 시험의 목적을 둔다면, 이를 측정하는 도구들도 비슷한 개념으로 재고해봐야 한다. 물론 신뢰성과 타당성이라는 소중한 의미를 고리타분하다고 버릴 필요는 없다. 이 단어들의 사전적 의미는 여전히 긍정적이다.

우리가 분석한 시험들이 우리 관점에서 볼 때 신뢰성과 타당성이 없다고 해서 학교 안에서 진정한 의미의 신뢰성과 타당성이 존중되도록 돕는 일을 그만두어서는 안 된다. 좋은 교육에 대한 판단 기준은 믿을 만한 자료에 따라 달라질 수 있다. 나아가 어떤 종류의 타당성을 진실이라고 믿는 이들에게 그 권한을 안겨주는지에 따라 민감해질 수 있다. 우리는 책임감 있는 체계를 구축하기 위해 신뢰라는 단어의 모든 정의를 살펴야 한다. 시험은 쟈니가 어떻게 글을 잘 읽을 수 있는지를 우리에게 설명해 줄 수 없다. 그렇기 때문에 우리는 갖가지 많은 증거들 사이에서 조금 더 흥미로운 증거를 돌아봐야한다.

7. 시험이냐, 수행이냐?

    지방과 중앙정부의 지도자, 회사 대표, 신문 편집장을 포함한 우리 사회의 대표자들은 표준화 시험이 공교육에 대한 신뢰를 되찾을 수 있다고 말한다. 이들은 학생 성적을 책임지고, 중대한 결정을 내리며, 좋은 방향으로 가르칠 수 있다고 확신하며, 각각의 상대적인 위치를 알려줄 수 있는 시험을 설계할 수 있다고 믿는다. 나아가 이를 통해 '교육을 잘 받았다.'는 게 무엇인지 정의내릴 수 있다고 생각한다.

    상대평가 시험은 다양한 어려움을 극복하며 아이들의 실력을 측정하는 동시에 학교 개혁을 이끄는 완벽한 시험을 향한 노력이자, 좋은 의도로 시작되었다. 하지만 자세히 들여다보면, 이 시험은 우리를 거짓된 희망에 묶어 놓는다는 사실을 알 수 있다.

    물론 상대평가의 매력은 충분하며 모든 개혁가들이 바라온 바이기도 했다. 실로 '좋은 교육 수준'을 측정할 만한 기준만 제대로 찾는다면, 학교나 사회에서 필요한 변화를 이끄는 일도 수월해질 것이며, 지금껏 파악한 학교의 약점에 대해서도 더 많은 관심을 집중할 수 있을 것이다. 물론 처음에는 모두가 이 기준에 동의하지 않는다. 그럼에도 더 잘하고 싶은 마음으로 결국 따를 것이라는 생각으로 학교에 변화를 일으키고 수준을 높여나가고자 하는 것이 표준화된 개혁의 핵심이다.

새로운 시험의 파도는 새로운 자료를 수집하는 것을 넘어 학교를 변화시키는 데 집중되어 있다. 미국은 세계 어떤 나라보다도 표준화되고 객관적이며 중앙집중적인 정보를 보유하고 있다. 연령별 모든 종류의 시험 성적을 보유하고 있을 뿐 아니라 그 성적을 인종, 계층, 성별, 지역 차원으로 구분해 놓았으며, 심지어 50년 전의 학생들의 출석과 자퇴 자료까지 서고에 쌓여 있다. 예를 들어 브롱크스(Bronx) 지역에 입학한 9학년 아이들 중 30% 이상이 고등학교 졸업에 실패했으며, 이에 대한 정보가 지난 수 십 년 간 인식되어 왔으며 문제를 발견하는 데 도움이 되었다. 하지만 문제를 발견해도 해결책은 제시하지 못한다는 게 결국 이 자료가 가지는 한계다. 이 시험들은 개혁을 위해 시험을 보는 것이 아니라, 시험을 보면서 개혁을 한다는 점이 새로울 뿐이다.

시험 점수를 통한 학교 개혁은 새롭기도 하고, 많은 매력을 지닌 만큼 새삼 주목받으며 돌풍을 일으키고 있다. 그러나 그 저변에는 학교 개혁에 대한 낮은 기대와 부족한 의지가 도사리고 있으며, 이 두 가지는 의심할 여지 없이 개혁을 실패하게 만드는 원인이 된다.

부모와 교사를 포함한 대부분의 시민들은 지역의 학부모 단체나 교원노조, 교장이나 학교 이사회가 종종 권력을 악용한다는 것을 알고 있다. 이제는 이 문제를 해결할 방법이 생겼다. 표준이 객관화될수록 결과는 과학적인 것으로 변모하며, 시험 보는 인구가 늘어날수록 결과를 타협하기 어려워진다. 즉 다른 주장이나 평계, 융통성, 편견, 의견, 타협이 들어설 만한 입지가 줄어드는 객관화된 시험은, 내 학생과 자녀를 통제하거나 알아가기 어려운 지금과 같은 사회에서는 또 다른 장점을 갖는다. 왜냐하면 이 방식은 사람을 향한 신뢰를 필요로 하지 않기 때문이다. 그것이 자녀이든 교사이든, 이들이 다니는 학교이든, 여기에는 인간적인 배려가 없다. 반면 이는 시험 성적으로 손익계산을 하는 효율적이고도 효과적인 시장과는 매우 닮아 있다. 그 때문에 공교육을 의심하는 도시 내 소수 인종이나 공공기관에 의심을 품는 이들에게도 이 접근 방식이 매력적으로 비칠 수밖에 없다. 명백하고도 보편적인 목표를 제공하면서, 이런 목표를 달성하지 못했을 때 적절한 대가를 치르도록 요구할 만한 근거가 생기기 때문이다.

또한, 시험 점수로 학교에 책임을 묻는 것도 나름대로 장점이 있다. 우리 정서에도 맞고, 문제에 대한 해답이 표준화된 시험 안에 존재한다고 믿어온 미국적인 전통을 지키는 일도 된다. 하지만 여러 세대에 걸쳐 거듭되어온 이런 접근을 다시 생각해볼 필요가 있다. 왜냐하면 인간이 어떻게 배움을 이뤄가는지, 시험이 할 수 있는 일과 할 수 없는 일은 무엇인지 살펴볼수록 여러 측면에서 모순이 발생한다는 것을 알 수 있기 때문이다. 실로 표준화된 시험이 개발되고 도입되면서 교사들은 이런 시험을 부끄러움 없이 가르친다. 문제는 이론과 실제의 괴리이다. 아이들이 이론적으로는 시험에서 모두 성공할 수 있고, 지적이고 기술적인 심리측정 기준을 도입할 수 있다고 말하지만, 이는 말 그대로 불가능하다. 더 중요한 것은 이런 시험만으로 '교육을 잘 받았다.'라는 정의를 내린다는 것은 바람직하지 않다는 점이다. 실로 '교육을 잘 받았다.'라는 말 자체가 사실은 필수불가결하게 다양하고도 모순된 부분을 보여준다.

새로운 시험

1990년대 후반, 주 정부 여러 곳에서 표준을 교체하고 새로운 교육과정을 도입하였다. 그것은 정상분포에 맞춰진 상대평가 시험 체계였다. 개발 과정은 비밀스럽게 이루어졌는데, 그 내용을 보면 모든 사람들이 성공할 수 있다는 기대감이 포함되어 있었지만 새로운 개혁 체계와 과정 사이의 모순이 더 적나라하게 드러났다. 이런 종류의 새로운 시험 제도는 사실상 그대로 가르쳐도 무방했고, 시험 내용을 비밀스럽게 유지할 필요도 없었다. 학생들의 점수를 이미 정해진 정상분포대로 놓아 둘 필요도 없었다. 등수와 백분위 점수가 여전히 존재했지만, 모든 학생들이 이 시험을 통과할 수 있도록 자극받았다. 이런 시험들은 어찌 보면 교사들과 학생들이 제대로 하고 있는지 확인하기 위해 만들어진 것이다. 교사들은 시험 내용을 가르치고, 학생들은 시험에 무엇이 나올지 배우는 것이 임무였다. 여러 주는 이를 교육과정이나 시험으로 측정했다. 매사추세츠 주 종합평가 시스템(Massachusetts Comprehensive Assessment System; MCAS), 뉴욕 주 평의원(Regents in New York), 텍사스 주 학술평가 시스템(Texas Academic Assessment System; TAAS), 버지니아 주 학습표준(Standards of Learning; SOL)처럼 여러 주에서 다양한 방식으로 새로운 시험을 개발했다.

시험을 치르는 입장에서 이런 새로운 시험은 시간이 더 오래 걸렸지만, 내용은 이전 시험들과 비슷했다. 다만 교사 입장에서는 큰 차이가 있었는데, 그것은 이제 시험 내용을 공개적으로 가르칠 수 있었다는 점이었다. 또한, 주 정부 입장에서는 시험 제작자가 아닌 교육부의 정치 관련 관계자들에 의해 시험 점수가 정해졌다는 점이 달랐다. 이 정도 되면 이 시험은 학생들의 기량을 평가하기 위한 것이 아니라 정치적인 이해관계가 얽힌 결과라고 볼 수 있다. 예를 들어 시험이 끝나면 주 정부 관계자들이 모여 항목 비중, 성공과 실패를 가늠하는 점수 기준을 계산해서 정했다. 물론 예비 시험을 통해서 어느 정도 정확한 계산이 가능하기도 하다. 즉 이 시험에서 성적은 점수의 정상분포를 이상적으로 여기는 것이 아니라, 교육 전문가들과 협력한 어떤 정치적인 기관이 내린 판단에 의미를 둔 셈이다.

또한, 이 시험은 가르친 내용 중 가장 중요하다고 생각된 것들을 다룬다는 점에서 교사나 교육관료 관계자들에게 익숙한 학기말 시험과 비슷했다. 교사들도 자신이 점수를 매겨야 하는 입장일 때는 정치적 요인에 영향을 받았다. 점수가 너무 낮으면 누가 자신을 탓할까, 점수가 너무 높으면 시험에 신뢰성이 있을까, 정상분포에 대한 학교 태도는 어떨까 등의 여러 요인을 고려해야 했던 것이다. 또한, 선다형 문항을 사용한다는 점에서 과거의 시험과 기술적인 유사성도 있었다.

한편 교사나 지역의 교육 관료들은 시험개발자와는 다르게 실제 환경에 더 밀접해 있게 마련이다. 그들은 교실이나 학교에서 어떤 일이 벌어지고 있는지를 잘 알며, 본인의 판단을 기준으로 시험과 점수를 고칠 수 있는 '이해집단'이기도 하다. 물론 이런 밀접한 관계 때문에 오히려 신뢰를 잃기도 한다.

그렇다면 이 새로운 시험은 전통적인 상대평가 시험과 개발 면에서 어떤 차이가 있을까? 기본적으로 이 시험은 정규분포가 없어서 점수, 등급 결정 기준을 상정하는 데 어려움이 있긴 하다. 하지만, 개발 측면에서는 차이가 없었다. 여느 시험과 마찬가지로 이 시험을 만든 사람들도 정치적인 목적을 지닌 주 정부 교육부의 지도 아래에 있는 수백 명의 교사들과 교육전문가들이었다. 이들은 우선 학생들이 일정 학년이 되면 제대로 알고, 인식하며 이해할 만하다고 생각하는 항목을 작성했다. 예를 들어 누군가는 모든 3학년 학생들이 해리포터 책을 읽을 수 있었으면 하고 바란다.

하지만 이것을 타당한 기준이라고 볼 수 있을까? 그렇다면 '앵무새 죽이기'나 셰익스피어의 책은 왜 안 되는가?

한번은 캘리포니아 유치원생들을 위한 미술 시험 기준을 보다가 놀란 적이 있었다. 이 시험개발자는 다섯 살 아이들에게 미술 박사 학위를 취득한 후에나 가능한 수준을 기대하는 것 같았다. 이 시험 기준은 "학생들은 미술 장르(풍경화, 해경화, 인물화)를 탐구하고, 그 장르를 그린 작가의 이름을 댈 수 있고, 그 작가의 작품을 설명할 수 있으며, 그 장르를 반영한 작품을 창조해 낼 수 있다."고 직시했다. 그들은 정말 이것을 쓸 때 다섯 살 아이를 생각했을까? "학생들은 작품에 대해 토론하며 작가가 무슨 이야기를 하려고 했는지 이야기하고 미술 용어를 사용하여 자신들의 답에 대한 이유를 설명한다." 혹은 "르네상스 풍경화와 리처드 디벤콘 (Richard Diebenkorn)의 풍경화를 비교한다."와 같은 항목도 마찬가지였다. 두 번째 항목은 1학년 기준에 나와 있다. 춤 부분에서도 비슷한 문제가 있었다. "미국의 스퀘어 댄스 (square dances)와 영국의 콘트라 댄스 (contra dancing)를 비교한다."와 같은 기준이 설정되어 있었으며, 다른 과목들도 비슷했다.

또한, 다른 주들도 캘리포니아의 기준과 별반 다르지 않았다. 심지어 내가 뉴욕 주 교육 이사회에 속했을 당시, 12살을 위한 보건 기준에 "아이들이 자신들의 죽음과 친구의 죽음을 받아들일 수 있어야 한다."는 항목도 있었다.

이런 기준들을 토대로 시험에 나오는 실질적인 항목을 뽑아내는 일은 극히 어렵다. 일단 정상분포나 순위를 매길 만한 다른 방법을 사용할 수 없다. 만일 이 방법만 해결되면 시험 문제를 만드는 사람들의 문제도 쉽게 해결되겠지만, 그렇지 않기 때문에 거의 모든 아이들이 예술적 재능이나 혹은 상황 대처 능력이 부족하다는 결론이 도출되고, 조기에 심화된 개선이 필요하다는 판단이 나온다. 그렇다면 그 심화된 개선 방법은 죽음에 대한 올바른 대처나 풍경화를 구분하는 것에 대한 훈련을 의미하는 것일까?

　결론이 어떤 방식으로 도출되건, 시험에 선택된 항목들은 유치원부터 12학년까지 학생들에게 가르치기 적합하다고 판단된 사실과 기술을 나열할 것이다. 그 때문에 이 시험의 지지자들은 시험에 무엇이 나올지 모든 학생들이 알게 되었으니 모두가 같은 출발선상에 섰다고 주장할 것이다. 하지만 "증거를 따져본다.", "어떤 문체로 서술한다."와 같은 애매모호한 목표들은 객관적으로 점수화하기도 어렵고, 가르치기도 어렵다. 그 때문에 이런 목표들은 제거되어 버린다. 한편 가르쳐야 할 목록의 길이는 대부분 아주 길다. 콜로라도에 있는 저명한 교육연구소 MCREL은 각 주들이 제시한 평균 목록을 분석하여, 이걸 다 가르치려면 학교를 9년 더 다녀야 한다고 계산했다. 주 정부는 교육 내용이 점차 심화되는 것처럼 보이고 싶어 한다. 아무리 그 나이대 아이들이 그걸 할 수 없고, 가르치기도 어렵다고 설명해도 "그래도 해내야 한다"는 답변만 돌아온다. 이는 해결하기 곤란한 문제일 뿐만 아니라 이 시험들이 약속하는 것을 이룰 수 없게 하는 핵심적인 이유가 되기도 한다.

나아가 정치적인 문제에 휩싸일 만한 복잡한 시험 선택 사항들이 존재하는 것도 문제다. 진화론, 남북전쟁, 노동자 운동, 역사 속 레이건 대통령의 위치, 제1차 세계대전의 원인, 아르마니아인 대학살에서 터키인들의 역할과 이를 과연 대학살이라고 불러야 하는지 등에 대해 어떻게 가르쳐야 할지 등이 그것이다.

이런 논란은 사회나 역사 과목에서 제일 쉽게 발견되지만, 수학이나 과학, 문학 과목에서도 같은 논란이 등장한다. 한 예로 캘리포니아와 매사추세츠 주에서는 학생이 어느 정도의 나이에 어느 정도의 수학 실력을 갖춰야 하는지 논란이 끊이지 않고 있다. 이와 관련해 앞에서 언급한 교육연구소(MCREL)에서 진행한 연구는 문제의 핵심을 잘 보여준다. 이들이 지적했듯이 학생들이 주에서 언급한 항목 모두를 배운다는 전제를 둘 경우, 나이별 필수 항목을 다 가르칠 방법은 커녕 현실적으로는 졸업하는 것조차 불가능하다. 물론 학교들도 현실적인 판단을 내린다. 시험에 나올 법한 내용만 가르치고, 통과할 만한 점수가 나올 수 있도록 가르치거나, 다른 학교들과 경쟁에서 이길 수 있을 만큼만 가르친다.

더 중요한 판단은 이 방대한 목록에서 어떤 항목을 특정 시험에 포함시키고, 이를 어떤 식으로 질문할 것이며, 정답 외에 다른 가능한 답변은 무엇인지에 대한 것이다. 교육과정 모두를 시험 하나에 모조리 포함하는 것은 불가능하다. 또한, 이 시험들은 정답을 고르기 어렵게 만드는 "방해꾼", 즉 모호한 답변을 포함하고 있으므로 이때 판단을 어떻게 내릴지도 중요해진다. 이때 시험 문제는 쉽게 표현할 수도 있고, 어렵게 표현할 수도 있다. 예를 들어 "링컨이 미국의 초대 대통령입니까? 16번째 대통령입니까?"라는 항목은 중요하지만 쉽게 표현된 문제다. 반면 "링컨은 미국의 13번째 대통령입니까? 아니면 16번째 대통령입니까?"는 어렵지만 중요한 문제는 아니다. 그럼에도 출제자들은 학생들이 링컨이 언제 대통령이었는지를 알아야 한다는 기준 아래 두 문제 모두를 사용할 수 있다. 또한, 이 작업은 표본 사전검사와 통계학적 분석을 사용한다는 점에서 예전 시험과 비슷한 과정을 거치지만, 다른 점도 있다. 예전 시험에서는 점수 결과가 적합하게 분포하고 있는지가 판단 기준이었던 반면, 지금은 이 부분에 해당 사항이 없다. 한편, 사전검사가 있다고 해도 기존 상대평가 시험과 새로운 시험 사이에는 또 하나의 차이점이 있다. 이 시험은 순위나 정상 분포에 따라 결과를 수정할 필요가 없는 만큼 점수를 기재하는 방식이 중요하다. 매사추세츠 주 교육부에서는 독서시험을 본 전체 학생 가운데 80%가 "능숙하지 않다."라고 판단했는데 이는 실패했다는 의미이며, 반면 "상급 서술자"로 분류된 학생은 아무도 없었다. 매사추세츠 주 학생들은 SAT, NAEP 같은 전국적인 시험에서 항상 높은 언어 영역 점수를 획득해왔던 만큼 이 판단은 뭔가 이상하다고 여겨졌다. 그 여파로 시험이 너무 쉬워진다는 반발로 인해 기준이 완화되었음에도, 이후 아이들 가운데 80%가 시험에 실패하고, 시험 4년차에 가서는 도시 아이들 가운데 50% 이하가 시험에 실패했다. 이는 잘못된 목표에 소모되는 시간과 에너지가 얼마나 큰지를 잘 보여준다.

위와 같은 상황을 고려하면, "기준"을 시험한다고 떠벌려대는 이 시험들이 결국은 그와는 정반대로 전혀 적절한 기준을 세우지 못하고 외부 상황에 따라 휘둘리는 것도 전혀 놀랍지 않다. 이런 시험들은 텍사스나 노스캐롤라이나처럼 최소한의 능력을 증명하는 쉬운 시험이 되기도 하고, 매사추세츠나 버지니아 혹은 뉴욕처럼 매우 어려운 시험이 되기도 한다. 현재 매사추세츠 주에서는 수학 능력 시험에서 정답률이 33% 이상만 되면 통과할 수 있다. 〈뉴욕타임즈〉 기자 리처드 로스테인(Richard Rothstein)은 2000년도 봄 오하이오 주에서 98%가 고등학교 졸업시험을 통과한 반면, 캘리포니아에서는 절반 이하만 통과했다며, 만일 델라인 이스틴(Delaine Eastin) 주 위원 대신 교육전문가들의 권고를 따랐다면 통과 인원수가 더 줄었을 것이라고 일갈했다.

이 기이한 현상은 다른 곳에서도 벌어졌다. 국제시험 점수는 싱가포르를 제외한 모든 나라 학생들보다 높았던 매사추세츠 학생들도 자신들의 주가 주최한 과학 시험에서는 8학년 중 겨우 28%만이 "능숙하다."는 판정을 받았다. 반대로 노스캐롤라이나 학생들의 경우 주 수학 시험에서는 68%가 "능숙하다."는 판정을 받은 반면, 전국 시험에서는 고작 20%만이 "능숙하다."는 판정을 받았다. 전국 시험에서도 비슷한 현상이 벌어졌다. 미국 교육부에 의하면 12학년 학생들 가운데 오직 2%만이 수학 시험에서 "상급"

판정을 받았지만, AP 수학 시험을 통과한 수는 그 두 배이고, SAT 수학 시험에서 600점 이상을 받은 학생 비율도 무려 10%가 되었다. 그렇다면 여기서 누가 옳고 누가 틀린 것인가?

또한, 이런 시험들은 정치적인 판단 외에 기본적으로 합리적인 기준이 없다는 맹점때문에 다른 문제들까지 불러일으킨다. 해마다 논란이 되는 검사 동등화[3] 문제도 그 일부다. 예를 들어 매사추세츠 주는 매해 시험 항목을 대중에게 공개하는 정책을 사용했고, 다른 주들도 관련 정책을 수시로 바꾸고 있다. 물론 아이들은 매해 새로운 시험을 치른다. 그렇다면 지난 시험에서 받은 72점은 그로부터 1년 후에 치는 시험에서 받은 68점보다 높은 것인가, 낮은 것인가?

계량심리학자 다니엘 코레츠(Daniel Koretz)는 잡지 〈주간 교육(Education Weekly)〉에서 텍사스 주의 채점 문제를 논의하며 표준시험 맥락에서 검사 동등화가 심각한 문제를 일으킨다고 주장했다. 이에 따르면, 텍사스 주 관계자들은 2001년도 시험이 2000년도보다 어려웠다고 주장하면서도 낮아진 점수가 실력이 낮아졌음을 뜻하지는 않는다고 말했다. 매사추세츠 주도 4학년 영어시험의 독해 문항들이 6학년에서 10학년 수준이라는 불만이 나오자 3년차에는 난이도를 하향 조정했는데, 문제는 2년차 성적과 3년차 성적을 어떻게 비교하느냐 하는 것이었다. 이 질문을 받

---

3. 각각의 검사 특성이 다를 때, 각기 다른 검사를 실시한 피험자들의 점수를 공정하게 해석하기 위해 두 검사를 공통 척도(common scale)에 놓는 절차이다. 여기서는 통계 기법을 사용해 검사 간 난이도 차이에 따른 학생들의 점수 차이를 보정해준다.

은 교육부에서는 질문이 더 쉬워졌으니 정답을 더 많이 내놓아야 높은 성적을 거둘 수 있다고 답했다. 뉴욕 시에서도 비슷한 문제가 발생했다. 6학년 학생들의 점수가 어느 한 해만 이유 없이 너무 높아서 이 결과가 홍보 정책에 지대한 영향을 미쳤다. 물론 뉴욕 시 관계자들은 부정했지만, 시험개발자들은 문제의 원인이 검사 동등화 때문이라고 분석했다.

새로운 시험에서 눈에 띄는 차이점은 시험 자체가 아니라 시험개발자들과 아직 해결되지 않은 문제가 있음에도 이 시험과 관련해 중요하게 이해관계가 얽혀 있는 사람들의 대담함 속에서 발견된다. 자신들이 만든 시험이 10년 이상 사용되리라 기대했던 개발자들은 시험이 불공평하고 점수 계량화가 무의미하며 항목 자체가 그런 목적으로 채택한 것이 아님을 솔직하게 시인했다. 언제 어떻게 시험이 활용되어야 하는지, 그리고 시험 점수가 가질 수 있는 높은 측정 오차에 대한 기존 시험개발자들의 조심스럽고 겸손한 발언은 현재 기준이 완화되어 새롭게 개발된 시험을 지지하는 사람들의 주장과 매우 상반된 입장을 보여준다. 기존 시험과 주 정부가 개발한 새로운 시험들의 가장 큰 차이점은 만들어진 속도와 신뢰도에 있는데, 새 시험은 기존 시험에 비해 훨씬 속성으로 만들어지고 신뢰도 확인은 줄어든 반면 항목 수는 많아지고 세세한 사실에 대한 질문이 늘어난데다 시험 자체가 중요하게 이해관계가 얽힌 목적에 이용된다. 이런 상황에서 점수는 더 이상 정상분포의 유물이 아닌 주 위원들의 판단 유물로 전락한다는 것이 이 주장의 요지이다.

　이런 점들은 충분히 논란의 여지가 많지만, 실제로 논란의 도마 위에 오르는 경우는 드물다. 예를 들면, 예전 심리측정 시험개발자들은 초등학생용 시험은 시간이 너무 길면 시험 신뢰도가 줄어든다고 주장했다. 피로도가 높아지면서 점수에 영향을 준다는 것이다. 10살 이하 아이들이 시험을 칠 때 기술적인 신뢰도를 담보할 수 있는 시간 한계는 약 한 시간에 불과하다. 그럼에도 이 기준을 지키지 않는 시험들이 아무렇지도 않게 7살이나 8살 어린이들을 대상으로 치러진다. 나아가 예전에는 측정 오차라는 것이 있는 만큼, 시험 성적을 중요하게 이해관계가 얽힌 판단을 내리는 데 사용해서는 안 된다는 주장도 있었다. 시험 성적이 4.5점이더라도 4학년 5개월 차 수준의 독해 실력을 갖추고 있다고 판단해선 안 되며, 그 학생의 진짜 점수는 3.9와 4.9 사이이거나 좀 더 높거나 낮을 가능성이 크다는 것이다. 그렇다면 졸업장은 훨씬 더 얄팍한 경계선 안에 놓이게 된다. 계량심리학자들의 생각은 그대로이지만, 이제 이 시험들이 예전에는 불가능하다고 여겨졌던 것들을 판단하고 실행하기 위해 사용되는 것이다.

　시험개발자들은 시 정부나 주 정부가 종종 시험을 남용하거나 오용하고 있다는 것에 동의한다. 그들에게 시험이 과연 개인이나 학교와 관련해 어떤 부분을 설명해줄 수 있냐고 물어보면 겸손한 답을 내놓는다. 예를 들어 이 분야의 선두주자 로버트 린(Robert Linn)은 이렇게 답했다. "저는 수많은 이해관계가 얽혀서 빚어진 결과가 가져올 긍정적인 영향보다 부정적인 영향들이 크다는 결론을 내릴 수밖에 없습니다."

그러나 이런 주장들이 미치는 정치적인 영향력은 적거나 거의 없다고 해도 과언이 아니다. 내가 가르치기 시작했을 때 학교 관계자들은 이미 시험에 동반되는 이런 위험에 눈을 감아버렸기 때문이다.

학교 교육에 미치는 영향

새로 등장한 시험들은 그 형식이 예전과 비슷할지 몰라도, 시험문제를 직접 아이들에게 가르치는 게 얼마나 위험한지 더 이상 경고하지 않는다. 주 정부의 공직자들은 오히려 교사들에게 시험문제를 적극적으로 가르치라고 권하기도 하고, 문제를 출제하는 출판사들도 자신들의 문제 항목을 가르치는 데 필요한 자료들을 출판하라고 권한다. 심지어 시험에 나올 것 같지 않은 내용은 공식적으로 가르치지 말라고까지 권한다. 나아가 몇몇 주의 공직자들은 아이들의 학교 성적이 시험점수와 별반 차이가 없어야 한다고 주장하기도 한다. 보스턴에서는 이런 사항을 모든 학교 직원들에게 분명하게 명령 형식으로 전달했다. 시험 점수와 학교 성적이 성장을 측정하는 서로 다른 방법이 아니라, 같은 것을 측정하는 두 가지 방법이 된 것이다.

이제는 이 시험들이 수업 시간에 뭘 배웠는지 측정하는 도구가 되었다. 따라서 수업 시간에 이 규격에 맞춘 잠재적인 시험 문제를 가르쳐야 하는 만큼, 1년 동안의 수업 계획표를 짜는 일이 지나치게 단순해졌다. 심지어 어떤 구역에서는 낮은 성적의 학교들에게 그저 대본 읽기에 불과한 수업을 요구했다. 시스템이 주 교육 과정의 표준 교과서 사용을 제도화하고 준비 자료를 주문하도록 유도했기 때문이다. 실제로 많은 시험 출제기관들이 인쇄물이나 온라인으로 제공하는 주 시험 자료에 교사들이 의존하고 있으며, 교육과정 개발도 단순화되고 있다.

이런 정책을 적용하려면 아이들의 관심 분야나 동시대의 이야기나 갑작스러운 사건도 아예 무시하거나 기껏해야 잠깐 스쳐 가야 한다. 도시를 휩쓸고 지나간 태풍, 학교 뒷마당에 있는 강, 시에 오는 고대 켈트족에 관련된 박람회, 새로 개봉한 제2차 세계대전에 관한 영화, 세계무역센터 테러 등이 그것이다. 왜냐하면 표준화 시험에 맞추어진 내용을 다뤄야 하기 때문이다. 이런 상황에서 고대 중국이나 홀로코스트처럼 고작 시험 한두 문제에 해당할 만한 주제를 몇 달간 다루는 일은 점차 어려워질 수밖에 없다. 예를 들어 1999년 매사추세츠 주의 MCAS 시험에는 중국 관련 문학이 13세기 송나라에 대한 문제로 딱 하나 출제되었고, 홀로코스트 관련 문제가 아예 출제되지 않았다. 나아가 아예 문제가 출제되지 않는 예체능 계열과목은 교육과정에서 밀려나는 신세가 되어버렸다.

새로운 시험으로 둔갑한 예전 시험

새로운 시류에 편승한 주들은 변화한 목표 달성을 위해 6장에서 나온 상대평가 시험을 여전히 사용하며, 모든 학생들이 정상분포 위쪽 50%에(혹은 기준을 정한 어디든지) 위치하기를 기대한다. 그러나 시험개발자들이 계량심리학자로서 그 명성을 송두리째 버린 게 아니라면, 이는 미래의 등급 경계선을 상향 조정하는 효과만 가져올 뿐이다. 오클라호마의 경우, 2007년까지 3학년 학생의 90%가 상대평가 시험에서 자기 학년 수준을 넘겨야 한다는 사안을 법제화시켰다. 이는 학교 감독관들이 운이 좋다면 모든 걸 버리고 이직을 할 수 있을 정도의 시간 여유를 준 것과 다를 바 없었다. 같은 시기에 실제로 시카고에서 일하던 폴 발라스(Paul Vallas)는 해마다 상대평가 시험을 치른 아이들의 초등학생들은 점수가 향상되었지만, 고등학생들의 점수는 오히려 내려가고 있다는 소식을 전해 듣고 일을 떠날 수밖에 없었다. 오클라호마와 시카고는 조금 변화를 주긴 했으나 여전히 예전의 상대평가 시험을 사용하고 있다.

예전의 상대평가 시험개발자들은 백분위 점수를 '심화(advanced),' '능숙(proficient),' '개선 필요(needs improvement),' '불합격(fail)', 총 네 개 수준으로 나누었다. 그러나 왜 이렇게 나누었는지 기준은 설명하지 않았다. 예를 들어 예전 상대평가 Stanford 9 시험에서는 4학년 수학 시험에서 2수준 (즉 통과)를 달성하려면 49분위 안에 들어야 하는 반면, 언어 영역에서는 22분위 안에 들어야 했다. 한편 수준 I-IV로 표시되는 새 명칭들은 표준시험의 대표 언어로서 상대평가 시험에서도 자주 사용된다. 이 명칭들은 표준시험의 대표격인 NAEP 시험에서 차용된 것으로, NAEP는 적은 인구 표본을 바탕으로 종적인 자료수집을 위해 미국 교육부가 개발한 시험이다. 다만 NAEP가 개발한, 아직 채 10년이 되지 않은 이 네 개의 수준은 오로지 개혁만을 목적으로 하는 교육부가 선택한 전문가들의 판단에 바탕을 두고 있다. 이 수준의 명칭들은 캘리포니아에서 사용된 Stanford 9 시험이나 시카고에서 사용되는 Iowa Test of Basic Skills 시험을 포함한 시험개발자들이 정한 의미를 가지고 있다. 이것은 이상한 나라의 앨리스에 나올 법한 것이 아닌가?

학생들에게 끼치는 영향

동시에 이러한 시험들은 현실 세계에도 영향을 미칠 수밖에 없다. 특히 이 영향력에 가장 취약한 계층은 아이들이고, 결국 이는 아이들의 미래 문제이기도 하다. 어떤 이들은 이제 고등학교 졸업장이 아무 가치가 없다고 주장하지만, 여전히 물질적 가치를 분명히 지니고 있다. 실로 우리는 수년간 "학교에 남아있으라."는 캠페인을 벌이며 아이들에게 그 사실을 상기시켜왔다. 그런데 여기서 생각해봐야 할 부분은 이 졸업 자격 요건들을 적용시키는 데 필요한 돈을 부담하는 것은 결국 유색인종 사회라는 점이다. 유색인종 아이들 가운데 많은 수가 학교를 떠나고 있는게 현실이다. 고등학교 졸업장을 받지 못하는 아이들이 많아질수록 대학에 입학하는 수가 줄어들고, 이는 필연적으로 유색인종 학생들과 그 가족은 물론, 지역사회에 경제적 손실을 가져올 수밖에 없다. 그리고 이 중심에 바로 시험이 있다.

보스턴에 있는 명성 높은 펜웨이(Fenway) 고등학교의 경우, 2000년도 MCAS 시험에 무려 70%가 불합격했다. 이런 시험이 있기 전에는 이 학교 학생의 90%가 대학에 잘 들어가고 무리 없이 학교에 다녔다. 센트럴파크이스트 중등학교와 마찬가지로 90%가 성공적인 대학 생활을 영위한 뉴욕 시의 규모가 작은 고등학교 서른 곳의 상황도 이와 크게 다르지 않다. 만일 우리가 과거에 성공을 이끌어냈던 제도들을 버리고 시험 준비에 집중하지 않을 경우 위와 비슷하게 위험한 상황에 맞닥뜨릴 것이 불을 보듯 뻔하다.

시험 중심으로 운영되는 유급 제도 역시 잔인하기 그지없다. 유급은 졸업 확률을 급격히 낮춰, 두 번 유급을 할 경우 졸업할 확률이 1% 미만으로 급격히 떨어지게 된다. 이런 표준식 개혁이 실시되기 전에도 미국 흑인 소년 절반이 8학년쯤 되면 동급생보다 최소 한 살이 더 많았다. 결국 이 유급 제도는 과거보다 더 혹독하게 유색인종 아이들의 사회적 진급을 막아 적잖은 장애가 될 것이다.

표준식 시험이 여러 주에서 아이들의 자퇴 비율을 증가시킨다는 점도 주목해야 한다. 상세한 연구 보고서인 〈텍사스의 기적(Texas miracle)〉에서 보스턴 대학교 계량심리학자 월트 하니(Walt Haney)는 우리가 학교에 남기를 애써 설득해왔던 아이들이 시험 때문에 학교에서 떠밀려나가고 있다고 지적한다. 또한, 그는 보스턴의 높은 자퇴 비율을 지적하며, 심지어 이 자퇴율이 6학년과 12학년 사이에 "사라지는" 더 많은 학생들의 수를 누락시켰다고 주장한다. 그럼에도 표준화 시험 지지자들은 자퇴가 많아진 건 인정하지만, 이것은 적응기에 거쳐야 할 대가이자 금방 지나갈 어려움이라며 그저 기다리라고 요구한다. 심지어 〈보스턴 글로브(Boston Globe)〉 신문은 이와 관련해 '대가 없이는 얻어지는 것은 없다.'는 표제를 내세우기도 했다. 글로브는 이 학생들이 높은 수준의 교육을 얻기 위한 전투의 희생양이라고 말했다.

매사추세츠 주의 어떤 공직자는 주 의원들에게 '학생이 시험 문제 중 40%만 맞춰도 합격할 수 있다.'며 안심시켰는데, 한번 생각해보라. 만일 그 시험이 중요한 것을 측정하고 있다면 60%를 틀려도 된다는 게 말이 되는가? 반대로 그것이 어이없는 것을 측정하고 있다면 이야기는 달라진다. 그러나 이 모두를 떠나 표준화 시험 광풍의 가장 큰 대가는 상식 없는 어른들의 판단이 아이들의 인생에 장기적으로 미칠 영향이다.

표준화에 대한 대응책

표준화에 대한 대응책은 사실상 큰 게 아니다. 그저 진정한 의미의 표준을 구하자는 것이다. 시험으로 의료 판단을 대체할 때, 실력 있는 의사들은 어떤 위험이 닥칠지를 잘 안다. 왜냐하면 아무리 훌륭한 진단 테스트라도 결코 그 자체만으로는 완벽하지 않기 때문이다. 또한, 아무리 정확한 진단 테스트가 나와도 그것만으로는 적합한 치료 계획을 결정할 수 없기 때문이다. 환자들로서는 증상에 대한 설명이나 테스트 점수만 보유한 건강관리기관의 직원이나 의사를 원치 않는다. 그들에게 필요한 사람은 제대로 된 의료 교육을 받고 엄격한 감독 아래에서 모든 증거를 검토하는 일에 익숙한 전문가들이다.

교육 분야도 마찬가지다. 우리가 학교 평가를 위해 다양한 방식으로 자료를 모으고, 신뢰도나 타당도 평가를 위해 다양한 외부의견을 섭렵하며, 평가 과정에서 치열한 토론을 진행하는 것은 자료만으로 모든 걸 해결할 수 없기 때문이다. 따라서 우리는 계속해서 "이것이 중요한지 아닌지 판단할 만한 증거가 있는가?", "이 같은 상황 전개에 대해 우리가 아는 바는 무엇이고, 앞으로 어떤 중재가 가장 적합할까?" 같은 질문을 던져야 한다. 이 과정에서 설사 다른 의견들이 나와도 이를 존중해야 한다. 대학에서 박사 학위를 부여할 후보자를 선택하는 것처럼, 우리도 모든 분야에 질문을 던져 판단을 내려야 한다. 이는 심판들이 올림픽 선수들에게 투표하는 방식이기도 하며, 심지어 배심원들이 범인의 생과 사를 다루는 판단을 내리는 방법이기도 하다. 배심원 설명서에 따르면, 교육받지 않은 평범한 시민들이 오히려 중요한 사항에 대해 조심스러운 판단을 내린다고 하는데, 그런 면에서 교육 분야에서의 판단 권한의 일부도 이런 이들에게 넘겨야 한다.

예를 들어 한 아이의 독해 실력 신장을 돕는다 치자. 우선은 그 아이가 독해 과제를 어떻게 해결하는지 이해하는 것이 필요하다. 이때 전통적인 시험 점수나 짧은 한번의 인터뷰만으로는 부족할 수 있으니 두 번째, 세 번째 의견까지 반영해야 한다. 정확한 판단에 도움이 되는 도구가 없다고 주눅 들지 말고 아이와 나누는 일상적인 상호작용이나 아이의 일상에 대한 세심한 관찰이 오히려 좋은 도구가 될 수 있음을 기억해야 한다.

교사건 의사건 같은 자료를 본다고 모두 같은 의견을 내지는 않는다. 이때 필요한 것은 각자의 이론을 확신할 만한 다른 실생활에서의 증상들이다. 아이의 머릿속을 들여다보는 일도 비슷하다. 아이의 말에 귀 기울여야 하고 아이의 실수 뒤에 도사린 다양한 오해들을 파악할 수 있는 전문적인 식견이 필요하다. 물론 이런 판단들은 일대일 과제이기 때문에 시간도 많이 필요하다. 이때 아이의 말을 잘 듣는 일은 과학적인 정보를 얻는 경로인 동시에 하나의 예술을 시행하는 것과 같다. 가르침의 예술은 결국 학생들이 우리에게 물어오는 질문들에 답할 수 있을 때 비로소 시작되기 때문이다.

오랫동안 교사들은 학생이 다음 단계로 언제 넘어갈 준비가 되었는지 세심하게 관찰해 판단을 내림으로써 일종의 문지기 역할을 수행해왔다. 그러나 이런 제도들 역시 표준화 된 시험이 도입되면서 위협받고 있다. 이런 전통적인 성과 체계는 오랜 역사를 가지고 있으며, 최근 이런 시스템을 교육제도로 만들기 위해 의회에 제안을 낸 주들도 있다. 이런 체계는 시험이라는 장벽 뒤에 숨는 대신 신중한 전문성과 공감할만한 증거, 인간적인 판단에 대한 의존성을 드러내놓고 적절히 결합하는 방식으로 이루어진다. 한 예로 의사들은 환자에게 자신이 제시한 치료 방식을 선택한 이유를 설명하고, 그것을 선택하면서 희생될 수 있거나 부작용이 생길 수 있는 부분에 대해 이야기해야 한다. 자료 뒤에 숨는 대신 환자를 설득시켜야 하며, 자기 생각을 설명하는 동시에 위험성까지 논해야 한다. 게다가 같은 초음파나 혈액 검사를 보고도 의사들에 따라 다른 자료를 기반으로 다르게 해석하기 때문에, 어떤 결정에 대해 동의하지 않을 수도 있다. 그래서 환자에 따라서는 의사를 바꿀 수도 있다.

교육자들도 마찬가지다. 흔히 사람들은 시험을 생활의 일부라며 아이들도 이를 다룰 수 있는 법을 배워야 한다고 말한다. 물론 맞는 말이고 시험 교육을 받는 것도 중요하다. 그러나 실제적인 판단에서는 다르다. 한 아이에 대한 평가는 사실상 시험 점수보다는 미션 힐 스쿨에서 포트폴리오를 검토할 때 사용했던 것과 같은 방식이 훨씬 더 큰 영향을 미친다. 또한, 센트럴파크이스트에서는 내부에서 결정한 기준을 외부 기준과 결합해 우리의 평가를 재평가하는 방식을 사용했다. 외부 기준에는 학생들이 통과해야 할 과목의 전문가들을 부르는 것도 포함되었다. 또한, 이들은 교사들을 열린 포럼에서 평가하는 역할도 했다. 그들의 평가가 공식적인 인정이 뒤따르는 것은 아니었지만 그 힘은 실로 대단한 것이었다.

우리가 치른 대가

객관성과 과학은 관찰로부터 시작된다. 하지만 객관성과 과학이라는 훌륭한 두 이름을 차용한 시험들이 오히려 교사들과 부모들에게 자신의 관찰 능력을 불신하게 만든다는 점은 정말 걱정스럽다. 나는 종종 부모나 교사들이 스스로 아이의 실력을 관찰하거나 판단하지 못한다고 생각해 간접적인 시험 자료에 의존하는 것을 목격한다. 그때마다 아이들과 아이들이 잘 성장하기 위해 기대야 할 어른들 사이의 관계를 걱정하지 않을 수 없게 된다. 얼마 안 가 이 아이들도 점수를 확인하기 전까지 아무리해도 자신의 독해 실력을 판단하지 못한다. 이는 "너 자신을 알라."라는 참된 교육의 목적이 손실되었음을 말해준다.

물론 코넬 웨스트(Cornel West)는 이런 사안과 관련해 "네 자신을 아는 것은 고통스럽다."라는 말콤 X의 말을 강조했고, 글로브 신문은 "댓가 없이 얻어 지는 것은 없다."고 주장했다. 물론 자아 성찰은 힘든 일이다. 하지만 이를 기피하는 것이 해결책일까? 지금 우리들은 매해 시험 점수 결과를 근심스럽게 기다리고, 이 시험 점수에 의존하여 우리 자신과 학생들의 노력을 평가하고 있다. 예를 들어 2000년도와 2001년 사이에 매사추세츠 고등학교는 언론이 나서서 점수를 공개하며 엄청난 '성과'를 칭찬하기 전만 해도 아무도 자신들이 성장했다는 사실을 몰랐다.

자기 아들이 책을 잘 읽어서 좋아하던 부모가 주 교육부로부터 아들의 독해 실력이 형편없다는 편지를 받았다고 상상해보라. 그 반대는 또 어떨까. 이렇게 부모들이 가정 안에서 얼마든지 포착할 만한 사안에 대해 선뜻 자신의 판단을 믿지 못하게 된다는 것은 무서운 부작용을 불러온다. 자신이 아이를 가장 잘 안다고 생각했던 부모가 '당신은 아이에 대해 아무것도 모른다.'라는 소식을 받는다면 어떻겠는가? 결국, 그런 부모로 인해 아이들 역시 무언가를 잃게 된다. 그 무언가는 세상을 표류하며 성장할 때 가장 필요로 하는 어른에 대한 믿음, 그 어른들이 가진 전문성에 대한 믿음이다. 나아가 어떤 교사가 매일 학생을 보면서도 시험 성적이 도착하기 전에는 그 학생의 실력을 모른다고 해보자. 그 또한 결코 좋은 일이 아니다. 사실 이처럼 시험 점수의 마법에 빠지면, 임의로 점수를 분류해 몇 %의 아이들이 잘하거나 못한다고 결론 내리게 된다.

그러나 모든 아이들이 자신의 능력을 각자의 방법으로 표출하고 사용하며, 이것을 독려하는 문화를 창조하는 일은 결코 어렵지만은 않다. 표준화된 시험에 의지하는 것의 유일한 미덕이라고는 모든 아이들을 객관적으로 순위 매길 수 있다고 착각하게 만드는 것뿐이다. 모든 아이들이 높은 성과를 이룰 수 있는 민주적인 요구에 부합하는 평가를 만들어내는 일은 결코 불가능하지 않다. 심지어 이런 평가 방식을 위한 재료 몇 가지는 이미 존재한다.

가장 훌륭한 시험이란 우리의 온도를 재는 체온계와 비슷해야 한다. 우리가 어디쯤에 서 있는지, 체온이 높아지고 낮아지는 것이 무엇을 의미하는지 알 수 있어야 한다. 하지만 시험이 체온계는 될 수 있으나, 치료 그 자체는 아니다. 과학을 통해서는 결코 이런 사안을 해결할 수 없다. 옛날 노래 가사에서도 나오듯이 이 모두는 "우리가 스스로 해결해야 할 문제이다." 우리한테 필요한 것은 아이들을 제대로 아는 이들에게 권한을 넘겨주고, 지역사회, 가족, 학생들이 잘못된 평가에 도전할 수 있는 또 다른 기준을 수립하는 것이다. 질문을 하고 반대 증거를 제시하고 다른 의견을 통해 평가를 확인할 수 있는 또 하나의 평가 기준이 필요하다. 여기에는 예전의 전통적인 시험이 유용한 도구가 될지도 모른다. 다시 말해 우리는 표준화가 필요한 것이 아니라 수단과 결과 두 가지 면에서 표준이 필요한 것이다.

8. 학업성취가 보여주는 격차

혹인이나 라틴 지역 등의 유색 인종들은 학교에 대한 기준이나 척도와 관련된 토론이 벌어지면 딜레마에 빠지곤 한다. 정치적인 색깔을 떠나 너무 많은 토론이 유색인종에 대한 것이기 때문이다. 물론, 토론 뒤에는 시험이 만들어낸 학업성취 격차에 대한 해결책이 마침내 나올 것이라는 기대감도 담겨 있다. 사회경제적 계층과 소득에 따라 거의 모든 학업성취 결과에 차이가 나타나고, 인종 측면에서도 이런 격차가 벌어지고 있기 때문이다.

시험 성적으로 측정되는 이런 분명한 학업성취격차는 인종적인 측면과 소득 그리고 부모가 학교 일에 지속적으로 관여하는 기간 등에 따라 나타난다. 이것은 충격적이면서 동시에 중요한 의미를 갖고 있다. 어찌된 이유인지 오늘날 많은 미국인들은 인종 격차보다는 사회계층 간 격차에 부담을 덜 느끼며, 개혁가들과 정치인들조차 경제적 격차를 심각하게 받아들이지 않는다. 〈레허러 뉴스 아워(Lehrer News Hour)의 팬스워스(Elizabeth

Farnsworth)가 진행한 인터뷰에서 수필가 로드리게즈(Richard Rodriguez)는 미국 중산층들은 흑인들이 즐비한 도시 빈민가에서 발생한 무지나 실패보다는 "가난한 백인들"의 실패를 비웃는 걸 덜 부담스럽게 여긴다고 말한 바 있다. 나아가 로즈(Mike Rose)도 자신의 글을 통해 사회계층 간 차이가 교육에 어떤 영향을 끼치는지를 상기시킨 바 있다.

그럼에도 아직까지 인종 격차는 사회계층 간 격차만큼이나 활발하게 비판받고 주목해야 할 중요한 범주다. 측정 가능한 시험 성적, 어쩌면 그보다 더 중요한 자퇴 비율, 졸업 비율, 대학 입학률과 졸업률 같은 격차는 소득과 부모의 학벌을 고려하더라도 인종 내에서 여전히 존재한다. 미국 정치와 사회생활을 볼 때 인종 문제보다 더 중요한 사안은 존재하지 않으며, 나의 일에서도 인종은 중요한 사항이었다. 불과 얼마 전만 해도 대부분의 백인들은 학업성취가 차이 나는 것은 인종에 따른 지능 차이 때문이라고 의심 없이 받아들였다. 그 때문에 학업성취의 격차에 대한 설명도 필요로 하지 않았다. 겨우 20년 전만 해도 흑인 지능이 백인보다 낮다는 주장이 팽배했다는 것을 우리는 당시 베스트셀러였던 〈정상분포, *The Bell Curve*〉의 두 저자인 핸스타인(Richard Hernstein)과 머레이(Charles Murray)의 주장에서 확인해볼 수 있다. 두 사람은 흑인의 지능이 백인보다 낮다는 유언비어가 사실이고 이를 뒷받침할 증거도 있다고 주장했다. 그렇다고 흑인들을 차별해도 된다는 건 아니지만, 이 사실이 사회제도를 마련할 때

도움이 될 거라고 덧붙였다. 나아가 보수주의자들도 이 두 저자가 인종차별을 조장한다고 고발당하자 이들을 보호하기 위해 나섰고, 그 지지자들은 비록 메시지가 마음에 들지 않는다고 한들 이들은 사실을 전달한 것뿐이니 이들을 탓해서는 안 된다고 주장했다.

핸스타인과 머레이가 백인과 흑인의 지능 격차를 증명하기 위해 사용한 자료는 현재 우리가 가진 것과 비슷한 학업성취 자료와 IQ 자료였다. 그들은 이 자료를 토대로, 인종 말고는 이 결과의 차이를 설명할 길이 없다고 했다.

반면 진보주의자들은 이 결과는 인종차별이 흑인 지역사회에 미친 영향, 즉 생물학적 요인이 아닌 환경적인 요인에서 기인한 것이라고 반격했다. 몇몇 이들은 이 차이가 IQ나 유전, 생물학적 차이가 아닌 백인과 흑인이 속한 세상의 문화적 차이가 시험 항목을 포함한 어떤 현상에 대해 각각 다른 반응을 이끌어낸 결과라고 주장했다. 실로 이 연구는 인종차별이 우리 사회에 끼치는 깊은 영향뿐만 아니라, 시험이라는 렌즈의 초점을 통해서 보면 단순하게 흑인이 열등하거나 백인이 우월하다는 식의 편견을 넘어서 흑인과 백인이 얼마나 부자유스러운 상이한 결과를 가져올 수밖에 없는지 보여주었다. 이후로도 IQ 시험을 비판하는 연구들이 꾸준히 진행되면서 흑인과 백인 사이의 지능 격차를 주장하는 것은 잘못되었다는 입장을 대변하기 시작했다.

그러나 이미 상처는 깊었다. 사회에 널리 퍼진 편견은 너무 깊었고, 무서웠고, 거대했으며, 나날이 강화되어 어떤 논리로도 대적할 수 없는 것이 되었다. 모든 흑인들, 특히 중산층 흑인들은 이 격렬한 두려움 속에서 괴로워했다.

문제는 IQ 시험이 뒤로 물러나자마자 새로운 증거들이 발견됐다는 점이다. 그것은 IQ를 제외한 다른 분야의 시험 점수들이었다. 이 시험들은 흑인과 관련된 편견을 증명하는 것처럼 보였다. 학교를 운영하는 이가 흑인이건 백인이건, 얼마나 많은 돈이 더 쓰여지건, 학급 규모나 교과서나 교육학 이론이 어떻건간에, 백인과 흑인 간의 학업성취 차이는 사회경제적 자료를 제외하고는 매우 컸다. 그 때문에 사람들은 오직 소수 집단 우대정책같은 인위적인 방법만이 유색인종 아이들을 대학에 입학시키고 취직을 독려할 기회가 된다며 애석하게 여겼다. 물론 이 정책의 혜택을 받은 아이들은 아주 밝고 학업적으로도 성공했으며 대학에 가서도 잘 지냈다. 또한, 직업을 가졌을 때도 직업이 요구하는 모든 일들을 잘 수행했다. 그러나 소수 집단 우대정책에는 그만한 대가가 따랐던 만큼 이 정책을 더는 지속하기 어려웠다.

나아가 주관적인 실적 중심이 아닌 과학적으로 개발한 '객관적인' 능력 평가에 따르면 백인들은 항상 흑인들보다 나은 결과를 보여주었다. 또한, 인종차별을 줄이고 시험 성적 향상을 위해 더 많은 노력을 할수록 백인과 흑인 사이의 격차도 점차 분명해졌다. 흑인 학생들의 성적이 오를 때 백인 학생들의 성적은 더 빠른 속도로 올랐던 것이다.

흑인들로부터 나온 한 가지 타당한 의견은 이 모든 격차가 지능 차이가 아닌 인종 자체에 기인한 것이라는 의견이었다. 이것은 바로 압도적인 수로 학교에 상주하는 백인 교사들의 인종차별을 지칭하는 말이 되었다. 이들은 백인 교사들이 유색인종 아이들을 고의적으로든 실수로든 잘못 가르치고 있다고 지적했고, 이러한 유색인종 아이들의 학업성취에 미치는 해로운 영향을 "제도적 인종차별"이라고 정의했다. 이 부분은 다급히 해결해야 할 부분이었다. 매일 같은 일이 반복될수록 더 많은 흑인 아이들의 정신에 상처가 가해질 수밖에 없었다.

문제는 같은 학교에서도 흑인 학생들에게 상대적으로 열등한 자원이 주어진다는 점이다. 이에 교육사회학자들은 아무리 학교 재원을 동등하게 나누어도 격차는 여전하다는 자료를 수집해 제시했는데, 그 증거란 모두가 시험 점수뿐이었다. 주목할 만한 부분은 흑인 아이들이 여전히 백인 아이들이 더 많은 학교에 다니며 동일한 수업을 받아도 이런 격차는 여전히 유지되었다는 점이다. 결국, 흑인 교육자들은 이 문제의 원인이 생각했던 것보다 복잡하고 미묘하다고 결론 내렸다.

진보적이든 보수적이든 우리 안에는 이념적인 추정이 존재한다. 이것은 결국 아이들에게 나쁜 영향을 끼치기도 한다. 교사들의 주관적인 생각 안에 흑인 아이들에게 불리한 메시지가 포함되어 있을 때도 마찬가지다.

실제로 흑인 아이들은 학교에 입학하자마자 고요하지만 끊임없는 형태의 인종차별을 받기 시작한다. 이 차별은 아이들에게 '너는 훌륭하지 않고 뭘 해도 못 해낼 것'이라고 말한다. 어떤 이들은 언뜻 친절함과 애정으로 이런 이야기를 하며, 어떤 이들은 직접적으로 이야기할 것이다. 이중에 어떤 것이 더 나쁠까? 심지어 백인 중심적인 제도와 사고방식에 물든 흑인 교사들조차 그런다면 어떻게 될까?

이런 이야기들이 과거는 물론 현재에도 이어지는 상황이다. 보수주의자들은 물론 대부분의 진보주의자들도 이를 부정했지만, 나는 이 강력한 고발에 진심으로 동의한다. 나 역시 학교에서 비슷한 경험을 여러 번 했다.

35년 전, 내가 교편을 잡기 시작한 무렵이었다. 당시에도 이 사안들은 이미 중요한 화제였다. "사회적으로 혜택을 받지 못한" 아이들, 특히나 빈곤한 흑인이나 히스패닉계 아이들이 언어를 제대로 배우지 못한 채 학교에 온다는 주제에 대해 강렬한 다툼이 벌어졌다. 학교 곳곳에 이런 믿음을 가진 교사들이 가득했고, 수많은 연구 결과들도 이 주장을 지지했다. 연구자들은 학생들이 문법과 어휘가 부족하고 발음이 부정확할 뿐 아니라 아는 단어들도 높은 수준의 학업성취를 이루는 데는 쓸모없다고 주장했다. 나아가 아이들이 매우 협소한 경험에 묶여 있다고도 지적했다. 제대로 된 교육을 받을 만큼의 경험이 부족하다는 의미였다.

이 연구들이 왜곡됐다고 주장하는 비평가들도 있었지만, 인정받는 대부분의 교육기관들과 1960년대 개혁가들조차도 같은 견해를 가지고 있었다. 나아가 이 견해는 현재에도 유효하며, 백인 중산층 아이들과 흑인 아이들의 차이점을 상쇄하기 위한 교육과정, 독해 자료, 그리고 교육방식에 지대한 영향을 미쳤다. 물론 이때 계층 간의 구분은 대부분 하지 않았다.

하지만 나는 여기에 동의하지 않는다. 물론 어떤 아이들은 협소한 경험 안에 머무르며 가난한 환경이 아이의 인지 발달에 영향을 미친다는 의견은 타당하다. 하지만, 이는 가난한 백인 아이들에게도 마찬가지로 이런 상황은 교육적인 어려움으로 다가간다. 즉 넉넉한 교육환경을 제공하는 흑인 중산층을 대입시켜보면 아무 관련 없는 내용이 된다.

1965년, 미국에서 처음으로 헤드 스타트 프로그램을 가르치러 필라델피아에 왔을 때였다. 가난한 아이, 특히 가난한 흑인 아이들에게 무엇을 가르쳐야 하는지 교사 교육을 받았다. 흑인과 백인 지도자들 양측 모두 이 부분을 강조했다. 우리는 아이들에게 가족들이 무지해서 손 놓고 있던 부분들을 가르치도록 교육받았다. 예를 들어 알파벳이나 자신이 속한 인종에 대한 공부, 어떻게 손을 들어야 하며, 협동심은 무엇인지 등이었다. 비대중적인 문화권에서 오고 사회적인 혜택을 덜 받은 아이들을 가르칠 때는 직접적인 교육을 선호했고, 아이들을 책과 질 높은 문화에 노출되도록 했다. 예를 들어 동물원 소풍 같은 것 말이다. 또한, 무엇보다도 점수 향상을 위해 시험, 우선적으로도 IQ 시험을 가르쳐야 했다.

반대로 진보적인 교육자들은 이탈리아와 독일에서 시작된 유치원 운동의 창시자들이 주장했던 것처럼 아이들을 더 놀도록 해야 한다고 주장했다. 여기서는 놀이가 특히나 저소득층 아이들에게는 중요하다고 보았다. 그들은 아이들이 열악한 환경 때문에 추상적이고 높은 수준의 사고방식을 이끌어내는 창의력을 발휘할 만한 놀이 경험이 부족하다고 말했다. 그들은 피아제 등의 현대 아동발달학자들을 인용했다. 물론 학교와 학부모들 간의 오해로 이 이론들이 과장됐다고 생각하긴 했지만, 나 역시 경험에 비추어 이 이론들을 일부 수용했다. 진보적인 교육자들이 주장하듯이 시험 성적을 향상시키려면 부유한 아이들이 누리는 것을 모든 아이들이 누려야 하며, 노는 것이야말로 계층이나 인종에 관계없이 지적 발달을 도와주는 도구라는 점에 동의한다. 특히 부유한 아이들에게 좋은 것은 빈곤한 아이들에게 더 좋은 것이 될 수 있다. 어떤 사람들은 우리가 학교와 아이들 그리고 가족과의 관계를 제대로 돌려놓기 전까지는 이를 바꿀 수 없을 것이라고 말한다. 그들은 아이들이 이미 가정에서 기술과 재능을 습득한 채로 학교에 온다고 말한다. 가정과 학교에서의 경험들이 계속해 자연스럽게 이뤄지지 않거나, 학교가 학부모와 아이들을 존중하고 있다는 것을 부모들이 믿지 않는다면 오직 탁월한 학생들만이 향상될 수 있을 것이다. 학교가 더 신뢰받지 못한다면 아이들은 학교가 제공하는 적절한 교육을 제대로 습득할 수 없다. 로즈(Mike Rose)에 따르면, 이 아이들에게 필요한 것은 "놀이하는 정신을 얽매이게 하는 가난이라는 제약 속에서도, 왕성하게 움직이는 진짜 정신, 이것을 볼 수 있도록 하는 가난과 능력 사이의 상호작용을 인지하는 눈"이다. 그러나 우리가 이해 못했던 것은 "놀이하는 정신"에 대해 '가난이 아닌 소수 인종이라는 이유로 내려진 제약'이었다.

나는 어쨌거나 인종과 경제적인 요건을 떠나 학교와 가정 사이의 빈 공간을 메꾸는 것에 집중한 쪽이었다. 나는 이들 사이의 관계를 회복시키는 데 첫 번째 목표를 두었다. 두 번째 목표는 교육과정과 방식에 관한 질문과 씨름하는 것이었다. 물론 실생활에서도 이 두 가지는 밀접하게 관련되어 있다. 교육과정에서 가장 중요한 것은 어떤 역사와 이야기를 선호하면서도 왜곡된 학문의 의미를 다시 생각해보는 일이다. 그 의미는 어떤 과목과 분야가 왜 높은 위치를 차지하고 다른 것들은 낮게 보는지와 같은 '실용적인 것과 학문적인 것'의 거짓된 이분법을 말한다. 이처럼 교육과정과 그 방식에 대한 사안을 제대로 다루려면, 아이들이 학교에서의 언어와 가정에서의 언어를 어떻게 듣고 말하는지, 그리고 인정받는 공통 기준이 무엇인지 분석해야 한다.

물론 이 두 목표를 분리해서 다루는 것은 어렵다. 만일 학교와 가정의 관계를 개선시키지 않는 한 학교 내부를 아무리 뜯어고쳐도 변하는 건 없을 것이다. 동시에 대대적인 제도 변화도 반드시 필요하다. 물론 제도적인 개혁에 동의하고 나아가는 길은 매우 험난하다. 그 역시 사회에 만연한 인종차별과 계층 간의 불평등을 해결하려는 더 큰 움직임이 없는 한 성공하기 어렵기 때문이다.

한때 나는 놀이터에서 아이들의 이야기를 들으며 그들의 가족에 대해 알아간 적이 있었다. 이런 경험들은 앞선 이론을 지지하는 데 큰 주춧돌이 되었다. 1964년, 내가 교편을 잡고 내 아이들도 보냈던 학교는 흑인들이 많이 다니는 학교였다. 교실에서는 조용한 아이들도 학교 밖에서 친구들이나 가족들과 함께할 때 늘 소란스러웠다. 얼마 안 가 나는 스미스(Frank Smith)가 썼듯이, 모든 아이들이 계층이나 인종의 구별 없이 매일 다른 열 개의 단어를 배운다는 주장을 믿게 되었다. 기회가 되면 아이들은 언어를 가지고 노는 것을 즐거워했으며, 특히 언어 유희는 흑인 아이들의 강점이었다. 사실상 흑인 사회에서 이야기, 언어 유희, 언어적 유창성을 가져온 역사적인 중요성을 봤을 때 이것은 놀라운 사실이 아니다.

세상의 매력에 풍덩 빠지는 일에는 인종의 경계선이 없다. 많은 아이들은 표준 교육과정에 대해 따분해 해도 고대 이집트나 공룡 공부는 지루해 하지 않는다. 많은 아이들이 배터리와 전구, 가라앉는 것과 뜨는 것과 같은 신기한 과학 실험을 즐거워한다. 할렘에서 어린 아이들에게 책 읽는 법을 가르칠 때 한 가지 재미있는 점을 깨달았다. 아이들은 자기의 방언에 맞지 않는 동음이의어, 동음어, 운이 같은 단어를 인식하고 싶어 했다. 예를 들어 어떤 아이들에게 pin과 pen은 철자도 다르고 의미도 다르지만 같은 소리가 나는 단어였다. 그런데 이를 오해한 몇몇 교사들은 아이에게 청각장애가 있다거나 산만하다거나 공부에 귀 기울이지 않는다고 착각해서 특수교육을 추천했다.

어떤 아이들은 좋고 나쁜 습관이 뭔지 모른 채 학교에 왔다가 소심하거나 내성적이라거나 버릇없다는 평가를 받는다. 이중 대다수는 집에서 관심과 칭찬을 받는 행동이 학교에서는 벌을 받되는 남자아이들이다. 이 아이들은 결국 학교에서의 나쁜 평판에 익숙하게 되는데, 이런 현상은 모든 인종에서 나타나며 이 아이들은 훨씬 자주 특수교육을 추천 받는다.

몇몇 개척적인 사회학자들은 학교 밖에서 아이들의 이야기를 들으면서 "사회적인 혜택을 받지 못한" 가족의 경우, 대화 방식이나 어휘는 조금 다르지만 다른 가족들과 마찬가지로 아이들과 대화를 나눈다는 결론을 내렸다. 그럼에도 심지어 훌륭한 교사들조차 아이들의 가족과 생활방식을 어떻게 바라보는지 편견을 드러내는 경우가 있다. 이럴 때면 민감한 아이들일수록 가족을 지키기 위해 자신의 가족에 대한 이야기를 하지 않게 된다. 학교가 이런저런 실수로 자신들의 편견을 메시지로 전달한다는 점은 안타까운 부분이 아닐 수 없다.

이런 현실이 나를 불안하게 만들었듯이, 내 진보적인 견해도 결국에는 현실 속에서 확신을 얻을 수 있었다. 교사들이 보여주는 아이들을 향한 메시지가 달라지고, 아이들의 가족과 다른 관계를 맺으며, 교육과정과 그 방식을 재정립한다면, 비록 격차가 남아 있다고 해도 무엇인가 다른 결과를 이끌어낼 수 있으리라 나는 생각했다. 그래서 나는 비슷한 생각을 가진 동료들과 할렘에 있는 공립학교(Public School 144)의 평범한 아이들을 유치원에서부터 2학년 때까지 관찰하기로 했다. 우리는 변화를 불러올 자신이 있었고, 좋은 가르침으로 무엇을 성취해낼 수 있는지 보여줄 심산이었다. 그렇게 우리는 자만에 빠져들었다. 결국, 이 아이들은 시 규모로 치러진 2학년 독해 시험에서 형편없는 점수를 받았다. 앞서 설명했듯이, 구절구절 유창하게 읽을 줄 아는데도 자신들보다 실력이 떨어지는 백인 아이들까지 맞춘 질문을 틀린 것이다. 이것은 누구의 잘못일까? 내 탓일까, 아니면 시험 탓일까? 나를 믿었을지도 모를 부모들에게 이 불일치를 어떻게 설명할 것인가?

　확실한 것은 이로 인해 아이들의 부모님을 설득하는 일까지 어려워졌다는 점이다. 시험은 이들의 두려움을 뚜렷이 보여주었다. 어떤 부모들은 곧바로 상황을 파악하고 아이들에 대한 자신감을 유지했지만, 어떤 부모들은 큰 충격을 받았다. 또한, 대다수는 아니더라도 상당수가 백인이 지배하는 학교 제도가 고의건 아니건 자신의 아이들에게 필요한 기량과 정보를 빼앗아가고 있으며, 아이들이 백인이었다면 이런 상황이 일어나지 않았을 것이라는 결론을 내렸다. 1967년도와 1968년도 교사 파업 모임에서도 부모들은 이런 점들을 명확히 발언했고, 흑인 동료들도 제도에서 감지되는 편견이 "자기 아이들에게" 미치는 영향에 대해 더 크고 미묘한 불편함을 느꼈다. 그러나 보수주의자들과 전통적인 백인 교육자들에게 이런 격차는 단순한 인생의 진리일 뿐 놀라운 것은 아니었다.

그런데 소득 격차가 더 심해진 지금은 반대로 인종과 계층 모두 학업성취에 영향을 미치지 않으며, 과거의 유전적인 차이는 잘못된 것이었다고 그들은 주장한다. 학업성취의 격차는 공교육이나 비효율적인 교사들 둘 다의 문제이며, 나쁜 유전자나 낮은 IQ, 혹은 가난은 문제가 아니니 기뻐해도 된다는 식이다. 진보나 중도파들도 인종과 사회 계층을 기초로 하는 설명을 폐기해버렸다. 보수적인 해리티지 재단(Heritage Foundation)에서 출판한 잡지에서 통계학자 샌더스(William Sanders)는 "학급 규모, 인종, 위치, 가난 등 우리가 연구한 모든 요인은 교사 효율성이라는 측면에서 보면 전혀 중요하지 않다."고 말했다. 또한, 부모들이 아이들의 나쁜 학교 성적을 "빈곤한 문화"의 탓으로 돌린다고 비난했다.

나는 이런 새로운 합의에 불안감을 느끼곤 한다. 가난과 인종차별, 더 미묘한 계층 간 차이가 시험 성적뿐 아니라 교육 결과에 영향을 미친다는 것은 누가 봐도 자명한 사실이다. 그럼에도 사회 불평등, 돈, 인종차별, 가난을 탓해서는 안 되며, 이런 불만은 부모, 학교, 교사의 실패에 대한 핑계에 불과하다고 주장하는 이 새로운 합의는 또 다른 방식에서 잘못된 것이다. 물론 핑계는 게으름과 운명론을 부추기고 성공하기 위해 필요한 노력을 약화시킨다. 그런데 계층 간 차이가 시험 결과나 교육 결과에 영향을 미친다는 자명한 사실을 핑계라고 표현하는 게 과연 올바른가?

더는 열등하다는 공격을 받지 않아 안심한 흑인 지도자들은 "핑계 대지 말라."며 감정에 호소하는 일을 되풀이하고 있다. 그러면서 그 지도자들은 흑인 아이들에게 비효율적인 지금의 형편없는 학교 제도를 감춰주기를 바란다. 또는 교사들을 해고하거나 다른 제재를 통해 교사들 내부의 미묘한 인종차별을 없애자고 주장한다. 인종 문제 개선에는 성공하지 못했지만, 높은 시험 성적을 요구하는 일은 더 성공적일지도 모른다고 생각한다. 그들은 무엇이든 아무것도 안 하는 것보다 낫다고 믿는 것이다.

그 결과 이제는 인종차별과 가난으로 인해 몇몇 아이들이 비교적 덜 좋은 학교에 다니게 된다는 발언 자체가 핑계로 치부되고 있다. 이는 또한 아이들과 부모들, 교사들에게 자기 역할에 더 충실히 임해야 할 책임감을 방기하도록 만들고 있다. 내 친구 하나가 최근에 비통해하며 다음과 같이 말했다. "이 세상은 백인과 흑인을 비교하는 끊임없는 표제와 그래프가 아이들의 의욕을 꺾는 것이 아니라 동기를 부여하리라 기대하는 것처럼 보인다."

진리가 그들을 자유롭게 할 것이다. 아니면 아마도 그것은 그들이 어떤 해석을 내리느냐에 달려 있을 것이다. 우리가 그들이 만들어 내길 바라는 진리는 무엇인가? "내게 무언가 유용한 변화를 불러일으킬 계기가 될 수 있는 따끔한 말을 던져주세요!" 크게 무너져가고 있는 보스턴 고등학교에 있는 한 흑인 교사가 인터넷에 올린 간청이다.

학교는 모든 아이들에게 높은 기대감을 가져야 하며, 어떤 아이도 무시당해서는 안 된다. 아이들의 영특함이 작동할 수 있도록 도와주면서 모든 아이들이 똑똑하다는 것을 발견할 수 있어야 한다. 만일 우리 교육 상황이 모든 아이들을 성공시킬 수 없는 상황이라면, 학교, 교사, 일상, 책, 생각 모두가 바뀌어야 한다. 또한, 원래 의도하지 않았던 일을 하려면 모두가 더 적극적으로 변해야 할지 모른다. 아이들을 분류해 인종과 계층 간의 차이를 과장하는 학교라면, 그 반대가 되기 위해 밑에서 위까지 점검해야 한다. 물론 학교만 변화한다고 모든 걸 해결할 수는 없겠지만, 학교의 변화를 적절히 사용한다면 공평한 경쟁의 장을 만들 수 있다.

한 예로 음악가 집안 아이들은 음악에 재능을 가지고 있으며 미래에 음악가로서 성공할 확률이 높다는 것은 누가 봐도 알 수 있다. 이것은 생물학적이거나 유전적인 설명을 따로 하지 않아도 되는 부분이지만, 동시에 올바른 음악 수업과 꾸준한 연습이 중요하다는 것 또한 누구나 알고 있다. 그런데 학교에서 몇몇 아이들에게 아직 음정을 맞춰 못 부르니 노래를 부를 때 조용히 하라고 한다면 어떨까? 아무리 음악가 집안 아이라도 학교에서는 아무런 배움을 얻을 수 없을 것이다.

그렇다면 백인이나 흑인이라는 다른 점 외에 모두 비슷하게 혜택을 누리는 가정에서 생활해 온 두 아이의 점수 격차는 어떻게 설명할 수 있을까? 어떻게 설명해야 학교의 변화가 이런 격차에 긍정적인 영향을 미칠 수 있을까? 그리고 긍정적인 영향이 없다면 내가 꼭 필요하다고 하는 이 변화를 믿을 필요가 있을까?

이에 대한 대답은 다음의 두 메시지에서 찾을 수 있다. (1) 시험은 우리가 측정한다고 믿는 것을 측정하고 있지 않다. (2) 우리가 그 격차에만 집중한다면 실질적으로 개선할 수 있는 다른 격차에는 집중하지 못한다.

나는 학교가 변화할 수 있고, 격차를 줄일 수 있으며, 아이들이 세상에 나갔을 때 시민으로서의 권리와 임금 노동자로서의 힘을 공평하게 얻는 데 도움을 줄 수 있다고 단언하고 싶다. 현재 시험은 여성, 흑인, 라틴 사람들(히스패닉계), 그리고 모든 저소득층의 실질적인 성과를 낮게 보여줘 부유한 백인 남성의 성공을 지나치게 높게 평가하는 데 일조하고 있다. 이것은 사실이며, 아이들이 교육을 받을 중요한 기회를 빼앗기고 있다. 실제로 우리 학교에서도 SAT 1200점을 받은 백인 아이가 1000점을 받은 흑인 아이보다 기량이 떨어지는 경우가 많았다. 여기서 기량이란 사회적이거나 정서적인 것이 아닌 학문적인 지식을 뜻한다.

우리가 없애려는 것은 '실질적인 격차'인 동시에 '거짓 격차'이다. 시험 점수의 격차는 우리가 발명해낸 것인 만큼 우리가 없앨 수 있다. 하지만 거짓 격차를 없애버리기 전까지는 실질적인 격차를 줄이는 일에 집중하자고 주장하는 일 역시 쉽지는 않다. 이런 실질적인 격차는 저 혼자 사라지는 것이 아니다. 설사 우리가 아이들에게 시험을 내지 않더라도, 이 책이 주장하는 학교에서의 개혁 이상의 노력을 하지 않는 한 완전히 사라지지 않을 것이다.

첫째, 우리는 모든 종류의 표준화 시험들이 계층과 인종의 차이를 확대하는 데 이상할 정도로 적합하다는 점에 주목해야 한다. 왜냐하면 정답이 "비주류"보다 "주류"에게 훨씬 더 당연하게 보이도록 만들기 때문이다. 시험이 학생들의 순위를 매기는 데 사용되는 한 "부유한 자"들에게 더 큰 혜택을 주지 않고 학생들의 순위를 매긴다고 믿는 것은 어리석다. 부유한 자들과 빈곤한 자들이 인생을 다르게 경험한다면, 흑인과 백인 또한 그러하다. 이런 이유로 표준화 시험은 다양한 종류의 차이를 확대시키는 데 놀라울 정도로 적합하다. 내가 세 자녀의 순위를 매기려 든다면, 심리측정학 상 신뢰할 수 있고 타당한 시험을 통해 매기도록 노력하겠지만, 굳이 왜 그래야 할까? 이것이 내게 뭘 말해줄까?

둘째, 표준화 시험에 민감하게 반응하는 또 하나의 요소는 바로 '계층'이다. 하지만 이 계층은 소득이나 부모의 학벌만을 의미하는 게 아니다. 시험에는 그 계층이 몇 세대 동안 이어졌는지, 재산이나 인맥이 어느 정도 있는지를 알아내는 능력도 있다. 시험은 그 아이가 다닐 대학이 몇 년제 대학인지뿐만 아니라 어느 대학인지까지 알아낸다. 유색 인종에다 중산층이라면 그들의 재산과 사회적 위치가 새로이 다져져 있을 확률이 높은 만큼, 이런 표준화 시험의 민감성은 인종 차이를 크게 부각시킬 것이다. 최근 SAT와 관련된 인터뷰에서 그니어(Lani Guinier)는 다음과 같이 말했다. "학자들의 연구에 따르면, 이 시험에서 자신의 성적을 가장 잘 예측할 수 있는 요인은 조부모의 사회경제적 지위이다. 이 시험은 세대 간 부를 전달하는 형식 가운데 하나이다."

셋째, 시험개발자들을 보면 시험 항목에 계층이나 인종 간 차별을 두지 않으면 불안해하는 듯하다. SAT 문제를 분석한 로즈너(Jay Rosner)에 의하면, 어떤 항목들은 미묘하게 흑인보다 백인이 더 잘 맞출법한 항목들이었다. 그럼에도 이런 항목들이 두 인종 간의 지능적인 차이를 증명하지 못했다. 동시에 흑인들의 정답 확률이 더 높은 흑인 선호성 문제나 겉으로 보기에 수학이나 어휘 능력을 구별하기 위한 문제들이 최종 시험에 나온 적이 거의 없다고 한다. 그렇다면 이런 시험을 바꿀 수 있을까? 그 답은 '가능하다.'이다. 만일 시험개발자들과 연구자들이 시험 문제에 왜 다르게 반응하는지 실제로 아이들과 함께 연구한다면 도움이 될 것이다.

넷째, 이런 시험들이 학업성취를 대신하게 된다면, 시험을 통해 학교나 아이들이 받게 되는 피해는 점차 강화될 것이다. 한 예로 높은 점수를 받지 못한 아이들이나 그런 지역의 아이들은 더 단순한 교육을 받게 될 가능성이 높다. 그래서 보충 과제에 시간을 보내고 더 강화된 암기 중심의 교육을 받으면서 학업성취가 떨어지게 된다. 이는 결국 흑인 아이들의 유급 확률을 증가시켜 백인과 흑인의 졸업 비율 격차를 높이게 된다. 동시에 시험 성적을 올리는데 집중하는 학교는 지능 발달에 관여하는 인생의 지혜를 가로막고, 시간이 흐를수록 자신은 성공할 가망이 없다고 인정하는 아이들을 만들어내게 된다. 결국 시험이 실패의 기록이 아닌, 실패의 원인이 된다.

다섯째, 〈아틀랙틱 먼슬리(*The Atlantic Monthly*)〉에서 스틸(Claude Steele)과 같은 몇몇 연구자들은 흑인 아이들이 어떤 상황에서 시험을 크게 망치게 되는지를 잘 보여주었다. 이 아이들은 이해관계가 가장 높을 때, 그리고 무엇보다 자존감이 걸려 있을 때 제 실력을 발휘하지 못했다. 심지어 훌륭한 성과를 자랑하는 흑인 아이들조차 시험이 지능이나 학문적인 지식을 측정한다고 설명하자, 시험이 단순히 우리가 어떻게 생각하는지 이해하기 위한 도구라고 말했을 때보다 시험을 못 봤다. 앞서 스틸이 "고정관념의 위협"과 대면하면서 작동한다고 했던 "사회적 불신"이 아이들을 방해한 것이다.

여섯째, 높은 성적은 다른 무언가를 예측하긴 하겠지만, 결국 팀워크 능력, 인내심, 위험 감수, 창의력, 의무감은 물론 다른 측정되지 않는 어려운 재능은 예측하지 못한다. 이로 인해 시험 위주의 사고로 보면 인생에서 필수적인 이런 자질들은 저평가되게 마련이고, 결국 이 시험은 잘해봤자 대학교 1학년 성적 정도만 예측할 뿐이다. 나아가 소수 집단 우대정책에 관련된 최근의 책인 〈누구에게 자격이 있는가? (*Who's Qualified?*)〉의 저자 그니어(Lani Guinier)와 스텀(Susan Sturm)이 주목한 것처럼, 최악의 경우, 시험은 누가 사회에 더 큰 기여를 할지 아닐지까지 예측할 수 있다.

일곱째, 시험이 진행되는 과정을 보건대, 아마도 시험은 가장 마지막으로 바뀔 지표가 될 것이다. 진정으로 세 자녀 사이의 격차를 없애고 싶다면, 그들의 공통점이 아닌 차이점을 중시 여겨 그들이 특별해질 수 있는 방법을 고안해야 한다. 셋 모두를 세심히 관찰해 장점을 부각하고 약점을 감당할 수 있도록 기회를 증대시켜야 할 것이다. 여전히 표준화 시험 점수를 기본으로 하는 학교제도에서는 아이들의 욕구나 흥미를 바탕으로 성장시키고 노력을 보상해주는 대신 아이들에게 벌을 주기도 한다. 무엇보다 나쁜 것은 단기간 점수를 목표로 할 경우 늘 그렇듯이 장기간의 목표들이 위협받기도 한다. 반면 많은 연구들은 아이들의 욕구와 흥미를 알아차리는 것 자체가 매해 점수에는 별로 영향을 끼치지 못해도 장기적으로 볼 때 큰 차이를 만든다는 것을 증명하고 있다.

그뿐만 아니라 아이들이 단기간의 시험 결과에 집중하도록 만드는 것은 인내심과 노력이 중요하다는 믿음을 약화시킨다. 당장 닥친 시험을 위해 모든 것을 건 아이들이 결국 그 결과에서는 자신보다 떨어지는 친구들이 잘했다는 것을 목격했다고 가정해보라. 마지막으로, 가슴 아픈 현실이지만 시험 성적에 더 집중할수록 시험을 유리하게 시작한 아이들의 점수는 더 올라가고, 격차는 더 심해질 것이다.

이런 요인들을 모두 합하면 학업성취의 격차에 대한 다른 결론을 생각해볼 수 있다. 이 결론은 지금까지와는 아주 다른 의견이다.

격차는 현실 속에 분명히 존재한다. 하지만 이와 동시에 격차를 줄일 수 있는 여러 일들도 할 수 있다. 실제로 벌어지는 격차에 대해 차이를 만들려면, 서로 다른 종류의 학교를 만들어내고 학생과 교사, 학교와 가족 사이에 신뢰를 바탕으로 자기 임무에 책임을 질 수 있는 학교를 고안해내야 한다. 먼저 없애고자 하는 격차들을 조심스럽게 고르되, 가장 중요하고 변하기 쉬운 격차부터 골라야 한다. 예를 들어 고등학교 졸업장을 받는 것, 대학생활을 잘 해내는 것, 직원, 시민, 이웃 그리고 가족 구성원의 역할을 잘 해내는 것 같은 일들 말이다.

시험에 대비하는 방법을 잘 가르치는 것도 단기간으로 보면 도움이 된다. 다만 시험을 잘 보는 아이들은 비싼 개인교습을 받을 가능성이 높으므로 시험을 없앨 수 없는 분야에서는 실질적인 교육을 대체하지 않는 선에서 모든 아이들이 시험을 잘 볼 수 있도록 기술적으로 잘 교육해야 한다. 만일 시험이 있다면 아이들 역시 시험이 어떻게 진행되고 어떻게 이를 예상할 것인지를 배울 권리가 있다. 또한, 스틸이 말한 '고정관념의 위협'과 관련된 분석이 암시하는 바에 대해 생각해봐야 한다. 이것이 아이들의 실제 삶 속에서 시험이 어떻게 적용되고 어떤 메시지가 이런 위협을 낮추거나 높이는지도 고려해야 한다. 요컨대 표준화 시험을 무시하지 않되 우선적으로 삶과 연계된 시험에 집중할 수 있도록 하는 것이다.

나는 근본적인 지적 능력과 습관에 집중하는 일의 어려움을 과소평가하고 있는 것이 아니다. 나는 단지 거기에 더 빠른 길이 있다고 생각하지 않는다. 이것은 인내가 아닌 나를 자극하는 것들에 대해 성급한 것이다.

사회에서 진정한 성과에 차이를 만들어내는 학교들은 스틸이 설명한 '사회적 신뢰'를 일상적인 학교환경으로 만들어간다. 한번은 몇몇 아이들과 인종차별적인 백인 노동자들에 대한 패러디 〈올 더 패밀리(All in the Family)〉라는 텔레비전 쇼에 대해 이야기를 나누었다. 그러자 흑인이나 라틴 학생들은 그 쇼가 웃음을 유발하는 코미디 쇼라는 점을 믿을 수 없어 했으며 그것이 인종차별을 공격한다고도 생각지 않았다. 아이들은 쇼에 등장한 여러 가지를 이야기했으며, 그 의견들의 차이는 논리적인 대화만으로는 해결되지 않을 것이 분명해 보였다. 아이들은 각각 다른 시각으로 세상을 바라보고 있었으며, 그런 아이들에게 세상을 제대로 해석해줄 수 있다고 신뢰받을 만한 면이 내겐 없었다. 나 스스로도 인식조차 못한 다양한 상처들로부터 그들을 항상 보호하기는 불가능했기 때문이다. 이처럼 사회적 신뢰란 쉽게 따라오는 것이 아니다. 그럼에도 한 가지 다행인 것은 우리가 서로 가까워질 수는 있다는 점이었다.

몇몇 격차들을 보면 직접적인 정치 공격과 가깝다고 나는 생각한다. 시험과 관련이 없다고 해서 제공되지 않는 자원은 물론, 어떤 아이들에게는 제공되고 어떤 아이들은 받지 못하는 자원이 바로 그런 격차에 속한다. 교사의 전문 지식과 자질도 중요한 격차를 만들어낸다. 이런 격차들은 사실상 시험 문제 하나 더 내는 것과 비교해도 훨씬 힘든 과제들이다. 적은 월급과 열등한 작업 환경, 빈곤한 아이들을 가르치는 교사들에게 쏟아지는 다양한 비난들이 이 과제를 해결하는 일을 더 어렵게 만들고 있다. 특히 가난한 아이들을 가르치는 이들에게 교육의 질은 돈과 관련 없다고 말하는 이들이 있다. 물론 부유층이 자식 교육에 엄청난 돈을 쏟아붓는 것을 멈춘다면, 나도 이 말을 믿을 수 있을 것이다.

이 모든 요인들을 바로잡기에는 아직 갈 길이 멀어 보인다. 또한, 이 요인들을 해결한다고 하더라도 우리는 아이, 가정, 사회 사이의 관계를 고쳐나가는 데 심혈을 기울여야 한다. 학교에 있는 어른들과 가정에 있는 어른들이 협조하여 아이들이 이 세상에서 잘 살아갈 수 있으며, 양쪽 모두와 잘 지내기 위해 노력하도록 독려할 수 있어야 한다. 인종, 다른 언어를 바탕으로 한 지역사회, 그리고 계층 간의 미묘한 격차를 해결하려면 인종, 언어, 계층 사이에 신뢰의 문화를 쌓고, 모든 아이들과 가족들이 평등하며 사랑으로 가득찬 공동체의 존경 받는 일원이라고 느끼는 문화를 만들어야 한다.

3부

시험과 신뢰 더 넓은 비전

9. 소규모 학교의 확대:
가장 좋은 교육을 위한 준비

진보한다는 건 아예 하지 말아야 할 걸
굳이 더 잘해보려고 하는 게 아니다.

— 작자 미상

할 만한 가치가 있는 일은
잘 못하더라도 해볼 만한 가치가 있다.

— 작자 미상

40여 년 전 처음 시카고에서 일을 시작했을 때 이런 말을 들었다. 부유층 학교의 경우, 모든 게 긴밀하고 개개인에 잘 맞춰져 있는 만큼, 아이들에게 굳이 학교와 가족 사이의 굳건한 관계가 필요 없다는 것이다. 그 말에 나는 퉁명스럽게 답했다. 특권층 중심의 학교는 시카고 남부 대부분의 아이들에게 결코 좋은 영향을 미치지 않는다고 말이다.

이런 학교들은 재능 있고 부유한 아이들, 어쩌면 특수교육이 필요한 아이들에게 적합할 뿐, 평범하거나 가난한 혹인 아이들에게는 좋지 않다. 그럼에도 인종차별주의자들은 물론 인종차별주의에 반대하는 사람들조차 이런 믿음을 강하게 가지고 있다는 점은 놀랍지 않을 수 없다. 심지어 지금도 이 믿음이 어디선가 들려오거나 다시 새로운 말로 꾸며져 등장할 때면 답답한 마음이 든다.

그렇다면 실력 있고 부유한 학생들에게만 열려 있는 특권층 학교와 비슷한 공립학교를, 모든 아이들을 위해 만들 수는 없는 걸까?

나는 가능하다고 말하고 싶다. 지난 30년간 축적된 성공적인 실험들은 앞으로 이런 노력을 지속적으로 해나갈 경우 수많은 아이들, 심지어 불합격이라고 낙인 찍힌 아이들에게도 학문적으로, 사회적으로 더 좋은 결과를 가져다줄 수 있을 것이라고 말해주고 있다. 이것이야말로 한 걸음 더 전진하는 일이 아닐까?

물론 이런 개혁을 깎아내리는 사람들도 있다. 그들은 학교마다 사정이 다르니 시스템을 똑같이 복제하는 건 불가능하고, 그 때문에 이 실험들을 국가나 주정부가 중심이 되어 지역 교육정책에 반영할 수 없다고 말한다. 이런 교육이 중요하긴 하지만, 여기서 거둔 성공은 특이한 인재와 자원이 결합된 특별한 상황이라는 것이다. 이런 주장 때문에 매년 소규모 학교들이 새로운 변화로 각광을 받아왔음에도, 결국 학교 몇 개가 사라져버린 일도 있었다.

현명한 내 친구 한 명이 최근 나에게 이런 질문을 던졌다. "너는 자신들을 일을 제대로 하고 있지 않은 많은 관리자와 선생님, 그리고 정치적 책략으로 가득 찬 교육위원회들이 모여 있는 학교가 제대로 성공할 수 있는 가망이 있을 거라고 생각하니?"

사실 학교의 주체들에게 무턱대고 다 뒤바꾸라고 요구하는 건 불가능하다. 심지어 우리의 확고한 지지자들조차 이런 개혁 과정을 대규모로 공교육에 도입하기는 불가능하다고 말한다. 적합한 인재도 많지 않고, 자체적으로 살아남은 학교들조차 아이들 모두를 받아들이기에는 그 수가 한참 부족하다. 보수나 진보 모두 지금 같은 개혁 동력으로는 미래를 움직일 수 없다는 데 동의하는 것이다.

그럼에도 나와 같은 비전을 가진 이들이 소규모 학교를 확대하는 일은 벅차지만 해볼 만한 도전이었다. 물론 교육의 질을 개혁하는 동시에 학교 제도까지 개혁해야 하며, 어떤 학교가 큰 변화를 일으킬지, 이를 위해 제도적인 발걸음은 어떻게 내딛을지 고민해야 하는 일이 쉬운 일은 아니었다. 하지만 이런 노력 속에서 '미래를 움직이려면' 무엇을 해야 할지 소중한 경험을 얻었다. 또한, 훌륭한 학교들은 쉽게 사라지지 않는다는 경험도 얻었다. 만일 이런 학교들이 사라진다면 그것은 불가피하고 자연적인 소멸이 아니라 잘못 의도된 행동 때문일 것이다.

자연은 본래 다양한 혼돈으로 가득하다. 이는 부자연스럽지도 비효율적이지도 않다. 생물학자들이 우리에게 상기시켜주었듯이, 혼란은 자연스럽고 성장에 필수적인 요소이며, 이것은 학교도 마찬가지이다. 학교에 있는 사람들이 혼란을 큰 짐처럼 여길 경우 개혁 확산의 가능성도 줄어들게 된다.

한 예로, 학교는 설립자의 카리스마가 지속적인 영향을 미친다. 따라서 학교의 모습을 바닥부터 바꿔야 할 때, 이런 설립자의 카리스마를 대체하기 어려운 만큼, 서서히 그에 준하는 대안을 찾는 것이 최선이다. 즉 어떤 지역에서 정치 지도자가 바뀌었다고 처음부터 다시 시작해야 되는 게 아닌 것처럼, 학교도 항상 다시 시작할 필요는 없다. 그저 시대가 변하는 것처럼 학교도 변해야 한다는 것만 기억하면 된다.

그럼에도 사회 체계를 지배하는 정책들이 학교의 자연스러운 성장을 막는 것이 지금의 현실이다. 이런 이유로 많은 학교들이 좋은 평가를 받고도 문을 닫는 상황에서 표준 모델만이 검열을 통과해 살아남고, 반면 다른 모델은 번창하지 못하는 것도 그리 놀랄 일은 아니다.

안전성과 지속성은 숫자로 담보되는 것이 아니다. 수가 증가하면 그저 눈에 잘 띌 뿐이고, 눈에 잘 띄니 결과적으로 이 학교들을 쉽게 통제하기 위한 새로운 요구들이 생겨난다. 주류 학교들은 이렇게 묻는다. 개성 넘치는 학교들은 왜 쓸데없이 이것저것을 많이 시도하는 건가? 다른 아이들도 다니는 학교도 있지 않은가? 학생 1인당 예산이 너무 많이 편성된 건 아닌가?

어떤 사람들은 그 밖에 다른 학교에 피해를 끼치는 건 아닌지 의심하고, 어떨 때는 오히려 이를 부추기기도 한다. 실제로 1990

년대 말, 많은 교사들은 10개 남짓의 작은 학교들이 보스턴 지역의 재정난을 일으켰다고 주장하였다. 시청 예산편성 담당자들에게도 이런 믿음을 부추기기도 했다.

이 엄청나고 새로운 방해물과 맞닥뜨리면서 개혁을 주도하던 교사들도 피로를 호소하기 시작했다. 처음 가졌던 개혁 정신을 이끌어갈 열정도 줄어들었다. 자신들의 접근이 옳다는 점을 끊임없이 증명하려고 애쓰고 더불어 공격적인 태도를 추스르지 못해 힘들어했다. 지도자들은 은퇴하면서 학교공동체의 의견을 반영하는 일에 느슨해졌고, 반대 세력과 끝까지 맞서겠다는 끈기도 부족해졌다. 결국, 학교를 전통적인 모습으로 되돌려 놓으라고 명령받은 이들이 그들의 자리를 대체했고, 수월하게 작업을 진행해 그간의 모든 개혁을 원점으로 되돌려놓았다.

제도 운영자들은 결코 인습 타파 행위를 좌시하지 않는다. 맨해튼 2구역에 있는 몇 개 학교들의 변화 시도 과정에서 볼 수 있었듯, 교사와 학교가 변화시키려는 노력은 평가절하되기 일쑤였다. 한 정부 관료는 나를 기쁘게 해줄 심산으로 이 말을 했다.

"데비(데보라의 애칭)! 모든 교사가 올바른 위치에 있는지 걱정한다는 게 말이 돼요?"

사실 그로서는 그렇게 말할 수밖에 없었을 것이다. 이런 이들은 뭐든지 규칙을 통해 문제를 해결하라고 교육받는다. 모든 사람들에게 좋지 않으면 누구에게도 좋지 않으며, 예외를 만드는 것은 편애이고 비효율적이라고 믿는다.

학교와 관련된 이들이 학교 제도에 흠집을 내는 것도 문제다. 관행을 따르지 않으려고 힘 있는 세력과 특별한 관계를 쌓으려고 노력하고, 여기저기서 규칙을 어기며, 특별한 호의를 따내려고 한다. 이들의 입장에서는 규칙대로만 학교를 운영할 수도 없고, 반대로 형편없이 운영할 수도 없기 때문이다. 하지만 그럴수록 우리는 이런 예외들을 방지하고 싸워나가야 한다. 이런 예외들은 가지고 있는 에너지를 온통 체계 유지에만 쏟아 부어 결국 중심 과제에 필요한 에너지는 부족해지는 사태를 야기해버린다. 즉 이런 문제들은 악의적인 문제나 성격 충돌, 자존심 문제로 벌어지는 모든 문제들보다 심각하다.

나아가 학교 운영을 위해 만들어진 제도들이 실패한 조직의 방식을 그대로 따르고 있다는 점도 문제다. 자세히 보면 그 조직들은 사람을 교체 가능한 부품으로 여기면서 실패를 자초했다. 이를테면 자격만 있으면 한 교사를 다른 교사와 동일하다고 보고, 교장 자격증만 있으면 어디로 가든 잘할 것이라고 믿는다. 내가 아는 어떤 교장 선생님은 글쓰기 프로그램을 다른 프로그램으로 대체하라는 명령을 받고 분노하고 슬퍼했던 교사들에 대해 이야기한 적이 있다. 결국 그 프로그램은 과거에 상까지 받았음에도 결국 폐기되었다.

지역 내 규율에 부합하는 인사를 배치시키겠다고 새로운 수학 교사를 보내 기존 교사들이 2년간 사용해온 프로그램을 대체해버린 지역도 있었다. 새로운 글쓰기 프로그램은 상당히 훌륭했고 새로 발령받은 수학교사 역시 괜찮은 인재였는데, 이로 인한 좌절은 또 다른 문제였다.

관료주의의 이상은 항상 중심을 지향하며 규칙의 지배하에 오로지 발전만을 꿈꾼다는 점에서 기계와 같다. 물론 어떤 학교는 망가진 구조와 별 상관없이 자기 길을 간다. 경쟁적으로 번창하기 위해 칭찬만 필요로 하는 학교들 대다수가 그런 모습이다. 이런 학교는 좋은 대학과 적당한 직장을 바라는 아이들만 만들어 낸다. 이런 학교들은 나쁜 교육이 아이들에 미치는 지적, 사회적 영향을 고려하지 않는데, 이는 결국 다른 학교와 학생들에게도 재앙이 될 수 있다.

반면 '좋은 학교의 특징'에 대해 사람들의 의견이 일치한다는 점은 놀랍다. 이들이 말하는 좋은 학교의 특징은 공교육 내 관료주의 모델과는 판이하다. 최근 대안교육을 경험한 이들을 보면 알 수 있다. 늘 아이들에게 좋은 것을 추구해왔던 부유층의 경험을 바탕으로 한 의견을 종합해보면, 학교를 가장 잘 운영하는 곳의 특징은 규모가 작다는 것이다. 이 학교 안의 아이들은 고유한 특색을 가진, 교체 불가능한 존재들이다. 심지어 큰 학교 안에서도 가장 뛰어난 아이들은 독특한 문화를 가진 소규모의 긴밀한 학교 내부의 공동체에 속해 있다. 그들은 교사, 클럽, 동급생과 시간을 보내며, 그 사이에 이루어지는 피드백은 직접적이고 활발하며, 안전하다는 감정 속에서 진행된다. 그런 점에서 이런 학교는 관료주의와는 거리가 멀다고 볼 수 있다.

나아가 이런 학교들은 스스로가 스스로를 다스리는 곳이다. 즉 판단의 주체를 자신이라고 생각하기 때문에 책임감도 크다. 다양한 자치 방식으로 학교를 운영하며 학교와 교사, 부모, 평범한 시민, 학생, 졸업생과 같은 이해관계자들 사이의 균형 또한 남다르다. 또한, 이 학교들은 선택이 자유롭다. 이곳의 구성원들은 자신의 학교를 특별히 여기는데, 그 이유는 부모, 학생, 교사들이 충분한 선택 안에서 자신들만의 학교를 만들어갈 선택권이 있기 때문이다. 실로 학교들이 각각의 특징을 가지고서 강조하는 부분이나 운영 방식까지 다르다면, 그런 매력을 느끼는 구성원들의 열정 속에서 번창할 수밖에 없다.

소규모, 자치, 선택은 훌륭한 학교의 시작이다. 부모라면 누구나 이 세 가지 자질이 조화된 곳을 선호할 것이다. 물론 이것이 좋은 아이디어이긴 하지만 대규모 공교육에 대입시키는 것은 지나치게 이상적이라고 말하는 이들도 있다. 그들은 이 아이디어에 대해 실패할 수밖에 없는 여러 이유를 대지만 사실 그 이유를 들으면 설득력이 없다.

첫째, 그들은 소규모 학교의 성공이 특이한 조건에 의존한다고 주장한다. 예를 들면, 이곳에는 특출난 재능이 있고 의욕 넘치는 사람들이 많다고 본다. 물론 이런 학교에 재능 넘치는 교사와 학생이 있을 때 결과가 더 좋을 수 있다. 그렇다면 이런 특징이 없는 학교에서 재능조차 없는 사람들이라면 이보다 더 잘할 것이라고 생각하는가? 뉴욕 시의 소규모 학교들이 2, 3대 지도자를 거치면서 20년 넘게 번창하고 있다는 사실은 과연 무엇을 증명하고 있는가?

센트럴파크이스트의 경우 3번째 지도자 안드리아스(Jane Andrias)가 취임한 뒤에도 전보다 번창하고 있다. 유치원에서 초등학교 6학교까지 차터 스쿨로 운영하는 CPE 학교들도 현재 소규모 지역 학교나 소규모 학교 관련 사업에 종사하는 지도자들을 12명 이상 배출해내는 성과를 거두었다. 만일 이들이 평범한 학교에 있었다면 꿈도 못 꾸었을 일이었다. 이런 학교들은 특출난 인재를 요구하는 것이 아니라, 특출난 재능을 가진 인재를 창조하는 능력이 있다고 봐야 한다.

둘째, 어떤 이들은 작은 학교들이 잘 운영되는 이유가 특별한 자원을 제공받아서라고 말한다. 일단 이는 사실이 아니다. 예를 들어 미션 힐 스쿨도 다른 모든 보스턴 개척 학교들과 같은 금액의 예산을 지원받는다. 다른 점은 그저 1인당 예산을 편성할 때 다른 선택을 내린다는 것뿐이다. 바꿔 질문해 보자. 그렇다면 이 말은 자원이 부족한 학교들은 소규모, 자치, 선택을 보유할 자격이 없다는 의미인가? 재능이나 자원이 부족할수록 이런 세 가지 특징이 더 중요하지 않을까?

마지막으로 비판자들은 이런 시스템이 지속 가능성을 담보할 수 없다고 말한다. 모든 학교들이 다른 방식으로 운영되면 학교들을 어떻게 감시하고, 책임을 물으며, 대중에게 보고할지 난감해진다는 것이다.

솔직히 말해보자. 지금도 이 부분은 제대로 이루어지지 않고 있다. 계속 얘기했듯이, 시험 점수라는 가식적인 통계를 제외하면 우리에게는 동일성을 유지할 믿을 만한 자료조차 없다. 새로운 해결책을 개발하자는 것도 이 때문이다. 다행히도 이 부분에는 성공적인 대체 방법들이 있다.

이스트 할렘에서 거둔 알바라도(Anthony Alvarado)의 성공, 뉴욕 대안 고등학교 분야에서 필립스(Stephen Phillips)가 거둔 성공이 사례가 될 수 있을 듯하다. 좋은 학교와 좋은 제도를 결합시켰을 때, 이것이 아이들에게 어떤 영향을 미칠지 보여주기 때문이다.

알바라도는 자신이 떠나도 살아남을 수 있도록 무려 10년간 지역 전체에 선택 기반 제도를 천천히 도입하고 다른 지역의 시스템 재구성을 위해 여기서 배운 교훈들을 활용했다. 그렇게 사업을 시작한 지 25년이 지나 출간된 〈집에 거의 도달했다(*Almost Home*)〉라는 책에서 캘리포니아 대학 공공정책 교수 데이비드 킵(David Kirp)은 알바라도가 있었던 제4구역이야말로 "가장 나은 학교제도"를 유지하고 있다고 술회했다. 또 한 사람의 선구자 필립스는 세계에서 가장 큰 소규모, 자치, 선택이 가능한 학교 구역의 지도자로서, 뉴욕시 대안 고등학교 구역에서 20년 이상 일했으며, 도시에서 가장 문제아였던 아이들과 함께했다.

이 두 사례는 자치, 선택 그리고 학교 규모의 축소가 훌륭한 인재들을 끌어들이고 평범한 이들의 능력까지도 향상시킨다는 것을 보여준다. 실로 지역적, 전국적으로 중요 지도자 역할을 맡은 이들 중에는 대안 고등학교 네트워크 출신들의 수가 엄청나게 많다. 대다수는 알바라도와 필립스가 제공한 기회가 없었다면 평범한 교사로 남거나 다른 직업으로 이직했을 사람들이다.

이들 학교에서는 수많은 교사들이 새로운 학교를 만드는 과제에 도전하고 있다. 또한, 이런 활동에 적대적인 관료주의 환경을 견디는 데 필요한 정치적인 인내심과 에너지 문제만 아니었다면 더 많은 이들이 같이했을 것이다. 나아가 이스트 할렘과 뉴욕 대안 고등학교 구역에서의 노력들이 번창할 수 있었던 것은 알바라도와 필립스가 개발한 지원 체계 덕분이었다는 점도 상기해야 한다. 이 지원 체계는 반응이 신속했으며, 각 학교마다 다른 개별적인 필요 부분을 유연하게 지원했다. 높은 기대감 속에서 유지되는 교실이 수많은 아이들을 변화시키듯, 좋은 학교는 교사를 변화시키고 좋은 제도는 학교를 변화시킨다. 이는 평범한 교사들 대다수가 적절한 학문적, 도덕적 에너지를 가지고 있음을 보여주며, '모든 아이들이 배울 수 있다.'는 선언이 결국은 '모든 어른들 또한 배울 수 있다.'로 이어질 수 있다는 점을 보여준다. 반면 우리는 반드시 배움의 가능성을 높이는 환경, 혹은 낮추는 환경도 분명히 존재한다는 점을 생각해야 한다. 다른 말로 이것은 신뢰를 키우는 학교 체계에 대한 전망이 늘 희망적이지만은 않다는 의미이기도 하다.

소규모 학교 확대와 관련된 실험들

내가 이루고자 하는 신뢰받을 수 있는 학교와 학교 시스템에 관한 전망이 그저 희망 사항에 불과한 것만은 아니었다. 1980년대, 나는 뉴욕 대안 고등학교 구역 두 곳에 "규모 확대(scaling up)"라는 슬로건을 지지하는 참가자로 지원했다. 당시 우리 사업에 대한 평가는 좋았지만 시 전체에 영향력은 미미했다. 그런 좌절감 속에서 뉴욕 시 여섯 개의 대안 고등학교 교장들이 모여 시 개혁 목표에 우리 사업을 어떻게 적용할 수 있을지 논의했다. 여기에서는 학교 개혁가인 테드 시저(Ted Sizer)의 전국적인 본질학교 연합(Coalition of Essential Schools(CES))와 연관된 여섯 학교들이 계획을 짜고 제안을 내놓았다. 이 여섯 학교는 스스로를 (Coalition Campus School Project(CCSP))라고 지칭했다. 여기서는 크고 비인간적인 고등학교들을 소규모 학교로 나눌 수만 있다면, 이미 존재하는 소규모 고등학교와 비슷한 체계를 갖출 수 있으리라 확신했다.

실패한 학교를 바꾸는 엄청난 규모의 과제를 고려해볼 때, 나는 이런 학교들이 아예 처음부터 다시 시작할 기회를 갖는 것이 좋을 거라고 제안했다. 개혁을 바라는 의욕 넘치는 교사들과 학생들이 함께한다면, 지속적으로 실패해 온 학교에 고착된 패배의 습관을 거둬낼 수 있다. 또한, 대규모 고등학교 체제를 관료주의 안에서 운영하도록 요구하는 것이 아니라 소규모로 더 긴밀하게 지원하는 틀을 마련하는 것도 중요하다. 또한, 비슷한 문제를 뚫고 나간 경험이 있는 멘토 학교들의 지지가 있다면, 비슷한 실수를 보다 일찍 차단할 수도 있을 것이다.

이런 논의 과정을 거쳐 우리는 다음과 같은 제안을 내놓았다. 가장 기량이 약한 자치구 세 곳에서 누가 봐도 실패한 대규모 고등학교를 한 곳씩 정해 문을 닫는다. 그런 다음 이를 다섯이나 여섯 개의 본질학교연합(CES)으로 이루어진 교육 복합체로 복원하여 같은 학생들로 채운다. 또한, 이렇게 새로 만들어진 학교들을 기존에 성공적으로 운영되고 있는 여섯 개 본질학교연합과 멘토 관계로 엮는다. 이러한 제안은 시저가 자신의 책 〈호레이스의 타협(Horace's Compromise)〉에서 언급한 내용에서 시작된 발상이었다. 또한, 늘어나는 학생 수와 필요한 교실 문제는 이웃의 버려진 창고, 공장, 사무실 건물 같은 오래된 건물을 개조하여 감당했다. 하지만 너무 복잡하거나 청소년들이 도망칠 수 있는 공간으로 사용할 수는 없도록 했다. 이 건물에서 초등학교, 중학교, 고등학교를 한 지붕 아래 모이게 했고, 여러 서비스를 전 연령의 아이들에게 제공해 나갔다.

놀랍게도 1992년 시장, 주 위원, 뉴욕 시 교육부장, 학교 이사회 그리고 교사연합(United Federation of Teachers) 모두가 우리의 제안을 받아들였다. 또한, 이 기준에 적합한 학교 수가 많았던 만큼, 어떤 학교가 이 사업을 시작할지 정하는 일도 수월하게 진행됐다. 우선 우리는 9학년 아이들 가운데 졸업생 비율이 3분의 1

이하인 학교를 찾아서 근처 사무실과 창고 공간을 새로운 소규모 학교 공간으로 사용할 수 있도록 협상하고 바꾸었다. 동시에 예전 고등학교들을 단계적으로 폐지해 나갔다. 그 과정에서 지역과 중앙 사무국 동료들 가운데 많은 수가 이 사업에 뜻을 같이 하지 않거나 문제 해결에 도움이 되지 않는다고 보았는데, 우리는 이 사실에 크게 놀라지 않았다. 이미 예상했던 바였기 때문이다. 그러나 우리의 외교적 기량이 미숙함에도 불구하고, 시가 이 사업에 전념하겠다고 확고한 마음을 밝히자, 많지는 않으나 일을 마무리 짓는 데 충분한 수의 회의적인 동조자나 전향하는 사람이 나타나기 시작했다.

첫 번째 결실은 맨해튼에 있는 줄리아 리치맨 고등학교(Julia Rich-man Highschool)에서 나타났다. 이 학교는 1993년도부터 1998년도까지 약 5년이라는 시간 동안 전통적인 대규모 학교 건물을 어떻게 학생들을 위해 재사용할 수 있는지 빛나게 보여 주었다. 건물은 새로운 이민자들이 다니는 학교를 포함해 네 개의 독립적인 고등학교를 수용하게 되었다. 유아센터, 유치원에서부터 8학년까지 있는 초등학교와 중학교, 그리고 장애가 있는 아이들을 위한 학교까지 수용했다. 또한, 이 학교들은 시내 근처 사무실 건물을 개조한 세 개의 새로운 소규모 학교와도 공존하게 되었다.

반면 학교를 시작한 타이밍과 지역의 정치적 분위기 면에서 두 번째 프로젝트는 덜 성공적인 결과를 낳았다. 두 번째로 선택한 브롱크스 지역의 제임스 몬로 고등학교(James Monroe Highschool)의 개혁은 자료상으로는 매우 유망했지만 큰 성과를 거두지 못했다. 브루클린 지역에서 선택된 세 번째 고등학교는 개혁을 아예 시작조차 못했다. 그럼에도 앞선 노력은 기존의 전통적인 대규모 학교들을 성공적으로 소규모 학교로 개조해 본래 다니던 학생들에게 제공할 수 있다는 아이디어를 증명하기에 충분했다.

이에 콜럼비아 대학의 교육, 학교, 수업 재건 센터(National Center for Restructuring Education, Schools and Teaching NCREST)에서 달링-해먼드(Linda Darling-Hammond)는 이 사업을 토대로 학교 개혁에 관한 상세한 연구를 진행했다. 그 자료에 따르면 졸업 비율, 출석률, 졸업 후 대학 입학률, 낮아진 자퇴 비율 등의 측면에서 사업 목표를 충분히 달성했다고 평가되었다. 이 사업과 관련된 뉴욕 고등학교의 경우 다음과 같은 성과가 있었다고 전해졌다.

"학생들이 4년제나 2년제 대학을 가는 비율이 시 전체에서 다른 학교보다 훨씬 높았다. 전체적으로 뉴욕 고등학생 중 62%가 대학에 입학하는 상황에서 이 사업과 관련된 소규모 고등학교 연합에서는 72%의 학생들이 졸업과 동시에 대학에 입학하였고, 15~20%의 학생들은 졸업 이후 다양한 활동 끝에 최종적으로 대학에 입학했다."

특히 이 학교들의 전체적인 자퇴 비율이 시 전체 고등학교의 절반 정도라는 점에서 다음 사실은 특히 인상적이었다.

"어반 아카데미(Urban Academy) 고등학교에서는…… 졸업반 학생 가운데 95%가 대학교에 합격하였다…… 이 학교 학생 대부분은 역사적으로 볼 때 미국 대학에서도 사회경제적으로 소수 계층의 출신이다…… 평균적으로 가족 가운데 처음으로 대학에 입학하는 경우가 40% 정도이다."

이 연구보고서의 결과 중에는 겉으로 표현되지 않은 변화들도 있었다. 우선 부모들의 참가율이 높아졌다. 브롱크스 학교의 대부분의 부모들이 오픈하우스에 참가한 것이다. 안전은 더 크게 담보되었다. 줄리아 리치몬드 고등학교 같은 경우 얼마 안 가 금속 탐지기(총기류 검사를 위한)를 없앴다.

또한, 뉴욕 대학의 연구 결과, 학생 1인당 소요 비용은 평균보다 높게 지출되면서도 한 아이를 졸업시키는 데 쓴 비용은 오히려 더 적었다는 것도 변화 가운데 하나였다.

CCSP 사업 2년 차인 1994년 가을, 에넨버그(Walt Annenberg)[1]가 레드 시저와 본질학교연합(CES)과 관련해 연락을 취해왔다. 도시 교육에 영향을 미치는 사업을 구상하면 5천만 달러를 지원하겠다는 제안이었다. 이 제안을 듣고 우리는 이미 준비되어 있다고 생각했고, 좋은 학교를 개척하는 방법을 알고 있으며, 쇠락한 학교들을 변화시킬 수 있다고 믿었다.

---

1. 필라델피아의 미디어 재벌 출신으로 주영 미국대사를 지낸 외교관이자 자선가이다. 자산을 매각해 미국에서 17번째로 큰 자선단체를 설립해 20세기 미국 문화예술 분야에 획기적인 공헌을 했다.

그러나 여전히 생각해야 할 부분들이 있었다. 이런 학교들을 유지하려면 어떤 체계가 필요하고, 이런 개혁의 확산을 시 전체로 더 쉽게, 더 오래 지속시키려면 어떻게 해야 하는지, 대안적인 학교 관리 체계와 CCSP의 교훈이 도시 교육 전체의 운영 방법이 될 수 있는지 말이다. 다시 말해 대규모의 대중적인 신뢰라는 사안을 다루기 위해서는 무엇이 필요한지 고민해야 했다.

체계의 재개념화: 에넨버그 사업

지난 경험에 자극을 받은 본질학교연합(CES)과 다른 학교 개혁 비영리 단체 세 곳이 힘을 합쳐 함께 고민을 시작했다. 네 단체 모두 전략, 교육방식, 이상 면에서 다른 점이 있었음에도, 세 가지 필수적인 요소에는 쉽사리 동의를 이끌어냈다. 그것은 자치, 선택, 그리고 규모의 축소였다. 우리의 과제는 우리가 가진 학교 경험을 사용해 이런 필수요소와 공존할 수 있는 체계를 구축하는 것이었다.

우리는 의식적으로 새로운 자유를 누리고 이에 대해 책임지는 방식을 만드는 데 힘을 쏟았다. 1인당 주어진 자원의 사용 방식, 직원 채용 방식, 학교 조직 운영 방식의 자유를 주되 재정적, 학문적 의무감을 대중에게 책임지고 입증하겠다는 동의를 이끌어냈다.

또한, 우리는 학습지구(Learning Zone)라는 지리상 경계가 없는 실험 구역을 설정해 우리 사업을 수용했다. 이 단계는 뉴욕 학생 인구의 5%만을 위해 구축되었다. 시 전체 소규모 학교 1 백 여 곳을 오직 학생 5만 명을 위해 제공하고, 이를 4개에서 7개로 이루어진 네트워크로 나누었다. 이를 위해 간소하게 마련된 중앙 사무국이 감독하며 최종적으로는 시 교육 이사회의 관리를 받았다.

이런 사업을 우리만 한 건 아니었다. 에넨버그(Annenberg)의 도전이 전국적으로 다른 도시들에서도 비슷한 프로젝트 열풍을 일으켰다. 바우처(voucher)와 차터(charter) 제도에 대한 관심이 커지면서 사업이 자극을 받기도 했지만, 공교육과 평등에 대한 헌신이 사업을 이끄는 힘이 되었다. 우리는 특정 상황을 살펴 체계를 해결해가며 여러 가능성을 고려할 수 있게 되었다는 점에 흥분하기도 했다. 이 바우처 아이디어는 실로 공교육을 강화하는데 가장 좋은 방안이 될 수 있을 듯 보였다. 우리는 스스로 최첨단의 길목에 서 있다고 판단했고, 조심스러웠지만 동시에 몹시 기뻤다.

다른 방식의 생각 뒤에 놓여진 전제

우리는 여러 학교들이 이룩한 구체적인 실천 사항들이야말로 우리가 이뤄낸 성과 가운데 가장 놀라운 부분이라는 점을 알고 있었다. 자유로운 선택과 행동을 보장하면서 참여자들의 열정을 자극하고 최선을 이끌어낼 수 있었다. 학교들은 독특한 재능과 방식으로 문제를 해결해갔는데, 이런 '복제 불가능함'이야말로 오히려 기뻐할 부분이었고, 이런 개성들을 체계화해야 했다.

나아가 이런 학교들은 자신들의 세세한 지침을 선택하고 개발할 수 있는 힘과 동시에 책임을 가져야 했다. 그러기 위해서는 결론적으로 아이들을 위해 대중적으로 책임감 있게 행동하는 어른들이 필요하다는 점을 보여주었다. 이것이야말로 아이들에게 더 좋은 교육을 제공하고, 동시에 교사들을 재교육시킬 수 있는 방법이었다.

나아가 이런 체제에 대한 개혁에서 가장 중요한 질문은 다음과 같은 것이었다. '어떻게 이런 사항과 관련해 다른 학교를 지원하고 책임을 물을 것인가?', '이때 체계와 단순히 호환되는 학교가 아닌, 좋은 교육과 공존할 수 있는 학교를 어떻게 구축할 것인가?' 그 결과 우리는 아래와 같은 다섯 개의 교훈을 얻어낼 수 있었다.

첫째, 단순하게 한다. 우리가 만든 학습지구의 사무국은 그 규모가 극히 작아서 학교 50곳의 2만 5천 명 학생과 20개 내지 25개 네트워크를 세 명이 관리했다. 그 때문에 우리는 보고를 최소화하고 자율성을 가지기로 했다. 그래서 세틀라이트 아카데미 (Satellite Academy)의 교장 디히터(Alan Dichter)의 말을 좌우명으로 삼았다. "뭘 하라고 이야기하지는 않겠지만, 그렇다고 그것이 우리 책임이 아닌 것은 아니다."라는 말이었다.

둘째, 인내심을 가지고 경험에서 배운다. 우리는 앞으로 5년간 최소한 학교 50개를 더 연다는 계획을 세우되, 유행을 선도하는 것이 아니라 오래 유지될 변화를 목표로 결정했다.

셋째, 어떤 성공들이 왜 이루어지는지 확실히 알기 어려운 만큼 우리 안의 다양함을 기뻐하며 존중한다. 특히나 외부의 흥미로운 일에 관심을 가지고, 미래의 다수를 위해 현재 몇몇 아이들의 가능성을 희생해야 한다는 기치는 조심해야 한다. 심지어 규모가 크고 비인간적인 학교 안에도 믿음직한 아이들과 가족들이 존재할 수 있다는 점도 생각해야 한다.

넷째, 여러 학교와 교사 조합, 시와 주 사이에 간소한 계약을 진행한다. 이 계약은 가장 기본적인 의무 사항부터 무시할 수 없는 지역, 주, 국가의 건강, 안전, 평등에 관한 규율까지 포함한다.

다섯째, 실수에 대비해야 한다. 실수의 대가는 새로운 규칙이나 부서 혹은 감독 장치 신설 등으로 해결해야 하며, 일단 멈추고 기다리며 지켜봐야 한다.

운영 자치권을 얻으려면, 대중에게 책임을 져야 한다. 그러려면 우선 우리가 무슨 일을 하고 있는지를 증명할 필요가 있다. 그 해답은 부분적으로 학교의 특징 그 자체에 존재한다. 학교의 규모를 줄이는 일은 구성원들의 자기 이해를 가능하게 하고, 자치는 지금은 찾아보기 어려운 다양한 의견 수용을 가능하게 하면서, 불만 있는 부모나 교사들도 떠나거나 남는 것으로 자신의 의사를 표명할 수 있는 기회를 준다. 물론 이러한 세 가지 특징이 외부적이고 관료주의적인 책임감에 대한 부담을 조금은 덜어주지만, 이것만으로는 충분하지 않다. 어떤 학교건 그 체계를 의심할 권한이 있는 학생의 가족들과 함께하기 때문이다. 따라서 강한 대중적인 책임감의 체계를 갖추지 못한 채 그저 선의만 강조하는 학교들은 관습과 편협한 지역주의에 빠져 거만해지고 비밀스러워지기 십상이다. 심지어는 독단적이거나 인종차별적인 곳으로 변하기도 한다. 이때 교사건 부모건 반대자들은 오히려 버림을 받거나 순교자가 될 수도 있다. 이런 사안을 종합할 때, 중요한 것은 좋은 학교를 만드는 일과 공존하면서 동시에 지지 기반이 될 수 있는 대중적인 책임 방식을 마련하는 일이었다. 우리는 학습지구를 계획할 때 이런 흐름을 함께 구상해 포함시켰는데, 그 핵심은 평등, 학생들의 결과물, 재정적인 진실성이었다. 우리가 이 모두에 완벽하다고 증명할 필요는 없지만 최소한 기존의 상명하달 제도보다는 괜찮다는 증거를 제시할 필요는 있었다. 따라서 우리는 네 가지 '책임 장치'를 제시했다.

첫째, 학생 결과물 평가였다. 간소한 공통기준 지표를 보고하는 것 외에는 모든 학교들이 각각의 기준을 명백히 밝혀야 했다. 더불어 이런 기준에 부합하기 위한 학생들의 노력을 어떻게 평가하는지도 명백히 제시해야 했다. 우리 네트워크에 있는 센트럴파크이스트 중등학교, 어반 아카데미 고등학교, 하이츠 대학교 (University Heights), 그리고 인터내셔널 고등학교 네 곳은 이미 고등학교 졸업 기준에 부합할 수 있는 대체 방법을 시와 주에 승인을 받았고, 서로 다른 방식을 개척하였다. 네 가지 접근 방식 모두 학생들의 노력과 직원들이 기준에 부합하고 있는지 계속해서 평가하기 위해 대학 교수진과 부모, 지역사회 일원, 다른 고등학교 교사들의 협력을 요청하였다. 새로운 고등학교들 대부분도 이 네 가지 방식 가운데 한 가지를 선택하여 적용하거나, 몇몇 학교는 더 전통적인 책임 제도를 고수했다. 또 다른 학교들은 전통적이고 비전통적인 평가 방법을 혼합하는 방식을 연구하기도 했다.

둘째, 상호 간 학교 감독과 평가였다. 이 학교들은 사업의 질을 높이기 위해 서로에게 평가 받기로 동의했고, 동료들끼리도 서로 감독하기로 결정했다. 제대로만 조직된다면 이제 이 학교들은 서로에게 거울이 되어 "당신들이 하고자 하는 것이 정말 이것인가?" 되묻게 만드는 관계가 되는 일이었다. 우리는 이 새로운 학습지구에 포함된 모든 학교들을 4개에서 7개 소규모 네트워크로 구성해 자매결연을 맺도록 했다. 각각의 네트워크는 서로의 행적에 대한 집단 평가 체계를 구축해 나갔다. 정해진 최선의 방법이란 것은 없었다. 우린 이것이 우리가 정말 많이 배워야 할 영역이란 것을 알 수 있었다.

셋째, 이것은 공식적인 평가들과 관련이 있었다. 이를 위해 우리는 날카로운 안목을 가진 우리 지지자들과 회의적인 대중들로 이루어진 위원회를 제시했다. 이 감독관들의 역할은 네트워크의 신뢰성과 상호 간의 책임감 체계, 학교 업적을 질적인 면과 평등이라는 측면에서 증명하는 것이었다. 이런 기구들은 학교 네트워크들이 약속한 일을 진행하고 책임감 있게 행동하고 있다는 증거들을 요구했는데, 그래서 이 평가는 대중적으로 제공되었다.

넷째, 정보와 자료 수집도 중요했다. 교사, 부모, 평가자, 입법자, 대중 모두가 학교의 사업 진행과 결과에 대한 자신들의 생각과 평가를 정립하고 시험해볼 수 있는 믿을만한 공유 자료가 필요했다. 통계자료와 더불어 실제 학생 수행 표본 자료와 추적연구가 그것이었다. 또한, 이런 일을 진행하는 데 필요한 재정 지원은 대중적인 책임이있어야 했다.

우리는 비전과 신념, 그리고 책임감 있는 계획도 가지고 있었다. 몇 달이 흐르자 개혁했던 단체 네 곳은 학교를 21개의 네트워크로 정리한 뒤, 매해 학교를 더 늘리겠다는 계획과 함께 사업을 시작했다. 동시에 화이트(Douglas White)가 이끄는 중앙 사무국이 뉴욕 대학과 콜롬비아 대학 NCREST 연구가들과 협력해 우리 사업의 행적을 기록하기 시작했다. 연구가들의 과제는 다음의 세 가지 질문에 답하는 것이었다. (1) 모든 인종과 다양한 계층의 아이들은 이런 학교에서 잘 지내는가? (2) 이 사업이 '소규모, 자치, 선택'이라는 특징을 학교 개혁의 중앙 전략으로 나갈 수 있도록 방향을 제시하고 있는가? (3) 이 사업이 더 많은 대중과 정책을 만드는 공동체의 이목을 끌 수 있는가?

학습지구가 수용할 수 있는 학생 수는 뉴욕 시 학생 인구 가운데 5% 정도에 불과했지만, 만일 보스턴이나 오클랜드, 워싱턴 DC 같은 중간 규모의 미국 도시라면 충분히 이를 적용해볼 수 있었을 것이다. 하지만 그런 일은 일어나지 않았다. 무엇이 잘못되었을까?

그런데 역사적인 순간, 사업이 허우적대기 시작했다. 같은 교육부장을 채 몇 년도 데리고 있지 못했던 시의 무능력, 새로운 주지사 선출 후 주 교육부 지도자의 교체가 가져온 여파, 지역 학교 이사회 지도자의 변화, 지역 노동조합 지도자의 교체 등 이해하기도 설명하기도 까다로운 요인이 사업의 지속성에 영향을 미쳤다. 우리를 지지해주는 외부 단체 네 곳도 우리와 관련된 것 외에 다른 목표를 가지고 있었고, 정권의 변화 속에서 지켜내야 할 자리가 있었다. 새로운 교육부장과 중앙 사무국의 직원들 대부분과 개혁이라는 현실과 마주친 지역 지도자들에게 학습지구는 위협적이며 위험했다. 계속해서 우리를 지지해 준 곳은 조합뿐이었다.

결국, 학습지구는 버림받았고, 규칙이나 규율과 재정적인 자치에 대한 공식적인 자유도 사라졌으며, 결국 책임 네트워크를 약화시키는 결과를 가져왔다. 살아남은 건 그간 강화된 소규모 학교들 사이의 네트워크뿐이었다.

모든 새로운 사업이 늘 그렇듯이 일시적인 차질이 있을 수도 있었다. 이 사업의 전국 확대는 물론 지금껏 누려온 제한된 자유마저 위협하는 무언가가 여전히 우리를 기다리고 있었다. 바로 상명하달식 표준화를 개혁의 원동 장치로 사용하는 발상이었다. 이발상은 에넨버그의 제안이 강조한 것과는 정반대되는 개념이다. 이 새로운 개혁은 교실과 학교 그리고 중앙 관계자들 간의 관계가 너무 긴밀하지 못하고 느슨하다고 생각했고, 문제해결을 위해 측정 가능한 결과물과 점수화된 시험 목표에 도달하지 못했을 시에는 강도 높은 불이익을 받을 것이라고 주장했다.

그렇게 소규모 학교를 확대하려는 노력은 다시 위축되어, 축소된 비전으로 시행할 수밖에 없는 상황에 놓여졌다. 예를 들어 1996년 지역 교사 조합의 계획에 따라, 보스턴에서 시작된 차터 스쿨 형태가 그것이다.

미션 힐 스쿨이 포함된, 보스턴의 개척학교로 불렸던 이 학교들은 첫 번째 감독관을 맞이해 흥분하며 첫 걸음을 내딛었다. 그런데 그 다음 감독관에게 결실에 대해서는 비록 배울 점은 있었지만 체계적이지 못한 것으로 여겨졌다. 새로운 현실과 대면한 이 학교들은 얼마 안 가 조합에게는 기회가 아닌 걱정거리가 되었다. 다른 학교 교사들은 이 학교들로부터 위협을 받지 않는 한 이런 학교에 대해 흥미를 느끼지 않았다. 결과적으로 개혁을 추진한 학교들은 에넨버그의 지지에도 불구하고 좀 더 자유롭게 시작했고 아직 그 자유를 잃지 않았다는 점을 제외하면, 뉴욕 시에서 겪었던 운명의 전철을 따르게 되었다.

그럼에도 불구하고 뉴욕 시에서 그랬듯이, 이 개혁은 살아남았다. 2002년 겨울, 한 보스턴 고등학교의 교직원들이 사상 처음으로 개혁 학교로 전환하는 투표에 압도적인 투표율을 기록했다. 개혁 학교들의 움직임은 여전히 계속되고 있으며, 현재도 뉴욕 시 에넨버그 사업의 부분적인 실험으로 남아 있다.

전국적으로 에넨버그의 다른 사업 현장도 비슷했다. 모두가 비숫한 노력들을 했고, 절반의 성공을 거두었다. 시카고는 에넨버그 보조금 사업의 일부로 거대한 소규모 학교 네트워크를 가지고 있었고, 분위기가 180도 변했을 때 새로운 소규모 학교 수십 개를 세웠다. 문제는 시카고가 학교 중심적 판단의 기치를 버리고, 중앙집권체제로 바꿨다는 점이다. 모든 에넨버그 사업 현장이 시장, 주지사, 아니면 공공 엘리트같이 정치적으로 더 권력을 지닌 자들에게 힘을 실어주는, 쉬워 보이는 해결책에 유혹당한 것은 사실 놀랄 일이 아니다. 이 학교들은 점차 현장으로부터 먼 곳에서 책임의 문제를 해결하는 체계를 세우는 데 힘을 쏟았다. 표준화 시험을 도입해 이것으로 학교가 진정으로 필요로 하는 지역의 평가, 외부 전문가 평가를 대체했다. 이런 선택 뒤에는 개혁에 필요한 자금을 조달받겠다는, 교육적인 이유가 아닌 정치적인 이유가 존재했다.

가장 최근, 소규모 학교를 대규모로 받아들이기 위해 체제 개혁을 시작한 도시 가운데 하나가 오클랜드. 에넨버그 사업도 매사추세츠, 시애틀, 샌프란시스코 지역과 뉴욕을 포함 주요 도시 지역 소규모 학교에 재원을 제공하기 시작한 게이츠 재단과 마찬가지로 소규모 학교 운동의 탄력이 사라지는 것을 경계한다. 학교가 중심이 되는 학교 권력에 사람들이 다시 한 번 관심과 흥미를 보일 때까지 살아남기 위해 끊임없이 싸워나가야 한다.

새로운 합의점은 이렇다. 이제 우리는 학교와 아이들, 그리고 그 가족들과의 친밀감이 영향 받지 않도록 학교 바깥에서 변화의 인자들을 가져와야 한다. 단순한 규모 확대보다는 이미 존재하는 소규모 학교들부터 제대로 유지시켜야 한다.

어떤 학교 체계건 성공적이고 영원히 지속될 수는 없다. 이 점은 항상 염두에 두어야 한다. 학교 문제를 해결하는 데 오로지 하나의 해결책만이 전부라는 발상을 극복해야 한다. 학교 체계를 바꿔나가는 장기간의 힘겨운 싸움을 시작하려면 이러한 극복이 필수적이다.

우리에게 필요한 것은 혁신에 필요한 공적 영역을 보호할 수 있는 새로운 체계이다. 이는 제한적이지만 간소한 체계가 우리의 공적인 관심사를 지키는 보호자로서 중요한 역할을 한다. 동시에 이런 체계는 학교 시스템 자체가 아닌 우선적으로 그 구성원들, 즉 공동체 구성원들에게 민감하게 반응해야 가능하다. 바로 이것이 문제다.

때로는 나 역시 이런 발상들이 이상적인 건 아닐까 고민한다. 과연 모든 인간들이 지혜롭고 훌륭하며 유능할까? 과연 이 모두를 신뢰할 수 있을까? 우리는 평범한 사람들이 평범한 상황에서 자신의 신념을 실행하려고 몸부림칠 때 반드시 얻게 되는 피해와 상처로부터 자신을 보호하기 위해, 본능적으로 "만약~"와 "~을 가정해보자." 같은 표현을 사용한다.

그러나 오직 시장만이 이 일을 잘 해낼 수 있다고 믿는 이들이 말하는 것처럼, 아예 공교육을 없애자는 주장도 역시 이상주의가 아닐까?

희망적인 점은 대다수 사람들이 아직도 아이들의 학교나 자신의 공동체 구성원들이 있는 잘 아는 공립학교를 놀라울 정도로 신뢰한다는 것이다. 최근 주간 교육(Education Week/PEN) 설문조사에 따르면 부모들 중 70%는 자신들의 큰아이가 다니는 학교에 A 또는 B 점수를 줬다. 또한, 자녀를 둔 부모건 아니건 56%가 자신이 속한 공동체의 모든 학교에 위와 같은 점수를 매겼다.

이는 오히려 다른 이들이 나보다 현재의 학교에 대해 긍정적이라는 점을 보여준다. 어쩌면 내 친구들 가운데 많은 수가 1980년대와 90년대 공교육 위기 고발 뒤에 감춰진 충격에 동조한 것도 이런 이유 때문이었을 것이다. 그러나 공교육의 위기를 말하는 이런 언어들은 오히려 역효과를 낳았다는 점도 주목해야 한다. 이 위기의 언어들은 대중에게 자신들의 공동체로부터 멀리 떨어진 학교들이 체계적이고, 기준에 부합해서 일하도록 하는 강력한 작동 장치로서 '법의 제제'가 필요하다고 느끼게 만들었다. 하지만 나는 현실을 받아들이자고 말하고 싶다. 문제를 해결할 한 가지 완벽한 정답이란 없으며, 있다고 해도 그것을 법제화시킬 수 없음을 인정하자.

믿음에도 단점은 있고, 항상 믿음을 가지는 일도 쉽지 않다. 그러나 올바른 방향을 만드는 회의적 불신은 오히려 공동체와 학교의 사이를 끈끈하게 만든다. 이제 멀리 떨어진 정부 관계자나 전문가의 품 안으로 도망가는 대신 불신의 근본을 파헤쳐 봐야 한다. 내가 제안한 믿음직한 학교를 개척하는 일은, 그것대로 문제

를 지니고 있을지라도, 이 나라 아이들의 배움에 더 이로운 기회
가 될 수 있을 것이다.

10. 우리들의 민주주의와 공교육을 위하여

정원을 꾸미는 데 도움이 될 만한 아이디어를 찾으려고 뉴욕 주 북부 지역을 운전하고 있을 때였다. 우연히 누군가가 세심하게 관리한 흔적이 역력한 사랑스러운 정원 하나를 발견했다. 하지만 내게는 그다지 인상적으로 다가오지 않는 정원이었다. 어떤 사람들에게는 매력적으로 보일 수 있겠지만, 어떤 사람이 보면 몰취향하고 흉측한 것으로 보일 것 같았다.

어떤 면에서 가르치려는 본능은 때로 독재자의 본능과 가까울 수 있으며, 이 본능은 모든 사람들이 나를 좋아하도록 만드는 본능이기도 하다. 이 정원을 봤을 때 어떻게든 다시 꾸며보고 싶은 마음이 든 것도 이 때문이었다. 정원을 소유하려는 쾌감은 오직 나만의 것이었다.

그 정원은 다소 어색한 부분이 있었지만, 장점 또한 갖추고 있어서 머무르기 좋아 보였다. 바위로 된 언덕 비탈길, 전나무 너머의 호수, 머리 위에 걸린 거대한 단풍나무, 저 멀리 떨어진 헛간,

그 헛간 너머로는 벌판과 언덕이 펼쳐져 있었다.

나는 누구도 이 정원을 구획대로 나누듯 계획하지 않기를, 이 정원이 우연히 만난 오아시스처럼 다소 거칠고 길들여지지 않은 것처럼 보였으면 하는 마음이었다. 우리는 뭔가를 깨끗하게 만들기 위해 시간과 에너지를 쓰지만, 그 노력만으로는 정원을 진짜 정원처럼 보이도록 만들 수는 없다.

우리 학교를 방문하는 이들은 예의 차리느라 내색하지는 않지만 속으로는 이렇게 생각하는 듯 보였다. "도대체 여기서 무슨 일이 벌어지고 있는 거야?", "이곳은 진짜 학교가 아닌 것 같아!" 그들은 이곳을 다 밀어버리고 그들이 생각한 원래 학교의 모습으로 바꿔야 한다고 상상한다.

하지만 민주주의 사회에 필요한 학교는 각자의 취향에 맞는 다양한 학교이다. 더불어 이 학교들은 서로 간섭해서는 안 된다. 물론 이것이 아주 힘든 일이라는 건 우리 모두가 알고 있다. 그러나 정원과 달리 학교는 나 혼자 소유하는 곳이 아니라, 우리 아이들을 키워내고 함께 살아갈 다른 시민들에게도 영향을 주는 중요한 역할을 맡고 있는 곳이다. 따라서 사람들의 생각을 무조건 받아들이거나 중앙에서 무엇이 가장 좋은 학교 모델이라고 정하도록 내버려둘 수 없다.

이제는 모든 아이들이 함께 책임을 나누는 '공적인 책임감'을 인식하고, 올바른 방법은 오직 하나라는 오만을 극복해야 한다. 이는 학교가 특정 가치관을 회피해야 한다거나 동시에 방어를 포기하라는 게 아니다. 오히려 정반대다. 민주주의 사회는 여러 가치관을 표현할 수 있도록 다양한 방법의 문을 열어 놓아야 한다. 이상적이지만 이런 차이점 대부분은 지역의 공립학교 네트워크 안에서 동시에 발생할 수도 있다.

다양성은 우리 모두가 가진 중요한 지분이다. 서로 공유하는 더 큰 사회가 있다는 것을 인식하면서 균형을 맞춰가야 한다. 만일 시민들의 공적인 생활이 분열과 다툼으로 지속된다면, 이는 가공된 두려움보다 그 위험성이 더 크다. 다양성이 목표라면 왜 학교를 공적으로 유지시키는 것일까? 다양성을 보장하는 일을 왜 시장에 맡기지 않을까? 시장은 더 큰 수익을 제공하는 작은 틈새시장이 있을 때만 다양성을 제공할 뿐, 결국 경쟁을 통해 표준화된 해결책을 선호하기 때문이다.

"공교육을 왜 구해야 하는가?"라는 질문에 가장 중요한 대답은 이것이다. "우리는 시민으로서 같이 살아가는 법을 학교에서 배운다. 그 때문에 공립학교는 사적인 이익뿐만 아니라 공적인 이익도 지켜야 한다."

예를 들어 놀이터에서는 어떤 행동이 적절한 행동인지, 잘못한 아이들은 어떻게 벌을 받는 게 최선일지에 대한 논쟁 같은 것이 더 큰 사회를 위해 싸워나가는 거울이 된다. 이 거울은 좋은 시민이 되는 길이 무엇인지, 정의는 어떤 모습이어야 하는지를 비춰준다. 학교라는 곳은 애국심이라는 단어에 담긴 여러 의미를 배우며 공동체를 만들어가는 곳이며, 이 공동체를 통해 얻는 명성에 학교는 나름의 이해관계를 갖는다. 만일 학교 규모가 비대해져 학교를 판단할만한 장치를 찾기 어렵게 되고 시민들이 자녀들의 학교와 더 이상 연결되어 있다고 느끼지 않게 된다면, 의미를 배우고 공동체를 형성해가는 관계의 힘도 약화될 것이다. 겨우 50년 남짓 한 시간에 20만 개가 넘던 교육위원회가 2만개도 채 안 되게 줄어든 지금의 상황은 또 어떤가? 젊은이들 수가 적어도 두 배 이상 늘어난 상황인데도 말이다.

우리는 학교를 통해 불안한 균형 속에서도 살아갈 수 있는 방법을 배운다. 물론 이것을 자연스럽게 해나가는 일은 고단한다. 하지만 학교를 운영하려면 제도적이고 사회적인 압력을 뿌리칠 수 있는 방법을 배워야 하며, 이 사회의 공공기관은 물론 시민 하나하나를 존중하는 법 또한 배워야 한다. 제도와 기관 속에 정당하지 않은 여러 형태의 권력에 대해 싸울 수 있어야 하고, 효과적으로 권력을 지배할 수도 있어야 한다. 학교 안에서 우리의 권리가 부당하게 침해받았을 때 이에 저항하는 법을 배워야 하며, 정당한 권리를 주장하고 확장하는 법도 배워야 한다. 민주주의라는 제도 속에서 생활해갈 때 필요한 정신과 이를 실행하면서 얻은 습관을 진정한 습관으로 남기기 위해서라도, 우리는 학교에서 계속 연습해야 한다. 힘겨운 상황에서도 위대한 지도자나 아버지와 같은 상(象)을 찾아야 하며, 고립된 채 사적인 가치만을 추구하는 것을 지양해야 한다.

아이들은 뭐든지 중요한 것을 배울 때는 비슷한 모습을 보인다.

아이가 민주주의 정신과 태도를 배우려면 신뢰할 수 있는 어른들과 함께 있고, 또한, 어른들과 함께 있을 수 있는 힘과 여유가 충분해야 한다. 이런 면에서 현재 많은 아이들이 시간을 같이 보낼 어른이나 공동체 없이 성장하고 있다는 사실은 매우 걱정스러운 일이며 나는 이런 현실을 바꾸기 위해 노력하는 중이다.

나아가 우리가 아이들이 가진 '어른스러움'을 우리때 보다 너무 오랫동안 인정하지 않고 있다는 점도 생각해봐야 한다. 다른 측면에서 이는 아이들을 너무 오랜 시간 동안 아이로만 보고 있다는 것을 의미한다. 현재 우리는 유례없이 아이들의 안위를 걱정하는 듯한데, 아이들이 혼자 노는 것을 금지하고, 점심시간이나 쉬는 시간조차 놀지 못하게 막는다. 학교에 있는 시간은 하루 깨어있는 시간 가운데 1/5 정도에 불과하다. 나머지 시간을 위해 만들어진 여러 기관들도 상황은 마찬가지다. 수많은 아이들이 학교보다 허름한 이런 기관에서 충분한 후원도 받지 못한 채 지내고 있으며, 남는 시간에도 마력의 세계 같은 TV 등의 대중매체에 빠져들어 어른들과 대화하는 시간보다 화면 쳐다보는 시간이 더 길어지고 있다. 물론 이 어린아이들은 무리 지어 자신들이 좋아하는 장소나 쇼핑몰 등으로 빠져나간다. 낯선 군중 사이에서 소비자가 된 아이들은 당연히 누구도 믿지 않는다.

최근 이런 주제와 관련된 연구결과도 많아지고 있지만 그럼에도 사람 사이의 관계가 멀어지며 나타나는 영향은 분명히 드러나지 않는다. 사실 나 역시도 이를 탐색하기 시작한 지 얼마 되지 않은 상황에서, 이런 문제가 아이들의 성격 발달, 노이로제, 스트레스, 질병, 친밀감, 장기간의 관계 형성 면에서 어떤 의미를 가지는지 궁금하지 않을 수 없다. 또한, 아이들과 어른들의 관계가 멀어지는 것은 민주적인 공동체를 만들 수 있는 가능성 위에 놓인 위험한 징조임을 확신하게 된다.

민주주의는 충성심, 신뢰, 이해를 공유하는 공동체가 이미 존재한다는 것을 가정한다. 이 공동체는 오늘날 새로이 만들어진 것이 아니다. 이것은 고대 민주주의보다 더 오래 유지되어온 가치인 만큼 우리는 이를 항상 당연하게 받아들여 왔다. 이런 공동체들은 사람이 있는 곳에는 늘 생겨나는 부산물처럼 여겨졌던 것이다.

불안한 점은 이런 자연스러운 공동체 형성이 점점 쇠퇴하고 있을 뿐만 아니라 이런 공동체 형성이 예전에는 몰랐던 방식으로 이루어지고 있다는 점이다. 이런 새로운 공동체 형성 방식이 문명의 새로운 묘안이 될지, 위험한 몰락이 될지는 쉽게 알기 어렵다. 다만 위기에 대한 고민은 항상 걱정을 만들어내는 만큼 나 스스로도 불안해할 수밖에 없다.

고등학교 교장으로 일하던 시절, 학교에서 특이한 점을 하나 발견했다. 청소년들이 어른들의 세계에 전혀 관심이 없다는 점이었다. 그 아이들은 기본적으로 다른 사람들은 자기와 무관하다고 생각했으며, 나이가 많고 경험 많은 어른들에 대해 더욱더 그런 경향을 보였다. 이 아이들은 고립된 채로 자신이 매력을 느끼는 더 큰 사회에 대해서도 자신이 거기 속한 구성원이라고 생각하지 못했다. 처음엔 이런 현상을 어렸을 때 경험했던 내 특이한 애착과 관련지어 생각했다. 어렸을 때 나는 빨리 어른이 돼서 더 큰 세계로 들어가고 싶었다. 더불어 어른들에게는 어린 세대를 좋지 않게 보는 습관이 있다는 것을 깨닫고, 그런 나쁜 습관에 물드는 것을 경계하게 되었다. 실제로 어른들은 자신들의 아래 세대가 자기 세대와 다르다는 것을 한사코 부정했다.

그러던 어느 날, 갑자기 미래에 뭔가 새로운 것이 기다리고 있다는 생각이 들었다. 수많은 아이들이 세계와 관계를 맺는 이 중요한 시기를 제대로 보내고 있지 않다는 것을 알게 되었다. 역사상 인간은 어른들 없이 아이들을 키울 수 있다는 생각을 해본 적이 없음에도, 아이들은 커서 되고 싶은 어른 없이 자라고 있었으며, 더구나 아이들이 잘 알아서 하리라 믿어주는 어른들도 없었다. 우리는 이런 고립이 어릴 때부터 시작되었으며, 아이들이 어른이 되는 시기가 가까워질수록 어른들과의 만남이 점차 줄어들었음을 깨닫게 되었다.

아이들이 낯선 이들과 어떻게 관계 맺기를 할지 배우는 일이 지금보다 중요한 때도 없었다. 신뢰는 그냥 생겨나지 않는다. 친척도 아니고 나와 명백하게 협력하지 않는 사람을 어떻게 저절로 믿을 수 있겠는가. 그럼에도 우리는 계속해서 서로를 믿어왔던 것처럼 타인을 대해야 하며, 인간 그 자체로 깊게 존경해야 한다. 모든 문명은 어떤 형태로든 상호작용이 필요하다. 알다시피 신뢰의 질은 민주주의의 핵심이다.

민주화되고 다원화된 현대 사회에서 구성원 개개인은 매우 다를 수밖에 없다. 그럼에도 우리 사이에는 신뢰가 필요하며, 그 믿음이 자주 배신당하는 것을 알면서도 서로에게 믿음직스러운 '척' 연기라도 하듯 해야하며 이를 서로에게 바라야 한다. 그럼에도 민주주의 절차를 기계처럼 이용하며 이를 약화시키는 정치인들을 보면 놀랍기 그지없다. 하지만 우리는 배신의 과정을 통해 많은 것을 배우며, 동시에 민주주의라는 원칙을 버리지 않고 있다. 이제 공동체라는 감정을 약화시키지 않는 선에서 이런 배신을 다루는 법도 배워야 한다. 아직도 세상은 믿을 만하다고 가정하며 살아야 한다. 수수께끼 같은 자연현상과 마찬가지로 인간관계도 복잡할 수 있음을 생각하며 살아야 한다. 처칠(Winston Churchill)이 함축적으로 말한 다음의 말은 이를 상기시킨다. "지금까지 시도됐던 다른 형태의 모든 정치 시스템을 제외하면 민주주의는 최악의 정부 형태다."

또한, 우리와 지구촌이 어떤 연결고리로 맺어져있는지도 알아야 한다. 물질만능주의 세상에서 우리의 힘을 실험하기도 하지만 우리의 한계도 인식해봐야 한다. 이해 안 되는 이 지구를 더 이해하려고 노력해야 한다.

사람과 사람 사이의 관계도 비슷하다. 다른 사람을 완벽하게 이해하거나 진짜 그 사람이 되어볼 수는 없지만, 우리는 여러 정보를 통해 상상력을 동원해야 한다. 이런 면들을 모아 좋은 교육의 핵심을 구성해야 한다. 결국, 아이들은 세계와 놀 수 있어야 한다. 누워서 하늘을 보며 감동하고, 중국에 도달하려고 땅을 파보고, 도미노가 무너지는 것을 관찰해봐야 한다.

현대 사회는 우리에게 다음과 같은 것을 요구한다. 우리가 사는 지구와 우리의 민주주의 제도가 제대로 지속되려면 복잡하게 얽힌 사람들과 다른 생명체에 진정으로 감동할 줄 알아야 한다. 학교 체계가 이런 관계를 재구축할 수 있도록 서로 도와야 한다. 이는 내 희망사항이기도 하며, 학교가 그렇게 만들어지리라 확신하며 기대한다.

이 책에 등장한 수많은 이야기들은 민주적인 생활 과정에서 학교가 겪어온 시련의 이야기들이라고 해도 과언이 아니다. 어퀴시(Akwasi) 씨와 교장인 나 사이에 있었던 수학 포트폴리오의 그래프 관련 논쟁 또한 민주주의와 관련된 하나의 교훈을 보여준다. 공동 사무실에서 대면해야 하는 불만 가득한 학부모들, 묻지도 않고 복사기를 사용하는 학부모와 학생들, 학교 운영 사항을 공개해야 한다는 학생들, 직원회의 때 우리가 의논했으면 하는 사항을 내 편지함에 적어 놓는 학생들, 이 모두야말로 이 사회에서 우리가 누릴 수 있는 권리와 의무에 대한 메시지를 보내고 있다. 우리가 어떤 책임감을 가지고 이런 요구에 부응해야 하는지를 알려주는 예시이다.

많은 학부모와 학생들은 학교에서 교육에 대한 판단을 누가 내리고 어떻게 내려지는지 잘 모른다. 물론 요즘은 중요한 사안에 대한 학교의 결정권이 축소되고 주 이사회와 중앙 사무국 같은 멀리 떨어진 곳에서 이런 결정을 내린다. 이들에게 좋은 시민이란 이 과제를 실행하고 따르는 사람들일 뿐이다.

좋든 싫든 두 생명체가 똑같을 수는 없다. 학교가 할 일은 이 두 생명체의 차이점들을 찾아 즐길 수 있게 해주는 것이다. 우리는 학교를 통해 이런 방법을 고안해가며 더 큰 사회를 격려 할 수 있다. 후손을 위해 다원화된 열망을 지속시킬 수 있는 습관을 만드는 데 학교교육이 도움을 주어야 한다.

이제 우리는 스스로 질문해야 한다. 만일 학교에서 민주적인 습관이 번창할 수 없다면, 서로 깊이 신뢰하는 일을 이상적인 것이라고만 치부한다면, 더 큰 사회에서 신뢰의 가능성을 믿는 일은 얼마나 더 어려워지겠는가? 오늘날 이야기되는 지속성, 예측 가능성 등은 더 큰 꿈과 함께 해야 한다. 동시에 꿈과 일상적인 현실 사이에 발생하는 갈등도 조심할 필요가 있다.

자연적인 것들은 특이하고, 예측 불가능하며, 복잡하고, 완전히 이해할 수 없고, 끊임없이 다양하다. 나는 자연의 그런 점을 좋아한다. 현실 세계는 선다형이 아니며, 채점을 기다릴 필요도 없다. 늘 푸를 것 같은 하늘도 가끔 먹구름이 끼니 더 좋은 것이다. 이처럼 인간의 본질을 포함한 자연은 항상 놀라운 면을 가진다. 가장 슬픈 날에도 나를 움직이는 원동력은 그 놀라움의 가능성이다. 골목 구석을 돌고 나면 뭐가 있을지 누가 알겠는가?

내가 이처럼 예측 불가능함 자체를 선물처럼 느끼게 된 것은 아마도 어릴 때 이런 경험을 좋게 받아들일 수 있는 안전한 환경에서 자란 덕분일 것이다. 나는 모든 아이들이 이런 환경에서 자라기를 바란다. 아이들은 놀랍고 경이로운 상황에 항상 열려 있어야 하며, 이것이야말로 연구자들이 살펴봐야 할 대목이다. 힘든 상황도 잘 받아들이는 아이들이 어째서 그것을 잘 받아들이는지, 아이들을 살펴보면 해답이 있다.

좋은 학교는 아이들의 미래에 훌륭한 가치를 제공한다. 매일 흥미롭고 놀라운 상황을 배운다는 가치가 그것이다. 아이들은 가끔 부정적이기도 하지만, 거의 항상 긍정적인 상태를 유지한다. 부정적인 아이들도 다시금 긍정적인 마음을 세워주면 다루기 쉬워진다. 이런 학교에서는 아이들에게 예상치 못한 일이 일어나도 충분히 치료받을 수 있다. 정말로 아플 때 믿을 수 있는 사람들과 함께하면서 상처를 치료해가는 것이다.

이런 학교야말로 1장에서 언급한 아이들이 찾던 공동체, 아이들이 자신의 인생을 계획하고 신뢰할 만한 어른들과 깊은 관계를 맺을 수 있는 곳이 될 것이다.

참고문헌

아래는 내가 이 책을 준비하면서 검토한 참고문헌을 기록한 것이다. 나는 아래 각각의 범주가 적어도 주목받기를 기대하면서 이 작업을 시작하였다. 하지만 지금 나는 적어도 "이거 하나"만 추가되었으면 한다. 나의 생각이 어디로부터 나왔는지 독자와 생각을 공유하는 방식 말이다. 이는 이 책에서 제시한 나의 생각이 무엇인지 꺼내어 지지와 깊이를 더하고 아이디어와 제안에 대해 문제를 일으키는 방식이다. 물론 이 책은 듀이(John Dewey)와 피아제(Jean Piaget)에 대한 인용은 없다. 이 점에서도 알 수 있듯이 이 책은 거친 면도 포함되어 있다.

Ⅰ. 작은 학교: 작은 학습공동체를 만드는 이야기

William Ayers, Michel Klonsky, and Gabrielle Lyons, eds. *A Simple Justice: The Challenge of Small Schools.* Teachers College Press, 2000. (이 책은 노구에라(Pedro Noguerra)가 쓴 인종과 계층에 대한 에세이를 포함하고 있다. 또한 나도 쓰기도 했는데, 과거에 작은 학

교들의 노력인 미시시피 자유학교와 몇몇 주요한 작은 학교들에 대한 이야기도 포함되어 있다.)

Evans Clinchy; ed. *Transforming Public Education(1997), Reforming American Education from the Bottom to the Top(1999), Creating New Schools: How Small Schools Are Changing American Education,* Heinemann, 2000. (이 책에는 작지만 믿을 수 있는 공동체를 구축하기 위한 실천가들의 노력이 담겨 있다.)

David Bensman. *Central Park East and Its Graduates.* Teachers College Press, 2000. (업데이트 된 개정판에서는 센트럴파크이스트 학교를 첫 번째로 졸업한 몇몇 학생들에게 무슨 일이 있었는지 통계를 포함해 흥미로운 이야기와 인터뷰가 실려 있다.)

Linda Darling-Hammond, Jacqueline Ancess, and Susanna Wichterle Ort. "An Account of the Coalition Campus Schools Project." *Reinventing High School,* Winter 2002. (이 책은 뉴욕 시에 있는 줄리아 리치맨 고등학교를 3년 동안 어떻게 개혁했는지 기록한 독립 다큐멘터리이다.)

Carl Glickman. *Democracy in Education.* Jossey-Bass, 1998. (이 책에서는 공동체를 세우는 과정에서 주요 작업이 어떻게 이뤄졌는지, 그 분석과 설명이 들어있다. 크게 보면 조지아 농촌 지역도 여기에 해당한다.)

Laraine K. Hong. *Surviving School Reform: A Year in the Life of One School.* Teachers College Press, 1996. (이 책은 새로운 학교개혁이 지속적으로 심각하게 흔들리는 상황에서 이들이 붙들고 있는 부분에 대한 비용이 얼마나 드는지 개별적이지만 그 설명을 거칠게 드러내고 있다.)

Jane Kern. *Inventing a School.* Sentry Press, 1999. (이 책은 플로리다의 작은 공동체 이야기로, 큰 도시 안에서 많은 일들을 일군 회고록이다. 이에 대한 많은 설명 가운데 어떤 도전들은 여전히 진행 중이다.)

Elliot Levine. *One Kid at a Time: Big Lessons from a Small School.* Teachers College Press, 2001. (이 책은 리트키(Dennis Littky)가 이끌어왔던 고등학교 네트워크에 대한 설명이 들어 있다. 학교를 중요하게 다시 되돌아보면서 새로운 지평으로 깨고 나온 이야기들이 생생하게 담겨 있다.)

Dorothy Peters. *Taking Cues from Kids.* Heinemann, 2000. (이 책에는 학생들이 센트럴파크이스트 학교 감독자인 피터스(Peters) 교사와 편지를 주고받은 내용이 담겨져 있다. 서신 교환을 통해 학생들은 새로운 것이 무엇이고 다른 점이 무엇인지 알게 되었다. 이 책을 통해 그들은 자신들을 놀라게 한 일들이 무엇이었는지 세밀하게 관찰하였다.)

Susan Semel and Alan Sadovnik, eds. *"Schools of Tomorrow,"* Schools of Today. Peter Lang, 1999. (이 책은 "진보적인" 교육의 모범사례로 11개의 과거와 현재 공사립 학교를 제시하고 있다. 한 개 장에는 내가 잘 아는 뉴욕 시의 몇몇 학교들도 포함되어 있다.)

Gregory Smith, ed. *Public Schools That Work: Creating Community.* Routledge, 1993. (이 책에는 형식적으로 주입하는 것과 복잡하게 얽혀 있는 것을 과감하게 깨고자 했던 6개 학교들에 대해 설명하고 있다. 특히, 여러 장들은 실천가들에 의해 쓰였다.)

Tony Wagner. *Making the Grade: Reinventing America's Schools.* Routledge-Falmer, 2001. (토니(Tony)는 지난 20년 동안 개혁을 가

까이에서 본 인물이다. 이 책과 『어떻게 학교는 변화하는가(How Schools Change(Beacon))』라는 책은 개혁에 직면했을 때 겪는 핵심적인 쟁점을 풀어주고 있다.)

Pat Wasley and others. *Small Schools, Great Strides.* Bank Street College of Education, 2000. (이 책은 시카고에서 일어난 일에 초점을 맞추고 있다. 지난 10년간 시카고의 작은 학교들이 어떻게 성공하게 되었는지 그 의미를 넓은 범위의 데이터를 통해 제시하고 있다.)

Pat Wasley, Robert Hampel, and Richard Clark. *Kids and School Reform.* JosseyBass, 1997. (우리가 대게는 알고 있는 학교 규범의 변화에 어떻게 아이들이 반응하는지를 제시한 첫 번째 자료이다. 저자들이 여기서 찾고자 한 것은 여기에 영향을 미치는 본질적인 측면이다.)

Joel Westheimer. *Among School Teachers: Community, Autonomy and Ideology in Teachers' Work.* Teachers College Press, 1998. (이 책에서 웨스트마이어(Westheimer)는 두 학교가 가진 공동체의 차이점과 어려웠던 점을 이를 매우 진지하게 묘사한다.)

George H. Wood. *A Time to Learn: The Story of One High School's Transformation.* Dutton, 1998. (내가 항상 존경하면서 함께 일했던 이 동료는 이 책을 통해 오하이오에 있는 학교 타운에서 벌어진 드라마틱한 변화의 이야기를 전해준다. 이 책과 더불어 작동하는 학교(Schools That Work(Penguin, 1992))』도 보라. 이 책 안의 한 개의 장에는 센트럴파크이스트 중등학교에 대한 이야기도 포함되어 있다.)

Fred Wiseman, *High School II.* Zipporah Films, Cambridge, Mass. (이 필름은 센트럴파크이스트 중등학교에 대한 3시간 30분 정도의 다큐

멘터리 필름이다. 이 필름에는 학부모, 교사, 학생들이 어떻게 서로 관계를 맺는지 놀라운 광경으로 가득하다.)

Ⅱ. 학교개혁과 도시에서의 학교교육

Roland S. Barth. *Learning by Heart*. Jossey-Bass, 2001. (이 책은 우리가 사는 전환기의 세기 가운데 학교 개혁이 직면한 딜레마에 대한 좋은 설명과 대처 방법을 보여주고 있다. 이 저자는 개혁의 길에서 구속과 제약을 받는 수많은 개혁가들을 보면서 집필했다. 『우리 안으로부터의 학교 개선(Improving Schools from within)(Jossey-Bass, 1990)』이라는 책도 있다. 이 책에서는 "표준" 이전의 보다 긍정적인 설명이 담겨 있다.)

브레이시(Gerald Bracey)는 Phi Delta Kappan에 정기적으로 칼럼을 기고한다. 그는 매년 교육통계로 얻은 실제적인 자료를 통해 가차 없는 조언을 하고 있다. 그는 익살맞기도 하고 날카롭기도 하다.

John Chubb and Terry Moe. *Politics, Markets, and American Schools*. Brookings Institution, 1990. (민영화와 바우처라는 해법에 동의하기 어렵지만, 이 책에서 저자는 공공 시스템이 무엇이 잘못되었는지 잘 설명해준다.)

James Comer. *School Power*. Free Press, 1980; revised edition, 1995. (코머(Comer)는 지역사회와 학부모 참여를 통한 개혁에 초점을 맞추면서, 학교 안의 권력과 학생 성취에 주는 영향에 대한 쟁점을 제기한다. 이는 저자가 학교에서 직접 체험한 것을 바탕으로 하고 있다.)

Raymond Damonico. *Appraising Walter Annenber's Gift to Public*

Education: Case Study of New York city. The Thomas R. Fordham Foundation, 2000. (저자는 드러나 있으면서도 매우 정확하게 잡혀 있는 두 개의 장에서 작은 학교 개혁을 위한 뉴욕 시의 야심 찬 노력을 설명하고 있다. 이런 역사 속에서 중요한 부분이 생생하고도 의미 있게 제시되고 있다.)

Collin Greer. *The Great School Legend.* Basic Books, 1972. (이 책은 누군가 낙담해서 새로 출발하고자 할 때 권할 수 있는 아주 좋은 책이다. 저자는 미국 공립학교가 결코 좋은 교육을 하고 있지 못하다고 일깨워준 권위자 중의 권위자이다.)

David Kirp. *Almost Home.* Princeton University Press, 1995. (이 책은 어떻게 학교가 잘 움직일지 그리고 그러한 기대와는 반대로 움직일지 설명을 담고 있다. 그러면서 공동체에 대한 던져진 혼합된 메시지를 탐색하고 있다. 이스트할렘 4번가에 대한 가장 좋은 의미의 유용한 비판이 여기에 담겨 있다.)

Jonathon Kozol. *Savage Inequalities.* HaperCollins, 1991. (지난 10년 동안 이러한 불평등은 더욱 심각해졌다. 하지만 우리의 분노 또한 여전히 충분치 못하고 부족하기만 하다. 이에 대해 긍정적으로 기록한 책으로는 40년 전 보스턴 공립학교의 흑인 아이들에 대해 쓴 코졸(Kozol)의 『이른 나이의 죽음(Death at an Early Age, Houghton Mifflin, 1967)』라는 책이 있다. 어떤 부분은 지금 약간 더 나아졌다.)

Ann Lieberman, ed. *Building a Professional Culture in Schools.* Teachers College Press, 1988. (이 책은 교사 문화와 관련해 장기간 학생들의 성장을 위해 어떻게 전문적으로 발달하고 어떻게 교사교육을 해야 하는지 이와 관련된 분야에서 매우 중요한 글들을 모아두었다.)

Donna Muncey and Patrick McQuillan. *Reform and Resistance in Schools and Classrooms.* Yale University Press, 1998. (이 책은 본질학교연합(CES)에 대한 연구의 노력이 담겨 있는데, 학교별로 성공과 실패에 대한 민족지학적 사례 연구가 실려 있다.)

Neil Postman. *The End of Education.* Knopf, 1995. (여기서는 '왜?'라는 거시적인 질문을 던진다. 이 책에서 던지는 논리정연하고 세련된 답변은 필요한 논쟁을 불러일으키는 데 도움을 준다.)

Art Powell, David Cohen, and Eleanor Farrar. *The Shopping Mall High School.* Houghton Mifflin, 1985. (여기에 쓰인 좋은 글들은 우리가 어떻게 규모가 큰 일반적인 고등학교에 들어가 아이들과 그들의 학습을 위해 무엇을 할 수 있는지 설명해주고 있다.)

Richard Rothstein. *The Way We Were? The Myths and Realities of American Student Achievement.* Century Foundation Report, 1998. (이 책은 로스스테인(Rothstein)의 권위 있는 책으로 적절한 유머와 관점이 좋아서 밤을 새워 읽고 또 읽을 필요가 있다.)

Seymour Sarason. *The Predictable Pailure of School Reform.* Jossey-Bass, 1990. (이 책은 사라슨(Sarason)의 여러 책 가운데 하나이지만 그의 책 모두를 읽을 필요가 있다. 여름에 나는 그의 책 한 권을 읽고 또 읽으며 그가 틀렸다는 것을 증명하기로 결심하면서 시간을 보냈다. 물론 지금은 그렇지 않다.)

Theodore Sizer. *Horace's Hope.* Houghton Mifflin, 1996. (작은 학교 확대와 관련해서 나는 이 책을 특별한 마음으로 기억하고 있다. 왜냐하면 내가 쓴 책이 이 주제와 연결되어 있기 때문이다. 이 책은 복잡한 주제를 핵심적으로 요약하고 있다.)

David Tyack. *The One Best System.* Harvard University Press, 1974.

(이 책은 지난 세기 동안 미국 학교에서 무슨 일이 일어났는지 의미 있게 개괄하고 있다.)

David Tyack and Larry Cuban. *Tinkering toward Utopia: A Century of Public School Reform.* Harvard University Press, 1995. (두 저자가 쓴 이 책은 현재 관점에서 이뤄지는 노력 가운데서도 중요하게 받아들여지고 있다. 내가 알고 있는 가장 큰 규모이고 장기간의 역사를 담고 있다.)

West. 이것은 교육 관련 비디오테이프와 글이 쓰인 복사본이다. 2000년 가을에 만들어진 웨스트(West)의 비디오테이프와 연설 복사본은 현재 본질학교 연합(CES) 사무실에 보유하고 있다. 이 두 가지 자료는 내게 영감도 주었지만 평정심을 잃게도 만들었다. 학교교육과 인종 문제에 대해 웨스트의 유용하고 관련된 다른 자료를 보길 권한다.

Arthur E. Wise. *Legislated Learning: The Bureaucratization of the American Classroom.* University of California Press, 1979. ('해 아래 새로운 것은 없다.'고 말한 것처럼, 이 책은 오랜 시간 동안 핵심적인 계획을 수립하는데 몰입해온 흐름을 기록한 책이다.)

Ⅲ. 평가에 대한 시험, 표준, 사고방식에 대하여

Ron Berger. *The Culture of Standards.* Providence, R. I.: Annenberg Institute, 1996. (이 책은 특별하게도 교실에 있는 교사와 동료에 의해 쓰였는데, 표준에 대한 서로 다른 견해를 매우 잘 요약해 보여주고 있다. 어떤 사람들이 "표준"에 대해 말하고자 한다면, 모든 학교 위원회 위원들 손에 이 책이 쥐어 주어야 한다.)

Gerald W. Bracey. *Bail Me Out!* Corwin Press, 2000. (이 책은 시험점 수 자료를 포함해 통계 뒤에 숨겨진 중요한 것들을 포착하고 있다. 이 책은 이 분야의 기초자료가 되고 있다.)

Linda Darling-Hammond, Jacqueline Ancess, and Beverly Falk. *Authentic Assessment in Action.* Teachers College Press, 1995. (이 책은 성공적인 도시 학교들이 그동안 실천한 것들을 축적해서 기록한 책이다. 여기에 담긴 대부분의 내용은 다링-해몬드(Darling-Hammond)가 이끄는 컬럼비아 대학교의 NCREST 센터에서 부분적으로 출간되었다. 예를 들면, 『센트럴파크이스트 중등학교 졸업생들의 포트폴리오(Graduation by Portfolio at Central Park East Secondary School, New York: NCREST, 1994)』와 같은 책이 있다.)

Fairtest. *Standardized Tests and Our Children* (30 pages) and *Implementing Performance Assessment* (60 pages). (미국이나 전 세계에서 나온 많은 출판물 가운데 이 두 가지 출판물은 정직한 평가와 관련된 연구를 존속시키기 위해 헌신한 책에 속한다. 이를 위해서는 평가에 대한 비판가들 사이에서 이뤄진 대화, 그들의 뉴스레터, Fairtest 연구에 대한 정보가 담긴 http://www.fairtest.org를 보라.)

Stephen Jay Gould. *The Mismeasure of Man.* Norton, 1981. (이 책은 지능을 통해 사람들을 과학적으로 분류하려고 노력하는 게 왜 작동되지 않는지를 밝힌 가장 훌륭한 역사와 설명을 담은 책이다.)

Lani Guinier and Susan Sturm. *Who's Qualified?* Beacon Press, 2001. (저자들은 여러 증거들을 검토하고서 시험 점수가 그들이 주장하는 바를 예견하지 못한다는 결론을 내린다. 이런 도발적인 분석은 "우수함(merit)"에 대해 측정하는 방법과 관련되어 있다.)

Walter Haney. *The Myth of the Texas Miracle in Education.* Education

Policy Analysis Archives, vol. 8, no. 41, August 19, 2000. http://
epaa.asu.edu/epaa/vn41/ Access by date. (여기서 제시한 세밀한
통계 분석은 텍사스에서 실제로 일어난 일을 기반으로 하고 있다. ~
2002. MCAS가 디자인되고 점수화되는 방법에 대해 훌륭한 분석이
마무리되고, 나는 더 큰 무기를 갖게 되었다. 이와 같은 분석은 이
책 이후에도 전혀 읽어보지 못했다.)

Richard J. Herrnstein and Charles Murray. *The Bell Curve: Intelligence
and Class Structure in American Life.* Free Press, 1994. (어떤 사람
이 인종주의가 오래전 유행이 지난 일이라고 생각할 때, 때론 이런
책을 읽어볼 필요가 있다. 이 책은 단지 7년 전에 이와 관련된 심대한
논쟁과 칭찬의 중심에 서 있었던 책이다. 더불어 이 책은 좌우 극단
에 있는 인종주의자 사이에도 있지 않다.)

Banesh Hoffmann. *The Tyranny of Testing.* Collier Press, 1964. (6장
에서 인용한 것처럼, 이 책은 오래된 책이지만 여전히 훌륭하게 읽
히는 책이다. 호프만(Hoffmann)은 시험 치루기(testing)에 반대하
면서 나 스스로의 개혁운동을 추진할 수 있게 해준 사람이다.)

Harold Howe II. *Thinking about Our Kids.* Fred Press, 1992. (저자는
이 책에서 짧게 인용되었지만, 측정과 관련해서 가장 저명한 학자이
자 활동가(전 주 교육국장)이다.)

Thomas Johnson. *Profit beyond Measure.* Free Press, 2000. (이 책은
처음 표현한 것을 인지한 사람들을 통제하면서 탈중심적인 데이터
에 초점을 맞춰 기업 이익을 추구하는 도요타의 성공적인 경험을 이
론가들이 검토한다.)

Alfie Kohn. *The Case against Standardized Testing: Raising the Scores,
Ruining the Schools.* Heinemann, 2000. (이 책은 감동이 넘치고, 유

머가 풍부하며, 명쾌하다. 더불어 현재 진행 중인 광기에 대한 조리 있는 비판을 제시한다.)

Linda McNeil. *Contradictions of School Reform: Educational Costs of Standardized Testing.* Routledge, 2000. (이 책은 텍사스에서 이뤄진 평가 혁신의 실제를 잘 설명하고 있다. 이와 같은 주제에 대해 하니 (Walter Haney)의 책을 추가로 읽어보길 권한다.)

Deborah Meier et al. *Will Standards Save Public Education?* Beacon Press, 2000. (이 책은 교육을 잘 받았다는 것이 무엇을 의미하는 지 보여준다. 그러면서 표준을 세우는 단 하나의 "승인"에 해당하는 바로 그 아이디어에 응답한다. 여기에는 친구와 적들로부터 응답이 실려 있다.)

L. Scott Miller. *An American Imperative: Accelerating Minority Educational Achievement.* Yale University Press, 1991. (밀러가 엑 손교육재단(Exxon Educational Fund)에서 일할 때, 그의 가차 없는 질문은 센트럴파크이스트 중등학교 초기에 인종, 계층, 시험에 대해 생각할 수 있도록 도움을 주었다.)

Susan Ohanian. *One Size Fits Few.* Heinemann, 1999. (오하니언 (Ohanian)의 책이 늘 가치 있는데, 이 책은 다양한 실제 사례와 강력 한 유머를 통해 표준화된 시험을 석탄에 비유하면서 읽는 즐거움을 더 한다.)

Vito Perrone. An unpublished manuscript on standardized testing, written in 1999, (저자는 이 주제에 대해 이전에 읽었던 사람들 가운 데 최고 대우를 받는 사람이다. 나는 이 책이 보다 빠르고 넓게 활용 되기를 바란다.)

W. James Popham. *The Truth about Testing.* Association of

Supervision Curriculum Development(ASCD), 2001. (저자는 시험과 관련된 모든 것을 예의주시하는 선도적인 시험 전문가 가운데 한 사람이다. 그는 깜짝 놀랄만한 결론을 도출하면서 시험 자체가 결코 학교 성취가 아니라고 말한다.)

Diane Ravitch. *National Standards in American Education: A Citizen's Guide.* Brooking Institute, 1995. (래비치(Ravitch)는 관료주의로부터 벗어난 작은 학교에 대해 공감한다. 이는 내가 선호하는 방향이기도 하다. 하지만 그녀 또한 위로부터 아래로의 표준과 국가 표준에 대해서도 당연하게 생각한다.)

Peter Sacks. *Standardized Minds.* Perseus Books, 1999. (이 책은 평가와 관련해 쟁점이 벌어지는 곳에서 상당히 많은 것들을 밝혀온 비판가의 책으로, 평가에 대한 충격을 건강하고 철저하게 선보인다.)

Theodore Sizer. *Horace's Compromise, Horace's Hope, Horace's School.* Houghton Mifflin, 1985. (이 책은 표준 대 표준화와 관련된 가장 권위 있는 책이다. 책이 읽기도 좋고 구체적이며 교실 생활에 밀접하게 관련되어 있으며 심오하기까지 하다. 사이저(Sizer)는 이 책을 통해 학교교육에 대한 우리들의 대화 흐름을 바꿔버렸다.)

Claude Steele. "Thin Ice: A Three-Part Series." *Atlantic Monthly,* August 1999. (이 책은 시험 점수가 보여주는 "성취 격차"에 대해 조명할 수 있도록 돕는다. 시험 결과가 보여주는 전형적인 위협에 대한 충격을 약화시킬 수 있는지 여러 생각을 담고 있다.)

Marc S. Stucker and Judith B. Codding. *Standards for Our Schools: How to Set them, Measure Them, and Reach Them.* Jossey-Bass, 1998. (이 책은 표준화할 수 있고 측정 가능한 표준이라는 가장 민감한 제안으로 미국 내 많은 학교와 학교구에서 이행하고 있는 국가

표준과 방식에 대해 세밀하게 방어하고 있다. 나는 여전히 다른 기준에 가장 근접해 있고, 그것이 의미가 있다고 본다. 그래서 이는 여전히 우리가 동의하지 않는 것에 대해 최고 수준으로 방어해내는 흐름으로 받아들여지고 있다.)

Thomas Wilson. Reaching for a Better Standard: How English Inspection Provokes the Way Americans Know and Judge Schools. Teachers College Press, 1996. (이 책은 학교 성취에 대해 공적인 검토를 하면서 전망 있는 접근을 상세하게 설명하고 있다. 이는 사립학교 사이에서도 공통적인 것이고, 공교육을 위해서도 점차 증가하는 추세에 있다.)

Videos: *Graduation by Portfolio,* produced by Judith Gold; *Urban Academy's Graduation Process,* videotaped by Ann Cook; *The Mission Hill Graduation Process,* by Heidi Lyne. (여러 비디오 가운데 단 세 개만이 공적인 표준을 유지하면서 대안적인 접근을 하고 있다. 오클랜드의 본질학교 연합이나 다른 저자들과 연결하면 더 유용한 정보를 얻을 수 있다.)

IV. 교수, 학습, 그리고 성장에 대하여

Ann Berlak and Sekani Moyenda. *Taking It Personally: Racism in the Classroom.* Temple University Press, 2001. (이 책은 흑인과 백인 두 명의 관찰자로부터 중요한 설명을 하고 있다. 그것은 학교에서 아이들이 어떻게 노는지 그리고 왜 상처를 받는지에 관해 잘 설명해 주고 있다.)

Patricia Carini. *Starting Strong.* Teachers College Press, 2001. (카리

니(Carini)의 책과 전망센터(Prospect Center)에서 낸 책 모두는 책에 담긴 아이들과 그 의미에 대해 중요하면서 비판적인 전진기지 역할을 하고 있다. 1982년 그랜드 포크스의 노스다코타 대학교에서 출간된 그의 초기 저작인 『일곱 아이들의 학교생활: 5년 연구(The School Lives of Seven Children: A Five-Year Study)』 또한 반드시 읽어볼 만한 책이다.)

Edward Chittenden and Terry Salinger, with Ann Bussis. *Inquiry Into Meaning.* Teachers College Press, 2001. (학습 활동을 아이들이 어떻게 전개하는지 보여주고 있는 이 책은 학습자로서 시작하려는 사람들이 읽어도 좋을 것이다. 또한 언어학자들이 구어체에 대한 학습을 이해하고 연구하기 위해 읽을 수 있는 몇 권 안 되는 책 가운데 하나이다.)

Gerald Coles. *Misreading Reading: The Bad Science That Hurts Children.* Heinemann, 2000. (어떻게 현재의 유행이 중요하고 사려 깊은 이해를 위해 나쁜 "과학"을 대체하는지 이 책은 글로 잘 정돈하여 일깨워주고 있다. 이 책을 읽고 난 후 치튼덴(Chittenden)의 책도 같이 읽어볼 필요가 있다.)

James Comer. *Maggie's American Dream.* New American Library, 1988. (이 책은 개인적인 관점으로부터 오늘날 투쟁의 배경이 된 역사적인 주요 인물을 다시 생각하게 만든다.)

Linda Darling-Harmmond. *The Right to Learn.* Jossey-Bass, 1997. (만약에 당신이 그녀의 견해와 프로젝트를 따르고 있지 않다면, 이미 당신은 다링-해몬드(Darling-Hammond)로부터 출발하고 있는 셈이다. 이 책은 간격을 줄이고 아이들을 "아이들답게" 교육시키는 모든 것을 심각하게 받아들이는 흐름에서 비판적인 "투입"을 개괄하고 있다. 여기서 투입은 무언가 요구하는 것을 말한다.)

Lisa Delpit. *Other People's Children*. New Press, 1996. (이 책은 "다른 사람들"의 아이들을 위한 교수자와 학습자가 무엇을 의미하는지를 보여주는 여전히 권위 있는 책에 속한다. 그래서 이 책은 도발적이고 잘 읽히며 적절하게 휘젓고 있다. 다양하게 출간된 책들 가운데 이 주제와 관련해서는 델핏(Delpit)의 다른 글을 보라.)

Eleanor Duckworth. *The Having of Wonderful Ideas*. Teachers College Press, 1996. (이 책과 경합할 책이 없기 때문에, 나는 가능하면 이 책을 추천한다. 이 책은 학습이 무엇인지 일깨우는 나만의 '권위 있는' 책이다.)

David Elkind. *The Hurried Child*. Addison-Wesley, 1981. (권위 있는 이 책은 아이 양육과 관련된 많은 쟁점을 요약하고 있다. 그러면서 학교에서 직면하는 쟁점에 밀접하게 연결되어 우리를 하나로 묶는다.)

Eric Erickson. *Childhood and Society*. Norton, 1963. (이 책은 아동기 출발 시기에 신뢰의 역할이 무엇인지 이와 관련된 에릭슨(Erikson)의 세미나 연구이다. 이 책 내용은 글을 쓰면서도 내 마음에 시종일관 남아 있었다.)

Robert Fried. *The Passionate Teacher and The Passionate Learner*. Beacon, 1996 and 2001, respectively. (이 책은 이런 종류의 교수와 학습이 왜 문제이고 영감을 주는지 말해주는 도발적인 글로 교사와 학부모에게 길잡이 역할을 한다.)

Samuel G. Freedman. *Small Victories*. HarperCollins, 1990. (프리먼(Freeman)은 이 책의 부제목을 "교사와 학생과 고등학교의 세계"로 하면서 실제로 이를 만들기 위해 책을 썼다. 그는 우리에게 왜 시겔

(Jessica Siegel)이 그녀의 연구를 좋아하고 연구하게 되는지 알 수 있도록 돕고 있다.)

Howard Gardner. *The Unschooled Mind: How Children Think and How Schools Should Teach.* Basic Books, 1991. (이 책은 오래되었지만 권위 있는 책이다. 그가 최근에 발간한 새로운 책을 함께 읽어도 좋다. 그는 학교교육에 대한 목적이 무엇이고, 그 기억이 얼마나 멀리 사라지는지를 일깨워준다.)

Paul Goodman. *Compulsory Miseducation.* Random House, 1964. (이 책은 10년 주기로 계속 읽어도 좋을 책이다. 왜냐하면 이 책은 미국 청소년들이 처한 상황에 대한 인습 타파에 앞장선 위대한 사상가 가운데 한 명으로 강하고, 사려 깊고, 논쟁적이며, 도발적인 글이기 때문이다. 40년 후라도 여전히 진짜처럼 들린다.)

Maxine Greene. *The Dialectic of Freedom.* TC Press, 1988. (2장 "자유, 교육, 공공영역"을 다시 보라. 물론 이 철학자에 의해 쓰인 어떤 것이라도 좋고 철학자에 대한 것이라도 좋다. 그녀는 우리네 학교와 교실에 대한 시각을 유지하고 있고, 그들이 가르치거나 가르치지 말아야 하는 가치가 무엇인지에 대해서도 잘 유지하고 있다.)

James Herndon. *The Way It Spozed to Be.* Bantam, 1969. (이 책은 교실 안에서 얘기되는 수업에 대한 수많은 권위 있는 책으로부터는 빗겨나 있지만, 개혁의 어려움에 대해 쓴 위대한 이야기를 담고 있다. 그가 쓴 모든 책은 30년 전보다 더 된 책들이지만 마음속으로 주제를 품고 다시 읽어야 한다.)

Thomas Hine. *The Rise and Fall of the American Teenager.* Avon, 2000. (이 책은 무엇이 노스텔지어이고 현실인지 나 자신의 밑바닥 생각을 도운 유용한 역사에 관한 글이다.)

John Holt. How Children FaiL Dell, 1968. (오래된 이 위대한 고전은 나의 인생을 바꾸었다.)

Alfie Kohn. *The Schools We Deserve*(Mariner, 2000) and P*unishment by Reward*(Houghton Miffiin, 1993). (저자는 격렬한 충돌자이자, 행동주의자이고, 지칠 줄 모르는 사람이다. 그러면서 선하고 사려 깊은 아이들을 키우는 문제를 탐색해온 사람이다. 그가 쓴 어떤 것이라도 짚어들어 읽어도 좋다.)

Robert Moses. *Radical Equations: Civil Rights from Mississippi to the Algebra Project.* Beacon Press, 2001. (저자는 교육이 어떻게 높은 수준의 "시민의 권리"가 되어야 하는지 일깨워준 사람이다. 그러면서 저자는 또한 이것이 어떻게 수학적 문해력으로 해석되는지 실제적인 설명을 써내려간다.)

Jennifer Obidah and Karen Markheim Teel. *Because of the Kids: Facing Racial and Cultural Differences in School.* TC Press, 2001. (백인 교사와 아프리카계 미국인 동료들은 학교 인종주의의 특수성에 태클을 걸기 일쑤이다. 카렌(Karen)의 교실 속 일상생활에 태클을 거는 그들의 용기와 끈기는 가끔 읽기가 괴롭다.)

Clara Claiborne Park. *Exiting Nirvana: A Daughter's Life with Autism.* Little, Brown, 2001. (이러한 특별하고도 아름다운 세밀한 이야기 속에, 어떤 사람은 인간관계의 역할과 사회적·지성적 생활 모두의 비판적 중요성을 다시 배우게 된다. 이는 인간의 발달 과정 속에 나타나는 공감의 능력이다.)

David Perkins. *Smart Schools: Better Thinking and Learning for Every Child.* Free Press, 1992. (저자는 교육과 학습에 대해 연구하는 가장 눈부신 이론가들 가운데 한 사람인데, 그는 "모든 각도에서" 학교

교육과 학습 사이의 관계에 대해 논한다.)

Vito Perrone. *A Letter to Teachers*. Jossey-Bass, 1991. (저자가 학교교육이라는 세계 속에 나타나는 여러 모습, 조언, 활발한 참여로 영향력 넘치는 여러 책을 써온 것은 아니다. 만약 당신이 그에 대해 이런 방식을 모르고 있다면, 이 책이 왜 많은 교사들에게 중요한 의미를 주는지 알게 될 것이다.)

Mike Rose. *Lives on the Boundary*. Penguin, 1989. (나의 경험으로 보았을 때, 이 책은 가장 영향력 있는 책들 가운데에서도 최고라고 말할 수 있다. 이 책은 우리 사회에서 간과되고 실패한 공동체를 위해 어떻게 학교가 이를 검토하고 연구할 것인지 초점을 맞추고 있다. 특히나 로즈(Rose) 자신의 생애사로부터 나온 이야기를 기반으로 하고 있다.)

Richard Sennett and Jonathan Cobbs. *The Hidden Injuries of Class*. Vintage, 1973. (이 책은 로즈의 책과 더불어 사회 계층이 학생 성취나 그 외의 것들을 어떻게 침해하고 작동하는지를 밝힌 내가 아는 한 최고의 책이다.)

Charles E. Silberman. *Crisis in the Classroom*. Vintage, 1970. (이 책은 교사를 포함해 교실 "개혁가"를 위한 우리 세대에 깊은 감동을 전해 준다. 학교 개혁에 관한 장을 다시 읽어보면 신비스럽기까지 하다.)

Frank Smith. *Joining the Literacy Club*. Heinemann, 1988. (나는 내가 쓰고 말한 모든 곳에서 이 책의 저자 스미스(Smith)를 인용하고 부연하였다. 책에서 서술한 그의 생각은 내 사고에 일부가 되었다. 이 책은 가치 있는 수많은 책 가운데 단 두 권의 책이다.)

Janie Victoria Ward. *The Skin We're In*. Free Press, 2000. (이 책은 다른 무엇보다 강하고 스마트하고 흑색 피부를 가지고 자란 가족에 대

한 유익한 분석과 설명을 담고 있다. 물론 이는 학교 안에서 이루어
지는 범위이긴 하다. 더불어 이 책은 지난 몇 세대의 강력하고 실제
적인 이유도 담고 있다.)

Lillian Weber. *Looking Back and Thinking Forward*. Teachers College
Press, 1997. (이 책은 오늘날 학교를 기반으로 한 많은 개혁가들에게
열정적인 그리고 정확한 목소리로 영향을 미치고 있다. 나는 특별히
그녀의 목소리를 그리워하는 사람들 가운데 하나이다.)

Etienne Weiger. *Communities of Practice: Learning, Meaning, and
Identity*. Cambridge University Press, 1998. (이 책은 비인가 학교 상
황에 기반하고 있다. 때론 이 책이 논쟁과 겹쳐지면서 교수와 학습에
대한 접근을 설명하는 학문적인 노력이라 할지라도, 이 책은 매력적
이다.)

V. 사회적 · 정치적 맥락

Benjamin Barber. *A Passion for Democracy*. Princeton University
Press, 1998. (만약 학교가 민주적인 목적을 제공하는 곳이라면, 우
리는 다음 세대에게 물려줄 민주주의가 무엇인지에 대해 많이 생각
할 필요가 있다. 내가 학교에 대해 생각한 것처럼, 바버(Benjamin
Barber)는 여기서 이에 대한 유용한 방식을 제공하고 있다.)

Isaiah Berlin. *Against the Current*. Viking Press, 1980. (나는 벌린
(Isaiah Berlin)의 책을 교육에 대한 쟁점이라는 연결을 넘어 여러 이
유에서 읽어왔다. 또한 이 특별한 책은 내가 과학과 수학적 정확성에
대한 오용과 관련해 인용할 때 가장 선호하는 참고문헌이기도 하다.
하지만 이 영역은 여전히 여기에 속하지 못하고 있다.)

Harry Boyte. *The Community Is Possible.* Harper & Row; 1984. (이 책은 내가 불가능할 거라 생각할 때마다 정신의 부표가 되어준 보이트(Harry Boyte)의 수많은 저서 가운데 하나이다. 그는 비학교 체제(nonschool settings)에서 청소년과 노인이 정치적인 기능을 어떻게 구축하는지 자신의 경험을 토대로 진술하고 있다.)

Geoffrey Canada. *Fist, Stick, Knife, Gun.* Beacon, 1995. (이 책은 어제와 오늘 수많은 도시공동체에서 성장한다는 것이 무엇을 의미하는지 중요하게 설명하고 있다. 그리고 어떻게 비판적인 관계가 안전한 통로로 만들어질 수 있는지 협상의 과정을 보여준다.)

Michael Harrington. *The War on Poverty*(Holt, 1984) and The Long-Distance Runner(Universal, 1991). (내 인생을 되돌아볼 때 그는 초기의 나의 정치적 멘토였다. 그는 나에게 더 큰 세계를 보는 방법과 학교 세계를 보는 방법 사이에서 연결고리를 찾게 해주었다.)

Christopher Jencks. "Who Should Control Education?" *Dissent Magazine,* March-April 1966. (우리가 살아온 것과 다른 시기에 쓰인 이 책은 섬뜩하리만큼 앞으로 무슨 일이 일어날지 정확하게 예언하고 있다. 그리고 거의 40년 후에 이뤄질 해결책에 대한 생각도 담고 있다.)

Robert Kuttner. *Every thing for Sale.* Knopf, 1997. (이 책은 훌륭하고 건강한 경제학자가 구속받지 않는 시장 이데올로기 시대를 살아가야 할 아이들이 겪을 위험에 대해 이야기하고 있다.)

Sarah Lawrence-Lightfoot. *Respect.* Perseus Books, 2000. (이 책은 학교에 초점을 맞추고 있지는 않지만 수업을 하위 분야로 직접 다루면서 어떻게 신뢰하고 존중해야 하는지 많은 내용을 담은 책이다.)

Laura Pappano. *The Connection Gap.* Rutgers, 2001. (이 책은 퍼트남

(Robert Putnam)의 『나 홀로 볼링(Bowling Alone)』과 함께 나에게 경각심을 느끼게 해준 책이다. 이 책에서는 아이들이 결코 친구들하고만 모든 게 유지되지 않는다는 것을 보여주었고, 이것은 나만의 상상이 아니었다.)

Robert B. Reich. *The Future of Success.* Knopf, 2001. (아이들이 들어가고자 하는 세계 역시 어른들의 경향에 맞춰져 있고, 이것이 우리 아이들 앞에 놓여져 있는 현실이다. 우리가 학교교육에 대해 말할 때도 이를 마음속에 간직하는 게 필요하다.)

Michael Walzer. "Thoughts on Democratic Schools." *Dissent Magazine,* Winter 1976. (이 책은 학교 거버넌스에 대한 서로 다른 접근을 제시하면서 더하기와 빼기의 지혜를 모아놓고 있어 오늘날에도 다시 읽을 만한 가치가 있다.)

감사의 글

이 책은 세계무역센터 공격(9.11 테러 사건) 이후 약 한 달이 지나 출판사로 전해졌다. 그리고 몇 주 후 미 의회는 전쟁을 결정했다. 그러므로 이 책은 앞선 사건들과 무관하게 쓰여졌다. 이때는 나의 불안정한 질병이 더 심각해졌고, 무엇을 해야 하고 무엇을 하지 말아야 할지 분명한 해결책이 부족하여 이 책을 마무리하면서도 용두사미가 될 것처럼 보였다. 하지만 시간이 지날수록 이런 흐름은 이 책과 더 깊게 관련되어 갔다. 학교에서도 일상생활은 나에게 많은 도움을 주었는데, 일상의 과정에서 아이들이 요구하는 흐름은 나를 더 앞으로 움직이게 만들었다. 이 시기에 했던 나의 바람은 이 책을 완성해 나갈 때까지 이런 시기를 견디며 노력해보는 것이었다. 하지만 이 책에 내가 의미를 담고자 한 주제의 중요성은 9.11 사건으로 더 부각되어버렸다. 그 의미는 바로 아이들이 신뢰라는 환경 속에서 더 잘 자랄 수 있고 더 잘 자라야 한다는 것이었다.

이 책의 여러 장들은 나의 친구들이 보내준 비판으로부터 도움을 받은 것들이었다. 나는 특별히 엥겔(Brenda Engel), 프라이드(Robert Fried), 가소이(Emily Gasoi), 린(Heidi Lyne), 로즈(Mike Rose), 사이저(Ted Sizer)에게 감사드린다. 그리고 시험에 대한 부분을 마지막까지 읽어준 하니(Walt Haney)와 스테이크(Robert Stake)에도 감사드린다. 그들은 시험에 대해 동의와 부동의 의견을 각각 가지고 있었다. 역시 친구나 비판자가 된다는 것은 쉬운 일이 아님을 새삼 느낀다.

편집자인 라이시나(Andy Hrycyna)는 내가 어설프게 만진 것들을 멈추게 하느라 힘든 시간을 견뎌냈다. 책을 보다 명료하게 만들기 위해 그가 보여준 인내와 제안과 반응과 재촉은 값을 헤아릴 수 없을 만큼 크다. 그만큼 그는 내게 꼭 필요한 편집자였다. 편집에 대해 경청하는 자세와 결연한 의지로 그는 내게 이렇게 말하곤 했다. "멈춰요! 이걸로도 충분해요!" 이 말이 지금도 고마울 따름이다. 그는 생생하고도 뜨겁게 대화하는 것을 즐겼고, 진지하게 학교 이야기에 참여했는데, 이 때문에 그는 나를 논쟁 속으로 집어넣었고, 나 자신을 연마할 수 있도록 도와주었다. 나는 최종 편집을 맡은 월리(Mary Ray Worley)에게도 너무도 많이 빚을 졌다. 그는 한쪽 한쪽 기술적인 오류와 문법상의 오류를 찾아주었다. 어떤 것에 대해서도 의미를 찾아 나서는 그의 관심과 노력은 값을 매길 수 없을 만큼 가치 있었다. 또한 나의 손을 잡아주고 충고해주면서 친구와 대리인이 되어준 마머(Milly Marmur)에게도 감사드린다.

논쟁을 즐기는 시간은 나를 학교교육 안에서 별난 사람으로 만드는 시간이었다. 내 첫 번째 책 속에서 나의 아버지인 윌렌(Joseph Willen)에게 자랑을 많이 하진 않았지만, 그는 자극적인 논쟁자와 같은 모델이었다. 내가 말하고 행동할 때마다 그는 나를 깨웠는데 이는 너무나도 감사할 일이었다. 현재 가족 안에 아버지가 다시 머물러 있는데, 지금 나는 그가 처음부터 얼마나 많이 영향을 미쳤는지 생각하곤 한다. 나의 어머니 윌렌(Pearl Willen)과 나의 동생 윌렌(Paul Willen)에게는 평상시 도움을 받아왔기 때문에 공개적으로 감사하고 싶다. 친구들 가운데 때로는 너무 좋고, 때로는 너무 나쁘다고 말할 수도 있는 친구들이 있을 텐데, 조(Joe)라는 나의 친구는 완벽한 모델이었다.

나의 딸 베키(Becky)와 닉(Nick) 모두는 내게 매우 귀중한 이야기를 전해주었다. 서 매사추세츠와 캘리포니아 학교의 교사들이 가지고 있는 경험은 고정되어 있는 게 아니기 때문에, 이들이 전해주는 이야기는 때로 나에게 거대한 이론을 다시 한 번 되돌아보게 만들었다. 로저(Roger)와 트리시아(Tricia)는 뉴욕 공립학교에서 아이들을 교육하는 데 겪는 어려움이 어떤 것인지 그 내용을 채워주었다. 이 세 가지 흐름은 친절한 사람들 사이에 싹튼 동지애가 가득한 것이었다. 나의 손자인 사라(Sarah), 이즈라(Ezra),

다니엘(Daniel), 릴리(Lilli)는 이 책에서 다루는 주제에 대해 수많은 말을 내게 해주었고, 중요한 일이라고 여겨지는 인상적인 부분을 내 손으로 확인하고 싶을 때, 최종적인 조언자 역할을 해주었다. 내가 원고에 대해 분투하고 있을 때, 특별한 언급 없이 책 내용 대부분을 인내하고 들어준 마이어(Fried Meier)에게도 감사하고 싶다.

무엇보다 말하고 싶은 점은 이 특별한 책이 보스턴에 있는 미션 힐 스쿨의 특별한 사람들과 관련된 그룹들과 함께 만든 5년 동안의 산물이라는 점이다. 오래된 친구이자 동료들과 함께 더 가까운 곳에서 일을 할 수 있었던 기쁨이 있었기 때문에, 그 때 나는 일정 부분 새로운 학교를 출발시켜야 하는 임무를 부여받을 수 있었다. 그 때 그 동료들은 페론(Vito Perrone), 엥겔(Brenda Engel), 덕워스(Eleanor Duckworth), 나단(Linda Nathan), 리트키(Dennis Littky), 사이저(Ted Sizer)였는데, 이들은 모두 특별한 재능을 가진 교육자들이었다. 또한 이 산물은 라디오도 없이 보스턴으로 운전하면서 얻은 영감의 결과였다. "나의 남은 인생에 무엇을 할 수 있을까?" 이 질문에 대한 대답은 즉각 즐거움으로 다가왔다. 그 즐거움은 '노회하고 은퇴한 상태의 컨설턴트 자리를 버리고 학교 안으로 돌아가라!'였다. 나는 지금까지도 이때의 결정을 실망해보지 않았다. 또한 이 흐름은 전적으로 새로운 사람들과의 관계로 이어졌다. 나는 그 때 루이스(Down Lewis)에게 빚진 부채를 충분히 보상할 수 없었다. 그녀는 학교를 시작하고 유럽으로 이사를 준비하면서 자신의 전문성 위기는 물론 개인적인 위기 한 가운데에 있었다. 이 때 그는 가구와 사무기구, 직원 고용 등을 요구했던 나의 손을 붙잡아 주었다. 여기에는 학교 설립과 관련한 많은 모임들도 있었다. 이들은 나에게 조언을 해주었고, 더 많은 지원을 해주었다. 여기에는 알바라도(Sandra Alvarado), 에반스(Claryce Evans), 그로버드(Allen Graubard), 해리스(Robin Harris), 허바드(Lady June Hubbard), 러만(Beth Lerman), 루이스(Dawn Lewis), 페리고(David Perrigo), 페리 (Anna Perry), 리버스(Jackie Rivers), 제퍼타(Beatriz Zapatar)는 물론 페론, 덕워스, 나단, 엥겔도 있었다.

정규직원부터 비정규직원까지 미션 힐 스쿨에 있는 직원, 학생, 가족 모두는 이 책에서 펼쳐놓은 이야기의 가장 중요한 참가자들이다. 내가 이 책에서 교사 중심으로 장들을 공유했다손 치더라도, 이 책에서 벌어진 실수, 관점, 진실, 혹은 일부만 진실에 대해 이들은 어떤 책임도 가지고 있지 않다. 서로 다르게 제시된 이들의 이름은 보라. 나는 이들 모두에게 마음 깊은 곳에서 감사하고 싶다.

불가능해 보였던 보스턴에서의 이런 모든 모험이 가능했던 데에는 주 교육감인 페이전트(Tom Payzant)가 있었다. 사실 그는 이런 일이 벌어지길 원하지 않았다. 이런 저런 의견에 대한 빈번한 차이에도 불구하고, 우리는 보스턴에 구애를 하고 동의를 얻는데 충실하고자 하였다. 또한 도허티(Ed Doherty) 리더십 아래 운영되었던 보스턴 교원노조도 있었다. 이 단체는 시와 노조로 부터 개방성과 자율성을 보장받아 독특한 계약을 한 10개의 학교에 압력을 넣거나 빠르게 변화할 것을 주문하지 않았다. 프렌치(Dan French) 리더십 아래 있었던 협력교육센터(Center for Collaborative Education)를 통해 연결된 네트워크 학교 지원을 구축한 나단(Linda Nathan)과 마이아트(Larry Myatt)도 있었다. 홀랜드의 안내서(Albee Holland's guidance)는 보스턴 공립학교 관료제를 다루는데 도움을 주었다. 이 안내서는 관료제에 대해 지칠 줄 모르도록 만들어주면서 필수불가결한 것이 되었다. 주간 미션 힐 스쿨 뉴스레터의 편집자인 밀러(Ed Miller)는 우리가 쓴 글이라면 어떤 것이라도 주의 깊게 읽어 내려갔다. 필요하다면 그는 이의를 제기하는 사람의 편에도 섰다. 나는 또한 페리고(David Perrigo)와 포스터(Heidi Foster), 그리고 뉴미션 고등학교의 직원과 학생들에게도 감사하고 싶다. 그들은 알래가니 67번가 거리를 우리와 공유하였고 시간의 98%를 완벽하게 공동소유하면서 우리의 좋은 친구가 되어주었다.

수많은 개인과 재단이 풍부하게 재정을 후원해준 덕에 우리는 우리 자신들의 생활을 이어갈 수 있었다. 이는 우리를 사리에 맞도록 책임지게 만들어주었고, 미션 힐 스쿨을 더 강하게 만들었다. 특히, 에넨버그 여사(Mrs. Walter Annenberg), 헤이스(Lucille Hayes), 헌던 부부(Terri & Eve Herndone), 솔로(Pam Sole), 울프(Sherman Wolfe), 게이츠 재단(the Bill & Melinda Gates

Foundation)에 감사드리고 싶다. 특히 성 어거스틴의 말을 인용하도록 도와준 게이츠 재단의 페라로(David Ferraro)에게 감사하고 싶다.

위에서 제시한 범주에는 포함되지 않지만, 특별히 포헤이(Helen Fouhey)에게 감사드린다. 그녀는 내 인생에 매우 특별한 역할을 주었다. 학교가 개교한 이래, 그녀는 개인적으로도 매우 소중할 만큼 나만의 싱크탱크가 되어 주었다. 그것도 미셜 힐 스쿨의 일을 하면서 그녀가 썼던 모든 모자들과 함께 말이다.

끝으로 나의 마음속에 깊게 우애를 나눈 뉴욕에 있는 나의 친구들과 오래된 동료들도 있다. 나는 수년 동안 나와 연결되었던 수많은 학교들 가운데 각기 모두 내가 겪어왔던 모든 방해에 대해 아파했고 모든 승리에 환호했다. 센트럴파크이스트와 리버이스트의 안드리아스(Jane Andrias)와 마세이(Sid Massey)가 만든 주간 뉴스레터를 읽었고 나는 여기서 자유롭게 문장을 가져다썼다. 나는 슈와츠(Paul Schwarz)의 새로운 모험과 어번 아카데미에서 지칠 줄 모르고 일한 쿡(Ann Cook)과 동행했고, 이 활동은 주 전체 수준에서 불타올랐다. 그러면서 전화나 전자우편 혹은 직접 방문으로 지속적으로 교류한 이들도 있었는데, 이들과는 세상을 바꾸기 위해 함께 협력해나갔다. 이들은 커닝햄(Cece Cunningham), 디터(Alan Dichter), 킹(Sherry King), 칸즈(Bruce Kanze), 만(Nancy Mannn), 모어(Nancy Mohr), 모고레스쿠(Marion Mogolescu), 나델스턴(Eric Nadelstern), 라비너(Sylvia

Rabiner), 스테인버그(Peter Steinberg)였다. 우리가 얼마나 많이 뉴욕 시와 주를 지속적으로 변화시킬 수 있는지 내가 기억할 수 있도록 그들은 기꺼이 도와주었다. 나는 생소한 장소에서 센트럴파크이스트와 센트럴파크이스트 중등학교 졸업생을 우연히 마주친 적이 있었다. 거기서 나는 신의 섭리로 만난 보스턴 내 헌팅턴 애비뉴와 시카고 공항 로비를 따라 자전거를 타고 가서 전화기 앞에 다다랐다. 내가 이 글을 쓸 때 즈음, 센트럴파크이스트 중등학교 졸업생과 나는 뉴욕 시에서의 만남 이후 막 돌아왔던 때였다. 그 학생은 얼마나 많은 종류의 학교들이 거칠고 때론 비참하리만큼 잘 돌아가지 않는 상태 속에서 안정감 있게 활동할 수 있는지를 떠오르게 만들어주었다. 뉴욕 시에 있는 모든 동료들이 고맙지만, 우리가 꾸던 꿈을 가장 깊은 의미로 생생하리만큼 살아 숨쉬게 만들어준 안드리아스(Jane Andrias)에게 특별히 감사드리고 싶다. 나의 어린 시절 많은 시간 동안, 그녀는 센트럴파크이스트가 몇 해 지난 후에 성장하는 것을 지켜보면서 발끝에서부터 지적으로 그리고 정신적으로 멘토가 되어주었다.

미션 힐 스쿨 사람들

우리는 1997년 여름에 다음과 같은 직원들과 함께 학교를 시작했다. 거기에는 가소이(Emliy Gasoi), 캐럴(Alicia Carroll), 린(Heidi Lyne), 알론소(Angel Alonso), 비워터(Geralyn Bywater), 게인스-해리스(Marla Gaines-Harris), 스트로터(Brain Strauhter)가 있었다. 그리고 자원봉사자인 엥겔(Brenda Engel)과 레먼(Beth Lerman), 교실 인턴과 점심 식사 지원 인턴 역할을 해 준 테일러(Sharon Taylor)와 디아즈(Monica Diaz)도 있었다. 그들은 처음 2년 동안 학생 안전과 버스 운영을 관리해주었다. 현재 미술교사인 라츠코(Jeanne Rachko)는 교실 보조교사로서 우리와 함께 일을 시작했다. 맥거번(James McGovern)은 1998년 2월에 이 직원 대열에 합류했는데, 그 때는 알론소가 아이들 가르치는 것을 멈추고 출판업계로 되돌아갔을 때였다. 샤론(Sharon) 또한 그 해 연말에 떠났고, 모니카(Monica)도 1999년 가을에, 베스(Beth)는 2000년 가을에 떠났고, 가소이는 2001년 가을에 파리로 이사를 갔다. 다른 이들은 모두 여전히 우리와 함께 남아있다.

2001년 가을에는 외형상 교실 수업과 관련된 직원이 추가되었다. 클러니스(Kathy Clunis), 가빈스(Ayla Gavins), 리츠(Alphonse Litz), 장(Emily Chang), 로건(Roberta Logan), 노에스터(Matthew Knoester), 윌리엄즈(Jenerra Williams)가 그들이다. 이 후 정규직원으로 아처(Thomas Archer), 베스트(Lukas Best,

그는 1년 만에 되돌아갔다.), 포헤이(Helen Fouhey), 존슨(Carla Johnson), 그리시크너스-베넷(Karen Krisiukenas-Bennett), 미첼-로드(Amina Michele-Lord), 오카마(Jon Ouckama), 맥스위니(John McSweeney), 울프(John Wolfe)가 추가되었다. 이들은 보스턴에 있는 제2센트럴파크이스트 학교에서 거의 20년 동안 함께 일한 후 합류했다. 마지막으로 우리는 정규직원인 노워키(Paul Nowacki)와 월시(John Walsh), 특별한 관리인인 브리토(Sylvia Britto) 때문에 번창할 수 있었다. 그는 카페테리아를 운영했는데 항상 보스턴 공립학교들로부터 더 많이 그리고 더 좋은 음식을 가져다주기 위해 항상 노력했다.

우리는 비정규직원을 추가로 배치하면서 함께하고자 했다. 어떤 직원은 월급을 조금 더 받았고, 어떤 직원은 덜 받기도 하였다. 여기에는 베이(Debora Baye), 카버(Ilene Carver), 초이(Minna Choi), 코스텔로(Delores Costello), 프리만(Kelly Jean Freeman), 프라이드(Robert Fried), 핸디(Edna Handy), 해리스(Kevin Harris), 오크스워스(Jo-Ann Hawkesworth), 밀러(Ed Miller), 루비노(Mirian Rubinow), 루지에로(Ann Ruggiero), 사피로(Gabe Shapiro), 와그너(Polly Wagner), 제페다(Veronica Zepada)가 있었다. 그리고 우리 일을 지지해주는 약리학과 대학 사람들과 다른 수많은 기관과 개인들이 있었다. 그들은 전문성과 교육서비스와 재정 지원을 제공해주었다.

그중에서도 하버드, 노스이스턴, 레슬리, 터프츠대학교로부터

1년이나 1학기 인턴 직원을 받았는데 이들은 매우 적극적이었다. 그들은 금세 교사로서 충분한 역할을 훌륭히 해냈다.

페론(Vito Perrone)은 우리의 첫 번째 학교위원회 위원장이었고, 그 후임은 힐튼(Mitch Hilton)이었다. 지금은 스미스(Bruce Smith)가 그 자리를 이으며 봉사하고 있는데, 그는 많은 부모와 교직원들 사이에서 평등하게 위원회를 구성하고 순환식으로 운영하였다. 그러면서 그는 두 명의 자녀는 물론 지역사회 지도자 그룹에서도 존경을 받고 있다.

매해 핵심적인 학부모들은 지도적인 역할을 하고 있다. 만약 우리가 다양한 방식으로 자원봉사자를 포함시킨다면, 목록 대부분은 직원이라기보다 가족들이다. 예를 들면, 그분들이 없다면 우리는 도서관도 없었을 것이고 방과후학교 프로그램도 없었을 것이다. 미션 힐 스쿨의 가족들은 학생들에게 첫 번째이고 가장 중요한 교사들이나 지지자들만큼 미션 힐 스쿨의 일 가운데 가장 중요한 일을 하고 있다.

마지막으로 2001년에 졸업한 나의 첫 번째 졸업생인 두 학생, 아게망(Akwasi Agyeman)과 졸업예정인 블루(Marika Blue)을 소개하고자 한다. 나는 이들과 함께 미시시피에서의 일상적인 점심을 함께 먹으며 둘도 없는 마음과 지식을 나눴다.

삶과 교육을 바꾸는
맘에드림 출판사 교육 도서

나는 혁신학교에 간다

경태영 지음 / 값 14,000원

공교육을 바꾸겠다는 거대한 희망을 품고 시작된 '혁신학교'. 이
책은 일곱 개 혁신학교의 이야기를 담고 있다. 지금 우리 교육
이 변화하는 생생한 현장의 모습과 아이들이 꿈을 키우고 행복
하게 공부하는 희망의 터로 새롭게 자리매김하는 학교들을 이
책에서 만날 수 있다.

혁신학교란 무엇인가

김성천 지음 / 값 15,000원

교육공동체가 만들어내는 우리 시대 혁신학교 들여다보기. 혁
신학교 전반에 관한 이야기를 다루고 있는 책으로, 공교육 안에
서 혁신학교가 생기게 된 역사에서부터 혁신학교의 핵심 가치,
이론적 토대, 원리와 원칙, 성공적인 혁신학교의 모습을 보이고
있는 단위학교의 모습까지 담아냈다.

학부모가 알아야 할 혁신학교의 모든 것

김성천, 오재길 지음 / 값 15,000원

학부모들을 위한 혁신학교 지침서!
'혁신학교에서는 무엇을, 어떻게 가르치고 있는지, 교사·학
생·학부모는 어떻게 만나서 대화하고 관계를 맺어 가는지, 어
떤 교육 목표를 지향하고 있는지 등 이 책은 대한민국 학부모
들의 궁금증에 친절하게 답을 한다.

덕양중학교 혁신학교 도전기

김삼진 외 지음 / 값 14,500원

이 책의 1부는 지난 4년 동안 덕양중학교가 시도한 혁신과 도
전, 성장을 사실과 경험에 기반한 스토리텔링 방식의 성장기로
전개하고 있다. 그리고 2부는 지역사회와 협력하여 펼치고 있는
교육 프로그램, 배움의 공동체 수업 등을 현장 사례 중심의 교육
적 에세이 형태로 담고 있다.

학교 바꾸기 그 후 12년

권새봄 외 지음 / 값 14,500원

MBC PD 수첩에 방영되어 화제가 되었던 남한산초등학교. 아이들이 모두 행복하고, 얼굴 표정이 밝은 아이들. 학교가는 것을 무엇보다 좋아하고, 방학을 싫어하는 아이들. 수업과 발표를 즐겼던 이 학교를 졸업한 아이들이 그 후 12년의 삶을 세상에 이야기한다.

교사는 수업으로 성장한다

박현숙 지음 / 값 12,000원

그동안 교사는 수업에서 아이들을 만나지 못해왔다. 관계와 만남이 없는 성장의 결손을 낳았다. 그리하여 우리 아이들과 교사들은 모두 참 아프고 외로웠다. 이 책에서는 교사, 학생, 학부모, 지역사회가 공동체로서 서로 관계를 맺을 때에만 배움은 즐거운 활동으로서 모두가 성장하는 삶의 일부가 될 수 있음을 보여준다.

교사와 학부모가 함께 읽는 주제 통합 수업

김정안 외 지음 / 값 15,000원

'서울형 혁신학교'로 지정된 7개 혁신학교들이 지난 1~2년 동안 운영한 주제 중심 통합 교육 과정과 수업 사례를 소개한 책이다. 이 학교들의 교육과정은 전국적으로 이루어지는 혁신학교들의 성과를 반영하였고, 자신의 지역사회의 실제 환경과 경험을 살려 실제 수업에 적용한 것이다.

혁신교육 미래를 말한다

서용선 외 지음 / 값 14,000원

혁신교육은 2009년 이후 공교육 되살리기의 새로운 희망이 되어왔다. 이러한 정책을 입안하고 추진하는 데 기여해왔던 6명의 교사 출신 연구자들이 혁신교육 발전에 필요한 정책 과제들을 모아 하나의 책으로 제시한다. 이 책은 교육철학, 교육과정, 교육행정과 학교 운영(거버넌스) 등에서 주요 이슈들을 정리하고 혁신교육의 성과와 과제가 무엇인가를 보여준다.

수업을 살리는 교육과정

서우철 외 지음 / 값 16,500원

최근 교육과정을 재구성하는 논의가 활발한 가운데, 이 책에서는 개별 교과목과 교과서의 형식에 얽매이지 않고 아이들의 발달을 고려하여 주제를 중심으로 교육과정을 재구성하여 통합적으로 운영하는 방법과 구체적인 실천 사례를 설명하고 있다. 이러한 과정은 같은 학년을 맡고 있는 교사들의 토론과 협력을 통해서 이루어진 것임을 이야기한다.

수업 딜레마

이규철 지음 / 값 14,000원

이 책을 관통하는 키워드는 '사람'이다. 저자의 노하우를 전수하는 것이 아니라, 수업 속에서 딜레마에 맞닥뜨려 고통받고 있는 선생님들의 고민을 담고, 신념을 담고, 그것을 이겨내기 위한 한 분 한 분의 마음을 담고 있다. 이런 고민 속에 이 책을 집어 든 나를 귀하게 여기며 다시 한번 교사로 잘 살아보고 싶은 도전을 하게 한다.

좋은 엄마가 스마트폰을 이긴다

깨끗한미디어를위한교사운동 지음 / 값 13,500원

스마트폰에 대한 아이들의 집착은 대단하다. 스마트폰은 '재미있고 편리하다.' 그러나 스마트폰 때문에 아이들은 시간을 빼앗기고, 건강이 나빠지고, 대화가 사라지며, 공부와 휴식, 수면마저 방해를 받는다. 이 책은 이러한 사례들을 생생하게 소개하고 부모들에게 아이들의 스마트폰 사용에 어떻게 대응해야 하는지 대안을 제시한다.

엄선생의 학급운영 레시피

엄은남 지음 / 값 14,000원

34년 경력의 현직 교사가 쓴 학급운영의 생동감 넘치는 지침서. 초등학교에서 아이들은 문자와 숫자를 익히는 것보다 학교와 교실에서 낯설고 모험적인 사건을 겪으면서 더 많은 것을 배운다. 이 책은 초등학교에서 교과서 지식보다 더 중요한 역할을 하는 학교생활과 학급문화를 만드는 데 담임교사의 역할을 다룬다. 교사와 아이들이 서로 존중하고 신뢰하는 관계를 어떻게 만들어야 하는지 구체적인 경험과 사례로 설명해준다.

진짜 공부

김지수 외 지음 / 값 15,000원

혁신학교가 추구하는 '진짜 공부'와 '진짜 스펙'이 무엇인지 보여주는, 졸업생들의 생동감 넘치는 경험담. 12명의 졸업생들은 학교에서 탐방, 글쓰기, 독서, 발표, 토론, 연구, 동아리, 학생회 활동을 통해 자신들이 생각하지도 못한 진짜 공부를 경험했음을 보여준다. 이 책을 통해 수능시험이 아니라 정말로 청소년 스스로 하고 싶고 즐기면서 성장하는 것이 우리 사회에 필요한 것임을 새삼 느낄 수 있다.

수업 디자인

남경운, 서동석, 이경은 지음 / 값 15,000원

서울형 혁신학교의 대표적인 수업 혁신을 담은 이야기. 아이들이 서로 협력하면서 배우는 수업을 목표로 삼은 저자들은 범교과 수업모임을 통한 공동 수업설계를 대안으로 제시한다. 아이들은 교사의 설명을 통해 배우는 것이 아니라 서로 '옥신각신'하며 함께 문제에 도전할 때 수업에 몰입하고 배우게 된다. 이 책은 이러한 수업을 위해서 교사들이 교과를 넘어 어떻게 협력하고 수업을 연구해야 하는지 잘 보여준다.

아이들이 가진 생각의 힘

데보라 마이어 지음 / 정훈 옮김 / 값 15,000원

미국 공교육 개혁의 전설적 인물 데보라 마이어가 전하는 교육 개혁에 대한 경이롭고도 신선한 제언. 이 책은 학교 혁신의 생생한 기록을 통해 우리가 학교에서 무엇을 왜 가르치고 배워야 하는지에 대한 근원적인 성찰을 담고 있다. 아이들이 지성적으로 생각하는 마음의 습관을 배우는 것이 얼마나 중요하고 그것을 위해 학교가 무엇을 해야 하는지를 일깨워준다.

어! 교육과정 아하! 교육과정 재구성

박현숙 ·이경숙 지음 / 값 16,500원

교육과정 재구성을 고민하는 교사를 위한 현장 지침서. 이 책은 저자들이 학교 현장에서 교육과정 재구성이라는 화두를 고민하고, 실행한 사례들이 담겨져 있다. 책의 내용은 주제 통합 수업, 교과 통합 수업, 범교과 주제 학습, 교과 체험 학습, 프로젝트 수업 등 학교 현장에서 적용해 큰 성과를 본 것들을 세밀하게 소개하면서 교육과정 재구성작업의 노하우를 펼쳐보인다.

행복한 나는 혁신학교 학부모입니다

서울형혁신학교학부모네트워크 지음 / 값 16,000원

이 책은 학부모가 자신의 눈높이에서 일러 주는 아이들의 혁신학교 적응기일 뿐만 아니라, 학부모 역시 학교를 통해 자신의 삶을 고양 시켜 가는 부모 성장기라는 점에서 대한민국의 모든 학부모들에게 건네는 희망 보고서이기도 하다. 혁신학교가 궁금한 모든 학부모들이 이 책을 통해 혁신학교 학부모로서의 체험을 미리 하는 데 부족함이 없을 것이다.

일반고 리모델링 혁신고가 정답이다

김인호, 오안근 지음 / 값 15,000원

교육 환경이 열악한 지역에 있던, 서울의 한 일반계 고등학교가 혁신학교로 4년간 도전과 변화를 겪으면서 쌓은 진로, 진학의 비결을 우리 사회 모든 학생, 학부모, 교사, 시민 등에게 낱낱이 소개해주는 책. 이 책은 무엇보다 '혁신학교는 대학 입시에 도움이 안 된다.'는 세간의 편견을 말끔히 떨어 없앤다. 이 책에서 저자들은 '결과' 중심 교육과정을 '과정' 중심으로 바꾸고, 교내 대회와 동아리 활동, 봉사 활동을 장려함으로써 내신이나 수능에서 4등급, 5등급을 받던 학생도 충분히 고려대, 한양대, 연세대, 중앙대, 카이스트, 미네소타주립대, 캘리포니아주립대 등에 진학하는 놀라운 결과가 어떻게 이루어질 수 있었는지를 보여주고 있다.

독자 여러분의 소중한 원고를 기다립니다

맘에드림 출판사는 독자 여러분의 소중한 원고를 기다리고 있습니다. 원고가 있으신 분은 nurio1@naver.com으로 원고의 간단한 소개와 연락처를 보내주시면 빠른 시간에 검토하여 연락을 드리겠습니다.